www.tredition.de

AF197139

Gerwin Merten

Jeden Morgen steht nen Doofen auf

- authentische Kriminalfälle

www.tredition.de

© 2021 Gerwin Merten

Verlag und Druck:
tredition GmbH, Halenreie 40-44, 22359 Hamburg

ISBN
Paperback: 978-3-347-30004-0
Hardcover: 978-3-347-30105-4
e-Book: 978-3-347-30005-7

Jeden Morgen steht nen Doofen auf

-authentische Kriminalfälle

Inhalt

Prolog

Sie ereigneten sich von Anfang der 70er-Jahre und setzten sich bis in die 90er fort. Es war Zeit des Aufschwungs nach dem Krieg und der Deutschen Mark. Zum besseren Verständnis möchte ich kurz die Zeit beschreiben. Viele Unternehmen, so auch der größte Arbeitgeber im Revier, die Ruhrkohle AG, stellten damals gerade von der Barauszahlung per Lohntüte auf Banküberweisung um. Den sogenannten Lohntütenball am Zahltag zum Ende des Monats habe ich als Polizist noch miterlebt. In den unzähligen Kneipen im Pott wurden Liebe LeserInnen Gerwin Merten ist mein Pseudonym. Über mehrere Jahrzehnte war ich als Kriminalist im Bereich der Organisierten Kriminalität tätig. Die von mir bearbeiteten Fälle versuche ich unterhaltend und informierend darzustellen. an diesem Tag die ausstehenden Deckel bezahlt und gebührend gefeiert. Entsprechend war das Einsatzaufkommen der Polizei. Der monatliche Durchschnittslohn betrug etwa eintausendzweihundert Deutsche Mark brutto. Frauen erhielten gerade die Erlaubnis, ohne schriftliche Genehmigung ihres Ehemannes, eine Arbeit aufzunehmen. Die Straßen waren im Verhältnis zu heute nahezu leer. Das Bild prägten VW Käfer, Opel Kadett und Ford Taunus. Es gab noch den Tante-Emma-Laden, wo im Verlaufe des Monats noch Einkäufe in einem Buch angeschrieben wurden. Hochkonjunktur hatte das Büdchen, wie der Kiosk im Ruhrgebiet genannt wurde. An Fast Food, Mobiltelefon, Fax, Computer oder gar Internet war noch nicht zu denken. Lange nicht jeder besaß einen der ersten Farbfernseher oder ein Telefon. Aber das Wirtschaftswunder entfachte einen riesigen Aufschwung. In den 90ern war die technische Entwicklung schon wesentlich rasanter. Die folgenden Fälle sind authentisch. Kleine Details mussten jedoch zum Schutz von einzelnen Beteiligten unwesentlich abgewandelt werden. Um Persönlichkeitsrechte nicht zu verletzen und eine auch heute noch denkbare Gefährdung auszuschließen, habe ich fiktive Namen benutzt. Die geschilderten Fälle verdeutlichen aber auch die von mir über nahezu fünfzig Jahre beobachtete und erlebte Entwicklung der Kriminalität in Deutschland. Weil ich schon damals eine Veröffentlichung plante, habe ich jedes Jahr im Urlaub die besonderen beruflichen Ereignisse in Kladden notiert. Später nutzte ich ein Notebook. Zu Beginn war die Kriminalität geprägt durch überwiegend ortsansässige Kriminelle, zu denen seitens der Polizei ein loser Kontakt bestand, der auch von gegenseitigem Respekt bzw. gewissem Verständnis bestimmt war. Kurz, man kannte sich. Mit den offenen Grenzen und der Migration ergab sich der Wandel zu kriminellen Organisationen aus dem Ausland, Mafia-Strukturen bis hin zu heute herrschenden Clans. Polizeiliche Kontakte in diese Szene sind, schon wegen der Sprachbarrieren und der kulturellen Unterschiede, nahezu ausgeschlossen. Zum Ende dieses und insbesondere in meinem Folgebuch wird deutlich werden, wie intensiv und mit welchen Mitteln die örtliche Kriminalitätsszene verdrängt wurde.

Das Besondere an meiner Geschichte ist wohl das Verhältnis zwischen dem Kriminalisten und einem Kleinkriminellen, der sich zu einem Vertrauensmann (V-Mann) entwickelte. Die offizielle Bezeichnung ist V-Person, weil sie auch weiblich sein könnte. Da es sich in diesen konkreten Fällen um eine männliche Person handelt, werde ich bei den maskulinen Begriffen bleiben. Die Vorstufe zum V-Mann ist der Informant. Dieser liefert in bestimmten Einzelfällen, aus welchen Motiven auch immer, verdeckt der Polizei Informationen über Straftaten und Täter. Der V-Mann dagegen ist zwar Informant, arbeitet aber mehr oder weniger regelmäßig mit der Polizei zusammen. Er kann auch gezielt von dem V-Mann-Führer eingesetzt werden. Wegen des Entdeckungsrisikos hält möglichst nur ein Ermittler den Kontakt. Informanten und V-Personen handeln aus sehr unterschiedlichen und auch wechselnden Motiven. Es können Geltungsbedürfnis oder Gerechtigkeitsempfinden sein. Ein Anreiz kann die finanzielle Belohnung sein. Nicht selten erhofft derjenige sich als Beschuldigter in einem anstehenden Strafverfahren eine mildere Beurteilung. Gerichte bewerten natürlich nicht nur die angeklagten Delikte, sondern auch die Persönlichkeit. Klar ist, dass der V-Mann sich in der Szene bewegen oder aber mindestens ein Grenzgänger sein muss. Ein Pastor wird der Kripo kaum relevante Informationen liefern können, es sei, denn er verletzt z. B. das Beichtgeheimnis. Also muss der V-Mann schon mindestens ein ehemaliger Krimineller sein. Problematisch bleibt bei dem V-Mann regelmäßig sein persönlicher Umgang mit Recht und Gesetz. Er hat jedoch keinen Schutz zu erwarten, wenn er weiterhin selbst straffällig wird. Es muss absolut verhindert werden, dass Informant oder V-Person namentlich in die Ermittlungen hineingezogen werden, um jegliche Gefährdung weitgehend auszuschließen. Nur so kann auch die zukünftige Informationsgewinnung gesichert werden. Hierzu gibt es eine sogenannte Vertraulichkeitszusage. Auf deren Basis können Polizeibeamte, die den V-Mann führen oder auch kennen, vor Gericht jegliche Aussage zu der Person verweigern. Ich werde in der Folge aber auch noch ein Beispiel schildern, in dem ein Landgericht sich damit nicht abfinden wollte. Meine Weigerung fand zwar spät aber dennoch rechtzeitig die Unterstützung der Politik.

In meinem Fall hatte sich eine persönliche Beziehung zwischen dem V-Mann und mir, dem Kriminalisten, entwickelt. Diese Beziehung war jedoch rein dienstlicher Natur. Sie war geprägt von Respekt, Anerkennung und Vertrauen, wie der Begriff schon besagt. Dieser V-Mann war für mich als Kriminalisten schon etwas Besonderes, weil sein Handeln zumindest sozial geprägt war. Bei vielen der von ihm im Laufe der Jahre begangen Straftaten konnte ich ein innerliches Grinsen nicht vermeiden, denn seine Opfer waren gleichzeitig auch Täter. Er war ein absoluter Sympathieträger, der sogenannte „Traum einer Schwiegermutter". Seine Fantasie und sein Geschick versetzten ihn in die Lage, die Schilderung von Ereignissen innerhalb von Sekunden anzupassen und in seinem Sinne darzustellen. Oft ist es ihm durch sein sympathisches Auftreten gelungen, sein Umfeld, nicht zuletzt die Gerichte, vollkommen für sich einzunehmen. In der Folge gab es eine Reihe sehr milder Urteile.

Es wird dem Leser sicherlich nicht leicht fallen, die Ereignisse nicht unter den heutigen technischen Aspekten zu betrachten. Der Mangel an Technik erforderte eine völlig andere Kommunikation. Die Ermittlungsarbeit war gelegentlich weniger kompliziert, weil die Täter sich untereinander weniger schnell verständigen konnten. Unser Modellprojekt als erste OK-Dienststelle in Nordrhein-Westfalen war 1974 überfällig. Im Rahmen eines Verfahrens gegen Essener Zuhälter wegen Bildung einer kriminellen Vereinigung führten wir 1974 die erste Telefonüberwachung in NRW im sogenannten Festnetz durch. Anfang der 80er gab es aber schon in den Pkw der Topkriminellen das C-Netz, auf das wir wiederum keinen Zugriff hatten. Folge war, dass sie Gespräche, wenn es zur Sache kam, vom Festnetz abbrachen und sich zu Telefonaten vom Auto aus verabredeten. Die Organisierte Kriminalität war im Gegensatz zur Polizei früh damit ausgestattet und nutzt den ständigen technischen Vorsprung bis heute weidlich aus. In einem Kfz-Verfahren führten wir das erste Ermittlungsverfahren in NRW durch, das mit Computern unterstützt wurde. Die Zukunft der kriminalpolizeilichen Ermittlungen wurde eingeläutet.

Nach einer kurzen persönlichen Vorstellung werden die Ereignisse phasenweise von dem Kriminalisten oder aus der Sicht des V-Mannes geschildert, der regelmäßig mit seinen Erstinformationen beginnt.

Der Vertrauensmann

„Mein Name ist Fred Riedel, ich bin 1946 geboren und in Essen-Altendorf, einem typischen Arbeiterviertel des Ruhrgebiets, aufgewachsen. Heute ist Altendorf fest in der Hand des Libanesen Clans, da musst du höllisch aufpassen. Mein Vater, ein sogenannter Kruppianer, ist früh verstorben, sodass ich mich kaum an ihn erinnern kann. Meine Mutter, die wegen der kärglichen Rente in einer Heißmangel in der Nachbarschaft Geld hinzuverdiente, hat mich allein mit mehr oder weniger Erfolg großgezogen. Die Realschule habe ich mit Ach und Krach geschafft, nicht weil es mir an Intelligenz mangelte, nein das Herumziehen mit Freunden war mir wichtiger. Ich bin schlank, dunkelblond und wie die Leute sagen, ausgesprochen gutaussehend. Die Natur hat mich mit einem sonnigen und freundlichen Gemüt ausgestattet. Ich gehöre nicht zu den Größten und Stärksten. Daher habe ich, um mich durchzusetzen zu können, schon im Kindergarten all meine Cleverness und Tricks dazu benutzt, größere und stärkere Jungen auf meine Seite zu ziehen. Meist waren dies keine geistigen Leuchten, aber sie dienten meinen Zwecken. Mit allerlei Notlügen konnte ich mich in meiner Jugend immer wieder brenzligen Situationen entziehen. In der Schule und auf der Straße bedurfte es schon einer Menge Tricks um sich durchzumogeln. So bekam ich schnell den Spitznamen „Lügen-Fred" und wurde ihn nie wieder los. Zumindest für das Milieu und natürlich auch für die Polizei. In der Jugendgang in unserem Viertel war ich wegen meiner Cleverness anerkannt. Ich wusste, auf welchen Wegen wir an Zigaretten, Alkohol oder auch Mädchen für Partys kamen. In dieser Zeit lernte ich auch Brigitte Knaup kennen, die in unserem Viertel wohnte. Mal waren wir zusammen, mal war sie die Freundin eines anderen. Sie nahm das nicht so genau, kam aber immer wieder zu mir zurück.

Noch etwas zu unserer Jugendbande. Die Ideen hatte ich und kannte auch die Tricks. Andere führten sie aus. Da es sich meist nicht um legale Sachen handelte, fiel der ein oder andere auf und landete beim Jugendrichter. Aber das war nicht weiter tragisch. Es blieb als Jugendlicher zunächst bei Verwarnungen. Später konnten Wochenendarreste oder sogar Bewährungsstrafen folgen. Wenn das Unglück es wollte, dass die Bewährung widerrufen wurde, halfen wir uns mit meiner Idee. Da ich ein kluges Kind war, hatte ich von der Vollstreckungsverjährung gehört. Das heißt, Jugendstrafen verjähren, wenn sie nicht innerhalb eines Jahres vollstreckt werden. Aber die Jugendknäste waren damals häufig überfüllt. Bekam einer von den Jungs einen freien Platz zur Vollstreckung zugewiesen, musste er etwas vorweisen, was belegte, dass seine soziale Entwicklung durch eine Verbüßung ausgerechnet jetzt beeinträchtigt würde. Also wurden Unterlagen über eine neue Lehrausbildung, Berufsförderung oder Ähnliches vorgelegt. Nicht in allen Fällen waren die echt. Durch einsitzende Delinquenten und plappernde Jugendgerichts- oder Bewährungshelfer waren wir über die aktuelle Vollstreckungslage im Bezirk des Landgerichts Essen gut informiert und konnten so zeitgerecht reagieren.

In vielen Fällen schafften wir es so bis zur Vollstreckungs-verjährung. Das wurde gebührend gefeiert und mir zuge-rechnet. Ich beherrschte den Umgang mit dem System. Diesen Trick haben wir auch mit anderen Jugendgangs abgesprochen. Wir waren schon damals, auch ohne Smartphone, gut vernetzt.

Aber die Geschichte gibt es heute auch noch bundes-weit. Wird inzwischen, dank sozialer Medien, vermutlich noch ausgefeilter funktionieren. Gerwin Merten kennt die Masche. Das geht ihm natürlich total gegen den Strich. Aber wer fragt den Bullen schon?

Verrat untereinander war damals undenkbar. So konnte ich mich während meiner Jugendzeit als Lenker im Hintergrund sauber halten. Als Erwachsener bin ich dann das ein oder andere Mal unglücklicher-weise aufgefallen. Mit einigen auch derben Späßen stieg mein Ansehen bei den Jungs in unserer Gang. Letztendlich bewahrten mich mein sonniges Gemüt und meine Cleverness nicht vor herben Rückschlägen. Ich wurde von den Bullen ge-schnappt und von Zuhältern gefoltert. Am Ende kam es ganz dicke. Ich habe alles verloren und bin einfach von der Bildfläche verschwunden."

Der Kriminalist

Zunächst möchte ich erklären warum ich mich, als Kriminalist bezeichne und nicht Kriminalbeamter oder gar Dienstgrade benutze. Im Gegensatz zu dem Kriminalbeamten recherchiert der Kriminalist aktiv, um den Täter zu ermitteln und zu überführen. Bei dem Kriminalbeamten, dieser Begriff trifft leider auf eine überwiegende Mehrheit unserer Branche zu, steht das Verwalten durch einen Beamten im Vordergrund. Auf diesen Punkt gehe ich im Verlauf der Schilderungen noch häufiger konkreter ein.

Ich bin ein Jahr jünger als Fred. Als Kind des Ruhrgebiets bin ich gegenüber einer Zeche, auf der mein Vater Obersteiger war, aufgewachsen. Ich bin mittelgroß, schlank, habe hellblondes kurzes Haar und einen Schnäuzer. Ich treibe von Kindheit an bis heute Sport aller Art. Der Ausdauersport hat mich mental und charakterlich geprägt. Ein Aufgeben ist mir ebenso fremd, wie Ermüdung. Das versetzte mich in die Lage, auch mal über 36 Stunden einen laufenden Einsatz zu führen. Die total zerrüttete Ehe meiner Eltern zwang mich, mit siebzehn Jahren das Elternhaus zu verlassen und die Schulausbildung am Gymnasium abzubrechen. Der Polizeiberuf bot sich an, weil dort während der Ausbildung schon eine Unterkunft und ein eigenes Einkommen geboten wurden. Militär kam als Alternative nicht in Betracht, weil ich mich ideologisch eher zu den 68ern zähle. Meine Grundeinstellung brachte mir schon bei der vermeintlich zivileren Polizei genügend Probleme. Nach der Grundausbildung wechselte ich früh innerhalb der Schutzpolizei vom Streifendienst in ein ziviles Team zur Kriminalitätsbekämpfung in Essen. In dieser Zeit gab es massive Auseinandersetzungen mit meinem Schutzbereichsleiter, der den ehemaligen SS-Reiteroffizier noch nicht abgelegt hatte sowie mit einem politisch verstrickten Polizeipräsidenten. Ich trat mit Kollegen massiv gegen deren Bevorzugung von Prominenten und Parteifreunden ein. Dies war meiner Karriere nicht gerade förderlich. Es brachte mir in der Personalakte die Bewertung „mangelnde charakterliche Eignung für Führungsfunktionen" ein. Wenige Jahre später erreichte ich nach einem Kriminaldienstlehrgang mein zu Beginn angepeiltes Ziel, die Kriminalpolizei. Im Team waren wir über ein Jahr als Kriminalwache der Ruhrgebietsgroßstadt Essen außerhalb der Bürodienstzeit, also nur im Spät- und Nachtdienst, für sämtliche anfallende Kriminalität zuständig. Das ging vom Einbruch über Raub bis hin zum Tötungsdelikt. Da anschließend in meiner Wunschdienststelle für Einbruch und Raub, keine Stelle frei war, blieb mir nur der Wechsel in das Kommissariat für Kfz-Diebstahl. Hier fühlte ich mich von Anfang an fehl am Platze. Wegen der Masse der Delikte wurde nicht ermittelt, sondern die Kriminalität verwaltet. Hier hatte ich es leider ausschließlich mit Kriminalbeamten zu tun. So gingen in meinen ersten Monaten ein Großteil aller Festnahmen des Kommissariats auf mein Konto. Mein Engagement stieß bei meinen Kollegen und auch bei dem Dienstellenleiter auf Ablehnung. Als ich über die Täter eines Kfz-Diebstahls in Essen-Steele auf eine Serie von bewaffneten Raubüberfällen auf Poststellen am Niederrhein stieß, galt das nicht als Erfolg. Der Dienststellenleiter entzog mir die weiteren Ermittlungen und gab sie an eine Dienststelle in Kleve weiter. Seine Begründung: „Mir ist die Aufklärung von zehn abgebrochenen Autoantennen - die gab es damals noch - wichtiger als zehn geklärte Raubüberfälle." Das entsprach nicht meinem Berufsethos oder meinem ausgeprägten Gerechtigkeitsgefühl, welches wohl vielen engagierten Polizisten und Kriminalisten zu eigen ist. Da die Gräben unüberwindbar waren, entschied die Leitung der Kripo meinen Wechsel in mein Wunschkommissariat für Einbruch und Raub. Als Neulinge wurden mein Kollege Werner und ich einem erfahrenen Kriminalisten im Bereich Innenstadt zugeordnet. Da gab es schon mal den ein oder anderen Banküberfall, einen Einbruch in ein Teppichlager oder eine Edelboutique mit erheblichen Sachschäden. Unser Tutor berichtete gelegentlich aus Nachkriegszeiten, als er einen festgenommenen Räuber auf der Stange seines Dienstrades zur Wache fuhr. Oder als er nach einem Einbruch in ein Lebensmittellager durch ehemalige Zwangsarbeiter seine neuen Hilfspolizisten, ausgerüstet mit Schlagstock und Armbinde statt Uniform, zum Tatort schickte. Nachdem diese nicht zurückkamen, erschien der Inhaber in der Wache und berichtete, dass die Hilfspolizisten ihm auch noch die restlichen Waren gestohlen hätten. Die kamen zwangsläufig auch nie wieder zum Dienst.

Nach einem Jahr erfolgreicher Arbeit in der Innenstadt wurden mir und meinen Partner Werner ein eigener Bereich zugewiesenen. Wir übernahmen von pensionierten

Kollegen ein Problemrevier im Essener Norden. Hier konnten wir noch unabhängiger und freier arbeiten. In wenigen Jahren haben wir die dortigen Probleme deutlich reduziert und waren schnell in der örtlichen Szene bekannt. Unsere Arbeit ging dort weit über das übliche Ermitteln hinaus. Eigentlich überschritten wir immer wieder die Grenzen zur Sozialarbeit. Im Norden existierten damals mehrere Notunterkünfte, in die sich die Schutzpolizei nur mit mindestens drei Streifenwagen hinein traute. Wir fassten dort schnell Vertrauen, nachdem wir einem brutalen ehemaligen Fremdenlegionär das Handwerk legten. Über Jahre hatte er den dort lebenden alten Menschen regelmäßig einen erheblichen Teil ihrer lebensnotwendigen Sozialhilfe oder Rente geraubt. Er hat die Menschen drangsaliert, bedroht und geschlagen. Jugendlichen, die hin und wieder Straftaten begangen, haben wir in Zusammenarbeit mit einem sehr engagierten Pastor, der die Jungs fantastisch betreute, immer wieder auf die Finger geschaut. Da waren zum Beispiel unbekannte Täter über das Dach eines Speditionslagers eingebrochen und hatten sich am Seil heruntergelassen. Es war natürlich unsere Klientel. Die Jungs hatten Krüti, so sein Spitzname, hinuntergelassen. Als wir ihn fragten, warum er im Lager so viele verschiedene Flaschen geöffnet hatte, meinte er: „Die Jungs oben auf dem Dach wollten Schnaps. Weil ich nicht lesen kann, habe ich überall probiert. Die Sache mit dem kaputten Fahrrad war so. Mir war das alles zu weit in der Halle. Da habe ich das Rad gesehen und bin damit herumgefahren. Weil es so dunkel war, bin ich vor einen Stapel mit Kisten gedonnert." Mein Lieblingsklient, Krüti, war nicht der Hellste, aber der Stärkste. Hier zwei Beispiele seiner Aussagen: „Mit dem Einbruch in die Trinkhalle habe ich nichts zu tun. Ich war das nicht, das waren die anderen. Die haben aber das Fenstergitter nicht aufgekriegt und haben gemeint ich sei stark. Da habe ich es für die rausgerissen." Krüti stand unter Bewährung und hatte während einer Discoveranstaltung im Gemeindehaus draußen zwei fremde Jugendliche verprügelt. Auf den Vorwurf von uns und dem Pastor, dass er seine Bewährung gefährdet, kam prompt die Antwort: „Mein Freund Horst kam herein und sagte, dass ihn draußen einer verprügelt hätte. Als ich rauskam, standen da aber zwei, weil ich nicht wusste, wer es war, habe ich beide vermöbelt." Wie in vielen Fällen, haben wir uns auch diesmal vor Gericht für unseren Klienten eingesetzt. Eigentlich waren es passable Jungs, die nur im falschen Milieu aufgewachsen sind. Zumindest im Falle von Krüti scheint sich unser Einsatz gelohnt zu haben. Ich habe ihn Jahre später als Pflasterer in der Innenstadt getroffen. Er erzählte mir, dass er verheiratet sei und zwei Kinder habe. Seit Verbüßung einer Jugendstrafe habe er keine Straftaten mehr begangen. So was macht Mut. Im Laufe der Zeit führte aber zwangsläufig auch die Arbeit in den Problemvierteln zu deliktsübergreifenden Ermittlungen, die die Zuständigkeit eines Kommissariats überschritten. Mit ähnlich denkenden Kollegen des Kommissariats ermittelten wir dann plötzlich im Bereich der Organisierten Kriminalität. Die Jungs kamen schließlich aus dem Milieu. Diese Aktivitäten waren wieder mal nicht im Interesse des

Dienststellenleiters, den ausschließlich sein Ressort Einbruch und Raub interessierte. Darauf wies er uns immer wieder hin. Leider war die Realität draußen eine andere. Die Kriminellen hielten sich weder an örtliche Zuständigkeiten z. B. Polizeipräsidien oder Ländergrenzen, noch an die fachlichen Zuständigkeiten von Kommissariaten. So wurden schon mal mit geklauten Autos Banküberfälle oder Einbrüche ausgeführt. Das entsprach jedoch in keiner Weise der damaligen Organisationsform der Kripo. Daraufhin haben wir 1974 einen umfassenden Bericht zu unseren Ermittlungen in der Organisierten Kriminalität (OK)dem Innenminister vorgelegt. Der Bericht löste eine schon schwelende politische Diskussion aus. Nachdem der damalige Innenminister vorschnell in den Medien erklärt hatte, dass es in Nordrhein-Westfalen keine OK gibt, bekamen wir überraschend Unterstützung von dem damaligen Vorsitzenden der Polizeigewerkschaft. Unter dem Druck der Gewerkschaft, die sich eigentlich eher für Personalfragen zuständig fühlt, konnten wir dann in Essen als Pilotmodell die erste Dienststelle für Organisierte Kriminalität in NRW aufbauen. Dieser Innenminister distanzierte sich später persönlich von der Einschätzung seiner Ministerialbeamten. Er hat mich anlässlich seines achtzigsten Geburtstages in eine hochrangige Politikerrunde eingeladen. Ich hatte Gelegenheit, meine Sicht dem damaligen Vizekanzler und dem zukünftigen Innenminister zu erläutern. Unsere neue Dienststelle bestand aus sieben Beamten, dem Dienststellenleiter und sechs Ermittlern. Dienstellenleiter wurde ein absolut toller und liebenswerter Mensch, gleichzeitig einer der erfolgreichsten Kriminalbeamten in NRW. Ob Ganoven oder Kollegen, alle kannten ihn deutschlandweit unter dem Spitznamen „Dalli". Das war eine Ableitung seines Nachnamens, die aber aufgrund einer gleichnamigen Quizsendung im Fernsehen entstand. Er war der gleiche Typ, wie der langjährige Moderator. Er war ein Energiebündel. Für mich war er zugleich Mentor und Vaterfigur. Obwohl er mich duzte und wir auch gelegentlich privaten Kontakt hatten, blieb ich aus Achtung ihm gegenüber immer beim Sie. In den Jahren unserer Zusammenarbeit habe ich unendlich viel von ihm gelernt. Nicht zuletzt auch, mit Menschen aus dem Milieu fair umzugehen. Die Erfolge stellten sich zwangsläufig sehr schnell ein. Abgesehen von der täglichen Arbeit sorgte Dalli dafür, dass wir uns als eine Familie fühlten. Er organisierte gemeinsame Grillnachmittage mit unseren Familien oder gemeinschaftliches Angeln.

An dieser Stelle erlaube ich mir kurz noch einen Hinweis zu der von Fred geschilderten Vollstreckungsverjährung im Jugendstrafrecht. Ich kenne die Geschichte nicht nur von ihm. Ich habe auch mit anderen Jugendlichen darüber gesprochen. Das kolportiert absolut den Sozialisationsgedanken des Jugendstrafrechts. Die zeitliche Differenz zwischen Tat und Urteil ist absolut verfehlt. Verfahren ziehen sich zu lange hin. Es fehlt der Bezug zur Tat. Nach mehreren Bewährungsstrafen nehmen die Jugendlichen eine zu verbüßende Haftstrafe entgegen und hegen insgeheim zeitgleich die Hoffnung, diese durch alle möglichen Tricks abwenden zu können. Im Hinterkopf akzeptieren sie nicht einmal mehr das Urteil. Aber hier sind

Justiz und Politik gefragt. Eine Lösung könnte ein „Haus der Jugend" sein, wo spezielle Sachbearbeiter der Polizei, Gerichtshelfer, Staatsanwälte und Richter gemeinsam agieren. An diesem Thema habe ich mich später im Stab jedoch vergeblich abgearbeitet.

Um Gefährdungen von Beteiligten auszuschließen, habe ich mit der geplanten Buchveröffentlichung lange gewartet. Heute habe ich natürlich auch einen persönlichen Abstand zu allen Ereignissen und betrachte diese inzwischen auch aus anderer Sicht. Zuletzt habe ich einen gut funktionierenden Präventionsrat einer Großstadt aufgebaut, Jahre europaweit Verkehrsunternehmen in Großstädten beraten und mit der Migrationswelle 2015 in einem Team für das Land NRW die Abläufe zum Asylverfahren neu organisiert. Nebenher war ich Schöffe am Landgericht Essen. Nun sollte ich aber endlich zur Sache kommen.

Gemeine Jugendspäße

Lassen wir Fred nun zu Beginn doch mal schildern, was das konkret für derbe Späße waren, die er meinte:

„Na klar, den ein oder anderen habe ich noch im Kopf. So ist mir aufgefallen, dass im Nachbarstadtteil einige Bergleute ihren Heimweg von der knochenharten Schicht und auch den Hinweg abkürzten, indem sie die etwa hundert Meter lange Röhre einer Köttelbecke zur Unterquerung eines Bahngeländes benutzten. Da nur im unteren Teil der Röhre die Kacke floss, durchwanderten sie breitbeinig die Röhre. Sie begingen die trockenen Rundungen. So kamen sie zwar langsam voran. Es war anstrengend. Ihr Weg verkürzte sich aber um fast einen Kilometer. Nach der Schicht mussten die total ausgelaugten Bergleute gegen die Strömung laufen. Das brachte mich auf die geniale, aber auch blöde Idee, mitten in der Röhre die Ränder mit Wagenschmiere vom Schrottplatz einzuschmieren. Wir haben nach Schichtende dort gelauert und gesehen, dass zwei Männer abrutschten und in die Köttelbecke fielen. Die mussten dann mit nassen und total eingesauten Klamotten nach Hause gehen. Wir konnten uns kaum an ihrem Schaden weiden. Wir mussten flüchten, weil die anderen uns sicher derbe verprügelt hätten. Was eigentlich nicht unverdient gewesen wäre. Mein Vater hätte ja auch einer der Männer sein können.

Ich wollte einige Wochen später noch einen draufsetzen und sie alle durch die Kacke rennen sehen. Meine

Jungs waren begeistert, fragten aber, wie wir das anstellen sollten. Ich ließ zwei von unserer Truppe von dem Motorrad eines Nachbarn Sprit klauen. Sie mussten die Karre, die unter seinem Balkon im Hochparterre stand, nur umkippen, den Tankdeckel öffnen und den auslaufenden Sprit auffangen. Am nächsten Tag lauerten wir mit der ganzen Truppe abends nach der Spätschicht am anderen Ende der Röhre auf die kommenden Malocher. Jeder wollte bei dem Spaß dabei sein. Als die Männer sich laut miteinander quatschend und lachend in der Mitte der Röhre befanden, haben wir den Sprit in die fließende Köttelbecke gegossen und angezündet. Die Flammen schwammen langsam auf die Männer zu und machten die Röhre taghell. Ihnen blieb nichts anderes übrig als die Beine in die Hand zu nehmen und vor dem nahenden Feuer durch die Kacke zurückzurennen. Alle waren total eingesaut und werden mächtig gestunken haben. Die haben geschimpft und getobt vor Wut. Wehe, wenn die uns erwischt hätten. Das geilste dabei war, dass sie uns nicht einmal gegen den Schein erkennen und noch weniger verfolgen konnten. Auch wenn mir im Inneren die Malocher doch etwas leidgetan haben, war die Show affengeil. Meine Kumpels hatten keinerlei Gewissensbisse, sie waren einfacher gestrickt. Ich genoss die Hochachtung aller, denn ich wusste, wie`s geht!"

Verhältnis Vertrauensmann und Kriminalist

„Na ja, bei meiner kaufmännischen Lehre im Krupp-Konsum hat mir das nicht geholfen. Ein halbes Jahr die Berufsschule geschwänzt, immer wieder ermahnt und Besserung gelobt, doch dann war der Job futsch. Aber wollte ich bei meinen Talenten ein kleiner Verkäufer werden? Nein, da musste ich mehr draus machen. Ich begann Leute abzuzocken. Zeitweise ging das auch super. Es ging steil bergauf. Ich hatte die dicke Kohle, fuhr einen BMW und später sogar Mercedes und Porsche. Ich habe geldgierige Säcke verarscht und abgezogen, die sich zu Unrecht bereichern wollten. Ja, so habe ich gelebt und zeitweise gar nicht so schlecht. Gegenüber der Polizei, den Staatsanwälten und Richtern war ich der wohlerzogene, höfliche und immer wieder reuige kleine Übeltäter, der die Gier anderer nur umgelenkt hat. Ich war auch in der Lage, wenn mir die Bullen Beweise vorhielten, die meine Version der Taten widerlegten, ohne langes Zögern und Überlegungen meine neue Version der Beweislage anzupassen. Wenn ich im Einzelfall mal durch unglückliche Umstände aufgekippt war, konnte es mein Anwalt erreichen, dass ich auf freiem Fuß blieb und weiter Geld verdienen konnte. Er lebte ja schließlich auch von meiner Arbeit oder? Aber top war er und sorgte dafür, dass immer wieder Einzelverfahren zu Sammelverfahren zusammengefasst wurden. Seine Plädoyers und meine reumütigen Beichten brachten mir niedrige Strafen, Bewährung und immer wieder neue Bewährung ein. Die Gerichte glaubten an das Gute in mir und erkannten auch, dass meine angeblichen Opfer die eigentlichen Kriminellen waren. Als dann nichts mehr ging, blieben mir nur noch Deals mit Staatsanwaltschaft, Gerichten und Polizei. Durch meinen persönlichen Kontakt zu Gerwin Merten wurde ich ein ausgebuffter langjähriger Vertrauensmann (V-Mann) der Polizei. Mein Einsatz für Gesellschaft und Gerechtigkeit wurde mir gedankt. Es wurden Strafen gemildert und zum Teil sogar erlassen.

Aber später kam dann der unaufhaltsame Absturz. Immer häufiger und immer krasser bin ich dann an den Großen und Brutalen gescheitert. Die Mafia kannte keine Gnade. Man hat mir Frau und Freunde genommen und mir für meine Heimat Aufenthaltsverbot bei Todesandrohung erteilt. Ich will der weiteren Geschichte nicht vorgreifen, aber ich habe alles verloren und musste schließlich schlichtweg von der Bildfläche verschwinden.

Mein Lebenstraum von einer Familie, einer Villa mit Pool und Luxusautos war zeitweise zum Greifen nahe. Es war zwar nicht legal, was ich gemacht habe, aber als Kriminellen würde ich mich nicht bezeichnen, nein! Eher ein Robin Hood für Arme. Zugegeben, einer der sich selbst hilft. Bis auf die dummen Jugendstreiche und die Felgengeschichte habe ich es immer vermeiden können, ehrlichen Leuten zu schaden. Übrigens Mitte der Sechziger gab es noch nicht die Technik, die es heute gibt. Das hat mir die Arbeit erleichtert. Für die Kripo, unser Gegenüber, war es so, dass sie eh immer der Technik hinterherhinkten."

Wenn ich hier mal eingreifen darf, Fred beschreibt es zutreffend. Die damaligen Umstände beeinflussten sowohl die kriminellen Aktivitäten als auch die Maßnahmen der Polizei. Die zunehmende Technik machte es den Kriminellen leichter miteinander zu kommunizieren. Die Polizei wurde und wird weiterhin nur zögerlich technisch nachgerüstet, sodass ihr Gegenüber immer einen Vorsprung hat. Bei meinen Auslandsermittlungen habe ich festgestellt, dass die technische Ausrüstung der Polizei in allen anderen europäischen Ländern unserer über Jahre voraus war. Die Kriminellen sind und waren uns eh diesbezüglich immer voraus. Ich glaube nicht, dass sich das jemals ändern wird, weil das große Geld auf der anderen Seite gemacht wird. Die Sicherheitsbehörden erwirtschaften nichts und die Schäden durch die Kriminalität wurden unterschätzt. Das galt insbesondere für die kriminellen Organisationen und die Mafia. Wir werden im Verlauf der Berichte zu den einzelnen Fällen jeweils speziell auf diese Dinge eingehen.

Noch ein Hinweis von mir zur V-Mann-Tätigkeit. Das war damals eine sehr spontane und eher ungeregelte Zusammenarbeit. Es gab zu Beginn maximal eine mündliche Absprache mit dem Staatsanwalt. Heute gibt es feste Regularien, wie V-Personen-Führer, VP-Akten und Vertraulichkeitserklärungen. Fred sollte jetzt aber endlich mal über seine Lebenseinstellung sprechen. Trotz seiner regelmäßigen Straftaten entwickelte ich eine gewisse Sympathie für ihn. Was dann auch zu einer langjährigen „Zusammenarbeit" geführt hat. Von einer vollen gegenseitigen Akzeptanz konnte man nicht sprechen aber doch von einer gewissen Duldung. Nennen wir es stillschweigendes Verständnis für die andere Position.

„Ja also Gerwin Merten kennt sie, meine beiden Lebensmottos:

„Jeden Morgen steht nen Doofen auf."
„Das Schlimmste ist als Schnapper geschnappt zu werden."

Sie haben sich aber erst im Verlauf der Zeit entwickelt. Wenn Ihr euch fragt, was damit konkret gemeint ist. Also zum einen sind die Menschen oft nicht vorsichtig oder misstrauisch genug, sodass man täglich auf potenzielle Opfer trifft, platt gesagt, nen Doofen. Zum anderen war es mir immer Genugtuung, wenn ich jemanden hereinlegen konnte, der sich eigentlich illegal bereichern wollte. Einen sogenannten „Schnapper". Möglicherweise habe ich ja die gleiche Macke wie Gerwin Merten, ein zu stark ausgeprägtes Gerechtigkeitsempfinden. Kann sein, dass das mit der Lebenssituation meiner Mutter zusammenhing. Unterstützung hat sie von keiner Seite erhalten.

Anfang der Siebzigerjahre entschlossen sich drei Jungs aus unserer ehemaligen Bande im Viertel, die beliebten Alufelgen und Reifen von Autos zu klauen. Vier aus unserer Gang waren aufgestiegen und bewegten sich im Zuhältermilieu. Viele andere hatten inzwischen Malocher Jobs und waren sogenannte solide Bürger geworden. Ich war da schon wieder fest mit meiner Brigitte zusammen, die ihre Lehre als Friseuse geschmissen hatte. Sie ackerte tageweise im Bordell in der Stahlstraße als Nutte. Ein festes Zimmer konnte sie sich dort damals noch nicht leisten, sondern sprang immer wieder für Freundinnen ein. Mich hat das nicht sonderlich gestört. Sie ist schon vorher immer wieder mit Typen über die Dörfer gezogen. Es kam Geld rein und ich konnte abends auch mal zocken gehen. Ich war kein Zuhälter, nein! Sie machte das freiwillig, damit wir ohne Arbeit gut leben konnten. Und der BMW musste ja auch bezahlt werden, oder? Außerdem habe ich ja auch Tattas reingebracht. Später haben wir auch eine kleine Wohnung in einem besseren Viertel bezogen. Mit Brigitte war ich viele Jahre zusammen, bis sie mich wegen des Bosses der Jugo-Mafia verließ. Aber dazu komme ich später."

Die Problematik der V-Mann-Führung habe ich schon angesprochen. Diese Probleme werden später immer wieder auftauchen. Regelmäßig wurden in unserer OK-Dienststelle gezielt von uns ausgewählte Polizeistudenten während ihres Praktikums eingesetzt. Wir mussten dabei jedoch beachten, dass sie zum einen persönlich nicht überfordert wurden und zum anderen keine Informationen erhielten, die unsere Arbeit hätte gefährden können. Erschreckt hat uns die abschließende Aussage eines Studenten nach seinem Praktikum vor dem Behördenleiter: „Die paktieren dort mit Kriminellen, das ist meiner Ansicht nach ungesetzlich. Dieser intelligente junge Mann, der übrigens später nach langer Erfahrung als Führungskraft diese Aussage widerrufen hat, hat diesen Auftrag vollkommen einseitig wahrgenommen. Ich werde zu Beginn einen Fall aus der Chronologie herausnehmen und vorziehen, weil er die Unverzichtbarkeit der Arbeit mit Informanten und V-Männern deutlich macht. Sie versetzt uns

als Polizei in die Lage, Gefahren einzuschätzen und Schäden zu vermeiden.

Mordplan gegen Chefermittler

Der Fall ereignete sich Anfang 1975. Unsere Dienstelle für Organisierte Kriminalität war gegründet. In diesem Fall war nicht ich, sondern mein langjähriger Partner Werner der verantwortliche Sachbearbeiter. Wir alle haben ihm zugearbeitet. Die Ermittlungen richteten sich gegen einige führende Zuhälter in unserer Stadt. Werner hatte in einem umfassenden Bericht dargelegt, wie sie inzwischen einen erheblichen Anteil der örtlichen Kriminalität in der Hand hatten und steuerten. Er belegte deren Beteiligung an der Förderung der Prostitution, dem illegalen Glückspiel, Körperverletzungen, Einbrüchen und Raubüberfällen. Auf diese Weise kam Palma, der anerkannte Boss, zu beträchtlichem Vermögen. Deutschlandweit rangierte er bei den Zuhältern unter den Top Ten. Er besaß Luxusfahrzeuge, eine Gaststätte, eine Bar und eine Luxusjacht. Auf diese Luxusjacht lud er nicht nur seine Gang ein, nein auch seine Anwälte verbrachten darauf Urlaubstage auf Mallorca, wo die Jacht lag. Wenn die Truppe anwesend war, gehörte ihr quasi der Urlaubsort Cala d`Or. Niemand wagte dort, sich dagegen aufzulehnen. Muckte gelegentlich mal ein nicht informierter Tourist auf, wurde er schlicht platt gemacht. Es gab enge Geschäftsverbindungen zu den Milieus in anderen Städten, speziell zu Hannover und Frankfurt. Auf der Basis des Berichtes leitete die Staatsanwaltschaft Essen gegen Palma und seine engsten Mittäter ein Verfahren wegen „Bildung einer kriminellen Vereinigung" ein. Auf Antrag der Staatsanwaltschaft erließ der Ermittlungsrichter einen Beschluss zur

Überwachung mehrerer relevanter Telefonanschlüsse. Dies war die erste Telefonüberwachung in NRW. Die aufgezeichneten Gespräche liefen bei einer dafür neu eingerichteten Dienststelle beim LKA in Düsseldorf auf. Wir Ermittler mussten also täglich nach Düsseldorf, um dort die auf Tonband aufgezeichneten Gespräche abzuhören. Was heute digital aufgezeichnet und an den Sachbearbeiter übermittelt wird, befand sich vor Ort auf riesigen Tonbandspulen. Auch unser Dienststellenleiter beteiligte sich an dieser aufwendigen Arbeit. Für uns Jüngeren war es immer wieder ein Spaß zu beobachten, wie Dalli mit der Technik zu kämpfen hatte, wenn er mal wieder Vor- und Rücklauf verwechselt hatte. Dann gab es Bandsalat. Während der Ermittlungen kam es dann zu einer unvorhergesehenen Störung. Der Bericht hatte unseren neuen jungen, gut aussehenden und noch ziemlich unerfahrenen Ermittlungsrichter wissbegierig gemacht. Er war gleichzeitig auch als Haftrichter für alle Vorführungen durch die Polizei und die späteren Haftprüfungen zuständig. In diesem Zusammenhang hatte er viele Ermittlungsberichte aus dem Milieu auf den Tisch bekommen. Nun wollte er unbedingt mal persönlich erfahren, was sich dort abspielt. Statt uns dahingehend anzusprechen, was ihm wahrscheinlich unangenehm war, begab er sich eines Abends auf eigene Faust in die Szene und das Nachtleben. Er war in mehreren Bars, deren Existenz er aus den Akten kannte. Dort trank er das ein oder andere Bierchen und beobachtet das Leben. Was ihm dabei entgangen war, war die Tatsache, dass einer aus dem Milieu, der schon mal vor ihm gesessen hatte, ihn erkannte. Und schon wurden unsere Zuhälter informiert und aktiv. Sie setzten zwei attraktive, professionelle Damen auf den jungen Richter an. Im Verlaufe der Nacht gelang es den charmanten Damen, ihn derart betrunken zu machen, dass sie von ihm und jeweils der anderen Dame äußerst kompromittierende Fotos aufnehmen konnten. Nach erreichtem Ziel setzte man ihn in ein Taxi und schickte ihn nach Hause.

Diesen Vorfall bekamen wir am folgenden Tag aus den Telefonaufzeichnungen mit. Die Jungs hatten Palma telefonisch in seiner Gaststätte über das Erscheinen des Richters informiert. Er gab dann Anweisungen, ihn zu kompromittieren. Später wurden Aussagen getroffen, wie: „Super jetzt haben wir den Haftrichter in der Hand!" „Wenn der jemanden von uns einsperren will, dann muss er mit einer Veröffentlichung der Fotos rechnen!" Aber das war lange noch nicht alles. Bei Palma meldete sich plötzlich der Anwalt aus der Kanzlei, die ihn und die anderen Zuhälter regelmäßig vertrat. Wohl wegen seines Alters, der großen schlanken Gestalt und seines steifen Ganges nannten sie den Kanzleichef „Gichtlatte". Irgendwer hatte ihm die Information mit den Fotos gesteckt. Der Anwalt forderte von Palma die sofortige Übergabe von Fotos und Negativen. Palma räumte in dem Telefonat ein, von den Fotos zu wissen, bestritt jedoch den Besitz. Es wurde intensiv über den Wert die Fotos für die Kanzlei diskutiert.

Nun war eine wilde Jagd nach den Fotos eröffnet. Die Anwaltskanzlei wollte unbedingt die Fotos. Wir mussten befürchten, dass die Fotos in der falschen Hand unseren Ermittlungs- und Haftrichter für die Zukunft erpressbar machten. Glücklicherweise konnten wir durch Auswertung der Telefonate und Vernehmungen den aktuellen Besitzer der Fotos ermitteln und diese bei einer spontanen Durchsuchungsaktion sicherstellen. Ganz schlicht und einfach, nur Fotos und Film, es war eben noch die analoge Welt; keine Kopien, keine Cloud. Unser Haftrichter wurde auf den Fotos von zwei Prostituierten in einem Lokal umarmt und geküsst. Er gab im Rahmen seiner Zeugenvernehmung die Eskapade kleinlaut zu. Die Fotos, von denen er nichts mitbekommen hatte, machten ihn sprachlos. Heutzutage würde man die Art der Fotos nicht mal annähernd als kompromittierend betrachten. Das macht deutlich wie sehr sich Gesellschaft und Moral verändert haben. Noch am gleichen Tag ersuchte er den Landgerichtspräsidenten um Versetzung an ein anderes Gericht, dem dieser natürlich folgte. Solche Reaktionen vermisst man heutzutage.

Zunächst bestand die Gefahr, dass durch diesen Vorfall unsere gesamte verdeckte Ermittlungsarbeit und Telefonüberwachung aufgefallen war. Durch einige taktische Schritte war es uns dann jedoch gelungen, den Verdacht auf einen vermeintlichen anonymen Informanten zu lenken. Die Ermittlungen konnten fortgesetzt und nach fast einem Jahr mit der Festnahme der Täter abgeschlossen werden. Ein unvorhersehbares Ereignis hatte uns zu dem vorzeitigen Abschluss gezwungen. Wir hatten zwei Telefonüberwachungen geschaltet, die Gaststätte und den privaten Telefonanschluss von Palma. Nachdem Palma einige Tage nur noch wenige und vollkommen unverfängliche Gespräche von seinem Privatanschluss führte, erfuhren wir über das Telefon in seiner Gaststätte den Grund. In einem Telefongespräch mit einem Hannoveraner Zuhälter erklärte er: „Über meinen Privatanschluss können wir nicht mehr reden, der wird von den Bullen abgehört. Mein Anwalt hat diese Information von einem Postmitarbeiter erhalten. Der hat ihm gesagt, dass er gesehen hat, dass auf meinem Privatanschluss ein Neger sitzt. Das ist ein Gerät, mit dem die Bullen abhören." Das war die große Schwäche der analogen Technik. Die Deutsche Post, sie hatte damals ein Monopol auf Telefonie, setzte ein schwarzes Gerät in dem Verteiler vor Ort auf die abzuhörende Leitung, welches die Gespräche an das LKA weiterleitete. Im Fachjargon nannte man das schwarze Gerät „Neger". Jeder Techniker der Post konnte dieses Gerät bei Wartungsarbeiten entdecken. Glücklicherweise hatte unser Techniker nur Zugriff auf die Verteiler im Wohnbereich von Palma und wusste nichts von der Schaltung in der Gaststätte. Wir hatten auch später gelegentlich Fälle, bei denen Telefonüberwachungen von Postbeschäftigten oder Schreibkräften bei Gericht verraten wurden.

Nach Abschluss der Ermittlungen landeten alle Beschuldigten in Untersuchungshaft. Palma brüstete sich damit während der U-Haft die junge gutaussehende Anwältin, aus besagter Anwaltskanzlei, in der Justizvollzugsanstalt geschwängert zu haben. Anwaltsbesuche werden in der Regel nicht überwacht. Beide haben jedenfalls später geheiratet. Der gemeinsame Sohn trat schon als Jugendlicher in die Fußstapfen seines Vaters, bekam auch einige Damen zugewiesen, erreichte aber nicht annähernd Format seines Vaters.

Die Eröffnung des Verfahrens vor dem Landgericht offenbarte eine Schwäche unseres Justizsystems. Im Strafverfahren ist es üblich, dass ein Staatsanwalt dieses bearbeitet und nach rechtlicher Bewertung eine Anklage erstellt. Er ist dann jedoch nicht mehr für den Fortgang des Verfahrens zuständig. Die Anklage vor Gericht wird auf den sogenannten Sitzungsvertreter delegiert, der von einem Terminierungssystem bestimmt wird. Dieser kennt nicht den gesamten Inhalt des Verfahrens. Stattdessen verfügt er lediglich über eine mehrseitige Anklageschrift, also eine stark komprimierte Darstellung. Das Prinzip basiert auf der sogenannten Mündlichkeit der Hauptverhandlung. Diese Auslegung des Rechtsprinzips hat natürlich zufolge, dass die Rechtsanwälte, die sich von Beginn an eingearbeitet haben, zwangsläufig einen erheblichen Wissensvorsprung haben. Das führt insbesondere bei umfangreichen Verfahren zu Problemen. Von dieser Verfahrenspraxis wich die Staatsanwaltschaft lediglich bei Kapitaldelikten z. B. Tötungsdelikten ab. In späteren Jahren konnten wir als Polizeibehörden, nach anfänglichem Widerstand, diese Arbeitsweise der Staatsanwaltschaften auch bei den in der Regel umfangreichen OK-Verfahren durchsetzen. In diesem konkreten Fall hatten wir einen sehr erfahrenen Sitzungsvertreter, der sich bei der Durchsetzung gegen vier Rechtsanwälte zu helfen wusste. Er ging einen bis dato vollkommen ungewöhnlichen Weg. Er ließ unseren Sachbearbeiter Werner als ersten Zeugen vernehmen und ihn dann zur Überraschung von Gericht und Anwälten zum gutachterlichen Zeugen an seiner Seite bestellen. So konnte Werner ihm aufgrund seiner umfassenden Aktenkenntnis hilfreich beiseitestehen und auf entsprechende Vernehmungspassagen, Gesprächsinhalte aus der Telefonüberwachung oder sonstige Beweismittel aufmerksam machen. Palma wurde zu einer Freiheitsstrafe von fünf Jahren verurteilt. Davon verbüßte er rund drei Jahre. Seine Mittäter mussten Haftstrafen von drei bis vier Jahren antreten.

Dieser Schlag gegen die Organisation örtlicher Zuhälter, die eher als bescheiden gegenüber den heutigen Clans und Mafiastrukturen anzusehen ist, brachte dort wohl einige Hitzköpfe in Rage. Es fehlte die führende Hand von Palma. Aber nun sollte Fred weiter berichten, denn er wurde damit wichtiger denn je für uns: „Ja, zu Beginn muss ich erklären, dass ich bei den Zuhältern total unten durch war. Sie haben mich gehasst, misshandelt und gequält. Ich war ausgestoßen. Über den Fall, der dazu geführt hatte, werden wir aber später berichten. In dem engen Kreis der Zuhälter befand sich auch Lothar, wir waren alte Kumpels aus unserer Jugendgang. Er hatte aus unserer Sicht den Aufstieg geschafft. Jedenfalls war er von den Luden der Einzige der noch mit mir sprach. Als ich Brigitte mal am Puff absetzte, stieg er überraschend in mein Auto. Zunächst habe ich mich fürchterlich erschreckt, weil ich befürchtete, dass die anderen Luden ihn auf mich gehetzt haben. Aber er beruhigte mich und meinte, dass ich der Einzige sei, dem er vertrauen würde. Er brauche jetzt aber jemanden zum Reden. Erst jetzt bemerkte ich, dieser muskelbepackte Riese wirkte fahrig, ja

sogar hilflos und ängstlich. Wir fuhren zu einem Garten-
lokal im Stadtgarten von Gelsenkirchen, weil uns niemand
aus der Szene zusammen sehen durfte. Wir suchten uns
draußen einen Platz, wo uns niemand zuhören konnte.
Nach langem Zögern und Herumgeeier kam Lothar auf
den Punkt. Wir sprachen über die Festnahme von Palma
und seinen Leuten. Lothar meinte: „Palma sitzt im Knast
und fehlt jetzt den Zuhältern als derjenige, der überlegt
und sachlich agiert. Die haben sich zusammengesetzt und
nachgedacht, wie sie weitermachen sollten. Einige Hitzköpfe machten für den Schlamassel den allen bekannten
Dienststellenleiter der neuen Dienststelle, Dalli, verantwortlich. Fred, du kennst ihn ja auch. Sie meinten, den
müssen wir stoppen, sonst sind wir bald alle dran. Die
Frankfurter und Hannoveraner Jungs seien der gleichen
Meinung und würden Druck machen. Der Anführer dieser
Heißsporne forderte, dass man ihn killen müsse. Es gab
eine wilde Diskussion. Am Ende setzten sich diese Hitzköpfe durch, weil niemand sich traute, ihnen entgegenzu-
treten. Ich habe am Ende auch geschwiegen. Ich wollte
nicht als Verräter gelten. Es wurde beschlossen, dass ein
Killer beauftragt wird, der Dalli liquidieren soll. Einer der
Anführer erklärte, dass er aus seiner Zeit bei der französischen Fremdenlegion einen Algerier kennen würde. Der
wäre der richtige für diesen Job. Dieser Mann würde in
Lyon leben und hätte vor etwa einem Jahr in Paris auf
einem Hinterhof fünf Männer erschossen, die einem Clan
angehörten. Die Bullen hätten ihm nichts nachweisen
können. Er habe mit dem Typen schon telefoniert. Für die
Erledigung des Auftrags wolle der dreißig Mille. Der würde

den Oberbullen abknipsen und niemand würde ihn oder uns damit in Verbindung bringen können. Wir hätten unsere Ruhe vor Dalli und seinen Leuten." Ich habe Lothar zunächst nur ungläubig zugehört. Das war ungeheuerlich, was der da faselte. Ich konnte es kaum glauben. Dabei fiel mir auf, dass er immer wieder zitternd an seiner Zigarette zog. Er hatte eine Kippe an der anderen angezündet und qualmte ununterbrochen. Das war für ihn als Sportler und Boxer vollkommen untypisch. Als ich Lothar dann fragte, ob das alles sein Ernst sei, wurde er wütend: „Glaub ja nicht, dass ich spinne. Nein, die haben alles ohne Gegenstimme beschlossen und spontan einen ersten Teil der Kohle eingesammelt. Unter dem Druck habe ich auch schon eine Anzahlung geleistet. Hey du weißt doch, dass ich kein Kind von Traurigkeit bin. Ich kann dabei aber nicht mitmachen. Dalli macht ja nur seinen Job. Und zu unserem Leidwesen eben erfolgreich. Außerdem ist er ein super Typ, muss man anerkennen. Der ist trotzdem Mensch geblieben."

„Lothar war jetzt vollkommen aufgelöst. Ja, ich war nun genauso entsetzt und ebenso ratlos wie Lothar. Ich hatte ja selbst schon einiges mit den Luden mitgemacht, als sie mich in der Mangel hatten. Lothar deutete an, dass ich vermutlich wegen der damaligen Sache mit den Zuhältern noch Kontakt zu den Bullen hätte. Um einen Mord zu verhindern, müsse ich mit denen reden und die warnen. Ich habe sofort abgeblockt und ihm erklärt, dass da kein Kontakt zu den Bullen besteht. Außerdem würden die mich bei einer solch haarsträubenden Story für verrückt erklären. Selbst wenn die mich anhören würden, das würden die mir nicht abnehmen! Wir haben lange hin und her diskutiert. Lothar beharrte darauf, dass man was tun müsse, und ich unterstützte ihn in seinem Gefühl. Ich habe ihm dann gesagt, wenn ich Kontakt zu denen aufnehmen würde, dann müsse er dazu stehen. Die einzige Möglichkeit, das glaubhaft rüberzubringen, wäre seine persönliche Darstellung. Ihr würdet ihn ja schließlich auch kennen und ihn schon ernst nehmen. Lothar meinte, dass er dann gleich einen Strick nehmen könnte. In einem langen Gespräch konnte ich ihn davon überzeugen, dass die Bullen ihn nicht offiziell dazu vernehmen würden. In dem Fall käme es mit Sicherheit auch zu einer vertraulichen Behandlung. Wir vereinbarten, dass ich mit euch Bullen Kontakt aufnehme. Deshalb bitte ich dich nun um ein absolut vertrauliches Gespräch mit dir und deinem Chef. Einzelheiten werdet ihr dann bei dem Treffen erfahren. Hier geht um Leben und Tod. Für den Informanten, den ich mitbringen würde, fordere ich schon im Vorfeld eine Vertraulichkeitszusage. Und zwar in schriftlicher Form. Auch wenn eine solche Zusage vorab nicht üblich ist. Ferner muss das Gespräch kurzfristig an einem neutralen Ort außerhalb Essens stattfinden."

Also, wir haben die Information innerhalb der Dienststelle diskutiert. Insbesondere, weil Fred eine andere Person mitbringen wollte und auf der Teilnahme unseres Dienststellenleiters bestand. Das war absolut unüblich. Dalli schlug ein Treffen im Wochenendhaus eines Freundes in Duisburg an der Sechs-Seen-Platte vor. Um Freds Informanten nicht unnötig auf die engen Verbindungen zu unserer Dienststelle zu stoßen, entschlossen wir uns, dass nicht ich als sein Kontaktmann, sondern Werner an dem Gespräch teilnimmt. Das Gespräch fand am Folgetag statt. Werner und unser Chef kannten Lothar natürlich als unseren langjährigen aber auch nicht aggressiven, eher umgänglichen Kunden. Ihm wurde absolute Vertraulichkeit zugesagt. Zum Entsetzen von Dalli und Werner trug Lothar den Mordplan absolut glaubwürdig vor. Er überzeugte durch seine Person und seine Motivation. Die letzten Zweifel räumte er durch seine emotionale Schilderung und sein nachvollziehbares Schuldgefühl aus. Ich will ihn hier nicht herabsetzen aber Fred hätten wir die unglaubliche Geschichte mit Sicherheit nicht abgenommen. Es bestand bis dato immer noch die Möglichkeit, dass es nur eine wahnwitzige Spinnerei der Hardliner war. Dagegen sprach, dass sie schon Gelder gesammelt hatten. Daher wurde vereinbart, dass Lothar uns über Fred informiert, wenn die Sache akut wird. Fred sollte uns dann möglichst auch Ankunft und Aufenthaltsort des Algeriers in Essen übermitteln. Zu Lothars Sicherheit wurde vereinbart, dass mit ihm kein direkter Kontakt mehr stattfinden wird.

Nach dem Gespräch konnte ein Kollege von uns, der mit der französischen Sprache in Südafrika aufgewachsen war, mit einem Anruf bei den Kollegen in Paris diesen angeblichen Mehrfachmord ermitteln. Die Informationen trafen zu. Die Kollegen verdächtigten auch einen algerischen Killer als Täter, konnten ihm jedoch nichts nachweisen. Er war ehemaliger Legionär und nannte sich Adil. Er war eine berüchtigte Figur, die aber nur einmal wegen illegalen Waffenbesitzes in Frankreich verurteilt wurde.

Bei der Legion soll er als brutaler Killer bekannt gewesen sein. Damals wurden Gräueltaten der Legionäre von der französischen Regierung gedeckelt. Über Telefax übersandten die Franzosen uns sämtliche Unterlagen mitsamt den Personalien des Adil und Fotos von ihm. Er war 47 Jahre alt, klein dunkelhaarig und auf den Fotos komplett schwarz und elegant gekleidet. Wir baten die Kollegen in Lyon, uns möglichst über Reisebewegungen des Adil zu informieren. Außer den vertraulichen Informationen von Lothar hatten wir nichts rechtlich Verwertbares in der Hand. Von diesem Moment an sollte sich Dalli nicht mehr in der Szene bewegen und im Dienst von zwei Kollegen begleitet werden.

Ich erhielt Tage später folgenden Anruf aus einer Telefonzelle: „Merten, hier Fred. Lothar suchte mich gerade auf und erklärte, dass die Heißsporne jetzt Ernst machen würden. Alle aus dem engeren Kreis haben nochmals drei Mille abdrücken müssen. Der Algerier habe den Auftrag erhalten und sei schon mit dem Zug unterwegs nach Essen. Einen Flug wollte er vermeiden, weil die Buchungen Spuren hinterlassen würden. Außerdem hätte er dann nicht seine Schusswaffe mitnehmen können. Die Auftraggeber hätten für ihn in einem kleinen Hotel am Viehofer Platz ein Zimmer unter falschem Namen angemietet. Ihr müsst jetzt vorsichtig sein! Mehr werden wir wahrscheinlich nicht erfahren."

Eine kleine Information zur erwähnten Hotelanmeldung. Zur damaligen Zeit mussten noch alles Hotels auf

Basis der Vorlage von Ausweispapieren Meldelisten führen, die wir als Kripo erhielten und in jeder Nacht fahndungsmäßig checkten. Da war eine der Aufgaben der Kriminalwache. Diese sicherheitspolitische Maßnahme wurde in den 80er-Jahren ersatzlos aufgegeben. Zum Zeitpunkt dieser Bedrohungslage gab es landesweit weder ein MEK für Observationen noch ein SEK für den Zugriff bei gefährlichen Gewalttätern. Diese Einheiten befanden sich gerade im Aufbau. Aber dieser Adil war ein gefährlicher Killer. Bis dato hatten wir Lagen mit Gewalttätern eigenständig bewältigt und waren nun auch auf uns gestellt. Wir haben unsere Behördenleitung bei der Geschichte komplett außen vorgelassen. Zugegeben, Vertrauen in die eigene Führung sieht anders aus. Die Einbeziehung der Behördenleitung hätte nach unserer Einschätzung zu keiner vernünftigen Lösung geführt und nur unnötige Probleme bereitet. Darin waren wir uns alle einig. Korrekt war das nicht. Aber wenn man die Einstellung der sogenannten Führungskräfte kennt, sich nur ja persönlich absichern, war unser Vorgehen nachvollziehbar. Ziel war Adil zu identifizieren, was unter den Umständen wohl weniger schwierig war, um ihn dann mit unseren Methoden festzunehmen. Unsere erprobte Masche war es, die Zielperson zunächst zu observieren. Für den Fall, dass sie ein Lokal aufsuchte, konnten wir dort nicht zu mehreren unauffällig eintreten. In dem Milieu wäre mehr als eine Person trotz Zivilkleidung mit Sicherheit von allen als Polizei identifiziert worden. Daher gingen wir regelmäßig mit folgender Taktik vor. Einer von uns begab sich allein in das Lokal und suchte sich eine unverdächtige Position in unmittelbarer Nähe und im Rücken der Zielperson. Eigentlich war das immer meine Aufgabe, weil ich die Taktik entwickelt hatte. Wenn dann die anderen Kollegen das Lokal betraten und sie schlagartig die Aufmerksamkeit der Zielperson auf sich zogen, befand ich mich unbeachtet in seinem Rücken und konnte ihm die Pistole an den Kopf halten. Die anderen Kollegen konnten ihn dann problemlos überwältigen. Dieses Vorgehen hatte sich bei einige bewaffneten Tätern als sehr effizient erwiesen.

In dem besagten einzigen Hotel am Viehofer Platz befindet sich im Erdgeschoss eine Pizzeria, die aber auch als Tagesgaststätte dient. Wir hofften, durch Observation hier eine geeignete Festnahmesituation feststellen zu können. Am folgenden Tage platzierten wir vor dem Hotel ein Observationsfahrzeug, das abwechselnd mit einem Kollegen besetzt war. Es handelte sich um einen alten VW-Bulli, einen Transporter ohne Seitenscheiben mit einer Firmenwerbung. Den hatten wir uns mithilfe unserer KFZ- und Funkwerkstatt in Eigenregie mit zusätzlichen Batterien, Standheizung, Sitzgelegenheit und Funkgerät ausgestattet. Ein Kollege stellte das Fahrzeug in guter Sichtposition ab und verließ es dann. Der Observant saß schon hinten im Fahrzeug, sodass ein Einsteigen von außen nicht beobachtet werden konnte. Am Abend konnte der Kollege wegen der guten Lichtverhältnisse den offensichtlich mit einer kleinen Reisetasche angereisten sehr auffälligen Adil identifizieren. Er suchte erst die Pizzeria und kurz danach das Hotel auf. Die Erscheinung war gepflegt, mit schwarzem Anzug und schwarzem Mantel. Lediglich eine Tätowierung auf der rechten Hand unterschied ihn vom honorigen Geschäftsmann. Doch dieser Mann war wegen seiner Vergangenheit als Legionär und den Hinweisen der französischen Kollegen als hochgradig gefährlich einzuschätzen; ein Profikiller. Am folgenden Tag verließ er kurz vor Mittag das Hotel und ging zielgerichtet in Richtung Innenstadt. Wir mussten davon ausgehen, dass er hier seine Auftraggeber trifft, waren aber personell nicht in der Lage das Treffen bzw. ihn in der Bewegung zu observieren. Das Basisfahrzeug verblieb vor dem Hotel und wir hielten uns in der Nähe verdeckt als Zugriffsteam auf.

Eine Stunde später berichtete unser Observant aus dem Basisfahrzeug, dass unsere Zielperson sich auf das Hotel zubewegt. Es war Mittagszeit und naheliegend, dass sie sich in die Pizzeria begeben könnte. Das würde uns in die gewünschte Zugriffssituation bringen. Zu dritt verließen wir unser in einer Nebenstraße abgestelltes Fahrzeug und konnten beobachten, wie unsere Zielperson an der Ampelkreuzung die Straße in Richtung Hotel überquerte. Unsere Zielperson steuerte auf die Pizzeria zu. Als sie diese betreten hatte, war mein Part gekommen, ihr zu folgen und eine optimale Position zu beziehen. Das alles musste ohne Kommunikation ablaufen, denn ein Funkgerät hätte mich verraten können. Die Abläufe waren jedoch trainiert. In dieser Situation waren wir alle drei sehr angespannt, wir mussten davon ausgehen, dass dieser Adil bei geringstem Verdacht von der Schusswaffe Gebrauch macht. An dieser Stelle ist die Straße vierspurig und der

Fußgängerüberweg durch eine Verkehrsinsel unterbrochen. Während ich die Straße in Richtung Pizzeria überquerte, verließ die Zielperson überraschend wieder die Pizzeria, suchte aber nicht das Hotel auf, sondern kam mir entgegen, um ihrerseits die Straße zu überqueren. Ich stand nun in diesem Augenblick auf der Insel und wartete auf grünes Ampelsignal für die zweite Fahrbahnüberquerung. Unsere Zielperson stand mir gegenüber. Mir blieb nichts anderes übrig als ihr weiter entgegenzugehen. Was mir in den Sekunden alles durch den Kopf ging, kann man kaum beschreiben: „Ziehst du jetzt die Waffe, musst du wahrscheinlich auch schießen. Du hast aber keinen Grund und keine Ermächtigung dafür. Machst du das nicht und erkennt der Killer dich als Polizist, dann schießt der zuerst." Ich ging weiter, hatte aber das Gefühl, ein Blaulicht auf dem Kopf zu tragen. Mein Gefühl sagte, jeder musste mich als Polizei erkennen, insbesondere ein so ausgetragener Killer. Doch wir passierten uns wie normale Passanten auf dem Überweg. Siedend heiß fielen mir nun meine beiden Kollegen ein, die auf der anderen Straßenseite warteten, um mir, wie oft praktiziert, zu folgen. Die Aufmerksamkeit unserer Zielperson würde sich augenblicklich auf diese beiden richten. Die beiden Männer mussten für ihn nun ein mögliches Sicherheitsrisiko darstellen. Das war unsere Chance schlechthin. Ich drehte mich in seinem Rücken um, erreichte ihn mit wenigen Schritten und hielt ihm von hinten meine Waffe an den Kopf. Er nahm sofort die Hände hoch. Meine beiden Kollegen stürmten hinzu. Bei der Festnahme stellten wir fest, dass er unter seinem Mantel einen geladenen 38er Revolver im Schulterhalfter trug. Wir haben im Laufe der Jahre viele bewaffnete Täter festgenommen aber diese Situation empfand ich als eine der schwierigsten und stressigsten. Um ehrlich zu sein, als alles vorüber war, zitterte ich am ganzen Körper. Aber das kennt man aus solchen extremen Belastungssituationen, es ist die Folge der hohen Ausschüttung von Adrenalin. Mit der Zeit kann man lernen mit dieser Reaktion des Körpers umzugehen. Wahrscheinlich geht es uns allen in solchen Situationen ähnlich. Aber keiner spricht darüber. Man könnte ja für unprofessionell gehalten werden.

Adil leistete keinerlei Widerstand. Er war eiskalt und ließ sich problemlos zum Präsidium transportieren. Er stellte nicht einmal Fragen nach dem Festnahmegrund. Der Mann wusste genau, dass ihm nichts passieren konnte. Bei der weiteren körperlichen Durchsuchung fanden wir in einer verdeckten Innentasche seines Mantels zehntausend DM in Hunderterscheinen. Es handelte sich offensichtlich um die Anzahlung.

Die Vernehmung war sehr kurz. Adil sprach nur französisch. Unserem französisch sprechenden Kollegen erklärte er, dass er von seinem Aussageverweigerungsrecht Gebrauch mache. Es lagen keine gerichtsfesten Aussagen und Beweismittel vor. Wir hatten lediglich die Schusswaffe und das Bargeld. Die Banknoten waren übrigens professionell gereinigt. Sie wiesen nur die Fingerabdrücke des Festgenommenen auf. Wir konnten ihm allenfalls einen Verstoß gegen das Waffengesetz und illegalen Aufenthalt in der Bundesrepublik nachweisen. Das reichte nicht einmal für einen Haftbefehl. Daher verzichteten wir auf eine richterliche Vorführung. Die Franzosen sahen sich auch außerstande, ihn in Haft zu nehmen. Nach einer Absprache mit dem Ausländeramt wurde er von deren Beamten bis zur französischen Grenze begleitet und abgeschoben. Die Freizügigkeit für EU-Bürger gab es noch nicht. Die Schusswaffe wurde natürlich beschlagnahmt aber das Geld mussten wir ihm aushändigen. Heutzutage hätten wir die rechtliche Möglichkeit gehabt, das Bargeld einzuziehen.

In der Szene streuten wir die Information, dass wir einen Auftragskiller geschnappt und der französischen Polizei übergeben haben. Der Sachverhalt wurde niemals öffentlich. Aus vielen nachvollziehbaren Gründen entschlossen wir uns, auf einen Pressebericht zu verzichten. Solch ein Fall sollte keine Nachahmung finden.

Die Aktion hatte bei den Zuhältern jedoch bleibenden Eindruck hinterlassen. Ihnen ist nie klar geworden, wer der Verräter in ihren Reihen war. Das sorgte für gegenseitige Verdächtigungen und Verunsicherung. Zudem verloren die Anstifter wegen der Pleite an Ansehen, auch weil die Anzahlung für den Mord verloren war. Zu dieser Zeit hatten einige der Zuhälter aus dem Verfahren wegen Bildung einer kriminellen Vereinigung gerichtlich angeordnete Meldeauflagen. Sie mussten sich wöchentlich bei unserer Dienststelle melden und unterschreiben. Fred hatte von Lothar erfahren, dass sie wegen des vermeintlichen internen Verräters beschlossen hatten, dass derjenige, der sich melden muss immer von einem anderen begleitet wird. Der Begleiter sollte unten vor dem Präsidium warten und darauf achten, dass der Meldepflichtige sich nicht übermäßig lange bei uns verweilt. Er könnte sonst ja mit uns plaudern.

Diesen Umstand haben wir genüsslich ausgenutzt und nicht selten die Unterschrift verzögert. Mal hatten wir gerade keine Zeit, mal mussten wir die Meldeakte suchen. Immer wieder schauten die Probanden nervös auf die Uhr und drängten auf Erledigung. Die Verunsicherung war groß und brachte uns in eine vorteilhafte Lage.

Dieser vorgezogen geschilderte Fall macht hoffentlich deutlich, dass die Arbeit mit guten Vertrauensleuten für die Sicherheitsbehörden unverzichtbar ist. Wenn im konkreten Fall auch niemand strafrechtlich zur Rechenschaft gezogen werden konnte, konnten wir den Mord an unserem Dienststellenleiter, einem Familienvater, verhindern. Er ist unbeschadet in Pension gegangen und noch 84 Jahre alt geworden. Persönlich habe ich ihm etwas zurückgeben können.

Nach dem Erfolg haben wir uns eine Hochseeangeltour am Wochenende in Den Helder gegönnt. Am Abend haben wir kräftig gefeiert. Auf dem gemeinsamen Rückweg zu unserer Unterkunft war Dalli plötzlich verschwunden. Nach kurzer Suche fanden wir ihn hinter einer Hecke auf dem Boden liegend. Er wirkte verschreckt und verwirrt. Dann erklärte er uns, dass er geglaubt habe, angegriffen worden zu sein und deshalb in Deckung gegangen sei.

Zunächst haben wir das ausschließlich auf die zurückliegende Bedrohungslage und den Alkohol geschoben. Am Morgen vor unserer Rückreise machte ich einen Spaziergang mit Dalli und er schilderte mir einen wichtigen Teil seiner Lebensgeschichte. Im Zweiten Weltkrieg wurde er als Achtzehnjähriger eingezogen und nach einer kurzen Wehrausbildung in den Afrikafeldzug von Rommel geschickt. Mit älteren erfahrenen Soldaten im Abteil ging der Truppentransport per Zug nach Neapel und von dort weiter mit dem Schiff nach Afrika. Während der Zugfahrt wurde ihm das Gewehr gestohlen. Seine älteren, erfahrenen Begleiter eröffneten ihm, dass er standrechtlich erschossen würde, wenn er in Afrika ohne seinen Karabiner ankommen würde. Sie fühlten sich für ihn verantwortlich und haben ihn mit einer Waffe versorgt, die sie vermutlich wiederum einem anderen Soldaten entwendeten. Während des Afrikafeldzuges geriet sein Bataillon in einen Hinterhalt. Viele Soldaten wurden getötet und der Rest geriet in amerikanische Gefangenschaft. Er selbst erlitt einen Kopfschuss. Offiziell habe man ihn für tot gehalten. Zwei der älteren Soldaten, einer davon war im Zivilleben Zauberkünstler, nahmen ihn trotz der schweren Kopfverletzung und Bewusstlosigkeit mit auf das Schiff in die Kriegsgefangenschaft nach Amerika. Sie wurden dort zu Zwangsarbeit auf Baumwolle- und Erdnussplantagen verpflichtet. In dieser Zeit päppelten die beiden Männer ihren jungen Partner trotz des Geschosses im Kopf wieder auf. Letztlich verblieb das Geschoß in seinem Kopf. Eine für Fremde kaum wahrnehmbare Lähmung der rechten Gesichtshälfte war die Folge. Während der Gefangenschaft führte ihn der Zauberkünstler in all seine Tricks ein. Mir wurde nun klar, dass die psychische Belastung durch die akute Bedrohung das unverarbeitete Trauma seiner Kriegserlebnisse ausgelöst hatte. Sowohl die Gesichtslähmung als auch das verbliebene Geschoß im Kopf konnte er bei seiner polizeilichen Einstellung nach dem Krieg verbergen. Ansonsten wäre er niemals eingestellt worden und es wäre der beste Kriminalbeamte verloren gegangen, den ich je kennengelernt habe. Gleichzeitig wurde mir bewusst, dass er in mir den jungen Kollegen sah, den er unterstützen und aufbauen wollte.

Kalksandsteine statt Felgen

„Nach dem erschreckenden Bericht von Merten, möchte ich jetzt auf den Beginn meiner Karriere Ende der 60er-Jahre zurückkommen. Auf meine ersten Aktivitäten bin ich nicht besonders stolz, weil dabei ehrliche und hart arbeitende Menschen geschädigt wurden. Wenn ich auch selbst nicht die Taten ausgeführt habe, so habe ich sie doch unterstützt und davon profitiert. Da gab es die Combo, die die Felgen und Reifen klauten. Klaus, der Älteste, Dieter und Hotte, die noch nicht volljährig waren. Die Alufelgen waren damals manchmal mehr wert als die ganze Karre. Das war eben das Tuning unserer Zeit. Jedenfalls sind die drei Jungs zu mir gekommen und haben mich gefragt, ob ich nicht für die geklauten Alus mit Reifen verhökern könnte. Ja gut, sie klauten ohnehin ohne meinen Einfluss, warum sollte ich mich daran nicht etwa gesundstoßen. Und übrigens war da ja noch die Versicherung, die gelöhnt und die Betroffenen entschädigt hat.

Klaus hatte einen alten großen Opel Kapitän. Damit fuhren sie nachts zu dritt durch andere Stadtteile von Essen und suchten nach aufgemotzten Autos mit teuren Alufelgen und Reifen. Im Kofferraum führten sie immer zwei Wagenheber und reichlich Kalksandsteine mit. Fanden sie ein geeignetes Objekt, luden zwei von ihnen die Kalksandsteine und die Wagenheber aus. Der Fahrer stellte den Kapitän unauffällig in der Nähe ab und stand dann Schmiere. Für den Fall, dass sich jemand näherte, warnte er mit einem Pfiff. Die beiden bockten in Windeseile gemeinsam erst die eine und dann die andere Seite der Karre mit den Wagenhebern auf und stellten die Kalksandsteine unter die Achsen. Dann lösten sie die Räder. Sie gaben ihrem Fahrer das Zeichen mit dem Opel heranzufahren. Während dieser den Kofferraum öffnete, nahmen sie die Räder ab und schmissen sie hinein. Das waren dann nur noch Sekunden und es ging ab. Diese Aktion führten sie in guten Nächten bis zu dreimal aus. Die Räder lagerten sie in einer Garage in unserem Viertel. Für die Ausbeute einer Nacht musste ein Malocher schon mehrere Wochen ackern.

Mein Job war nun der Absatz. Abnehmer waren alte Kumpels und alle Leute in der Zocker- und Zuhälterszene. Damals war ich dort noch anerkannt und echt beliebt. Für die Luden mussten es dann aber auch schon die Schlappen von Luxusschlitten sein. Da waren auch noch die Fußballprofis von Rot-weiß Essen und Oberhausen, einige hatten zwar Kohle für dicke Autos, aber bei den Schlappen haperte es auch schon mal. Damals hatte ein Topspieler wie z. B. Willi Lippens nebenher noch einen Lebensmittelladen und kaufte um vier Uhr morgens das Gemüse auf dem Großmarkt. Da würden die heutigen Fußballmillionäre nur müde lächeln. Damit hier kein Missverständnis aufkommt, ein Mann wie Lippens war viel zu solide, um sich an solchen Dingen zu beteiligen. Zudem hatte ich noch im ganzen Stadtgebiet meine Spezialkunden, die Gebrauchtwagenhändler. Sie konnten mit den Alurädern die alten Schleudern, die sie billig eingekauft hatten, mächtig aufmotzen, damit sie auf dem Verkaufsplatz etwas hermachten. Ein Manta mit Opi-Felgen war kein richtiger Manta. Nee, die geilen Räder machten die Kiste zum Renner. Seht ihr doch auch so, oder? Na ja, bei einigen jungen Leuten heutzutage ist das Auto wohl nicht mehr so wichtig. Aber da gibt es ja auch aktuell die Szene für wilde Straßenrennen und Speed Datings. Damals waren getunte Karren jedenfalls wie ein verlängerter Penis. Also da kamen dann beim Verkauf schnell mal der ein oder andere dicke Schein mehr raus. Diese Jungs hatten alle meine Telefonnummer oder wussten, wo sie mich beim Zock treffen konnten. Im Laufe der Zeit kam es immer häufiger vor, dass ich bei meinen Jungs bestimmte Felgen und Reifen für entsprechende Karren bestellen musste. Sie suchten dann gezielt die Umgebung ab. Das kostete mehr Zeit, war aber auch lukrativer. Die Dinger mussten nicht lange gelagert werden, sondern meine Jungs lieferten sie direkt beim Besteller ab. Ohne lange zu fragen. Geld gab es dann aber nicht auf die Kralle. Die Kohle lief über mich und sie erhielten ihren Anteil von mir.

Auch wenn ich nachts nicht mit unterwegs war, musste ich schon für meine Kohle ackern. Ständig graste ich die Leute im Bekanntenkreis, in Discos, beim Zock, im Puff, bei organisierten Gebrauchtwagenveranstaltungen zum Beispiel im Essener Autokino und sonst wo nach Abnehmern ab. Autokino war damals angesagt, dort wurden jeden Samstag Tausende von Gebrauchtwagen von privat und Händlern angeboten und verhökert. Internet gab es ja noch nicht. Kriminelle kauften dort mit Vorliebe anonyme Karren für ihre Einbruchs- oder Raubtouren. Manchmal waren bei den von den Jungs gelieferten Alus Räder welche dabei, die keine Sau brauchte. In einem Fall hatten sie dicke Alu-Räder von einem Porsche geklaut.

Der Satz hatte neu bestimmt mehr als vier Mille gekostet. Das Problem war aber, dass die Räder nur auf eine bestimmte Serie von Porsche passten, die jedoch sehr selten war. Ich fand keinen Abnehmer für die Dinger. Wenn ich nicht auf diesen teuren Schlappen sitzen bleiben wollte, musste ich zu einem meiner Tricks greifen. Wäre doch schade gewesen. Der kleine Trick sollte auch die Grundidee meiner späteren Karriere sein, „als Schnapper geschnappt zu werden". Ich bot die Räder telefonisch für eine Mille einem Gebrauchtwagenfritzen in Frohnhausen in der Nähe des Porschezentrums an. Mit ihm hatte ich bisher nie Geschäfte gemacht. Der Händler erklärte, dass er für diese speziellen Räder keine Verwendung hätte. Wir verblieben so, dass ich ihm meine Telefonnummer für den Fall hinterließ, dass er sich das überlegen würde. Etwa zwei Wochen später rief ich ihn mit verstellter Stimme an und gab mich als Porschefahrer aus, der aktuell nicht gut bei Kasse sei aber für diesen bestimmten Porschetyp gebrauchte Räder suche. Er erinnerte sich natürlich sofort an mein vorheriges Angebot und witterte ein "Schnäppchen". Er bat mich, den vermeintlichen Porschefahrer, um meine Telefonnummer. Ich gab ihm natürlich eine falsche Nummer aus Mülheim. Kurz darauf rief er bei mir, dem Anbieter der Räder, an. Ich nahm das Gespräch erst nach mehreren Anrufversuchen entgegen, um ihn auf die Folter zu spannen. Er fragte nach den Porscheschlappen und ob die noch verfügbar seien. Ich fragte warum? Er meinte, dass er sie eventuell loswerden könnte, und wollte den Preis auf 700 drücken. Ich ließ mich nicht darauf ein und forderte eine Mille. Wir einigten uns darauf, dass einer von den Jungs die Räder bringt und auch cash kassiert. Klaus hat die Räder aus Sicherheitsgründen mit einem Leihwagen zu seinem Gebrauchtwagenplatz gebracht und auch ausnahmsweise die Kohle kassiert. Wir mussten verhindern, dass der Typ über seinen Kapitän auf uns stößt. In diesem Fall habe ich zu meinem Leidwesen, entgegen sonstiger Gewohnheit, mit den anderen gerecht geteilt, denn Klaus kannte ja den Erlös. Der Gebrauchtwagenhändler in Frohnhausen blieb leider auf den Alus sitzen.

Der Typ wollte geklaute Räder verticken, er war mein erster Schnapper, den ich geschnappt habe. Da freut einen nicht nur die Kohle, nein das macht Lust auf mehr! Das Geschäft lief lange wie geschmiert. Bis auf ein paar kleine Pannen mit Flucht, Festnahmen, Vernehmung und späterem Freispruch, weil die Beweise nicht ausreichten. Das traf aber nie mich. Wir waren nicht die Einzigen in dieser Branche. Weil der Felgenklau zunahm, leisteten die Versicherungen zunehmend nur noch Schadensersatz, wenn Felgenschlösser vorhanden waren. Es kamen immer mehr Felgenschlösser auf den Markt. Diese Kackdinger konnte man von außen erkennen, meistens befanden sie sich nur an einem Rad. Aber selten lohnte es sich dann, nur die anderen drei zu klauen. Die Jungs mussten dann wieder nach genau den gleichen Felgen und Reifen suchen, um einen Satz zu komplettieren. Der Aufwand war zu groß. Die Lagerhaltung ging gar nicht, wir waren ja schließlich keine Firma.

Dann kam zu allem Übel auch noch ein gerissener Bulle auf eine Idee, die den Jungs den Nerv raubte und mich mit reinriss. Da hat sich einer bei den Mützenmännern, das sind die mit Uniform, eingemischt. Wie ich später feststellen musste, war dieser Typ von den Kfz-Bullen, Gerwin Merten. Daraus entstand unser erster sehr unerfreulicher Kontakt. Soll er doch selber berichten, wie er uns hingehängt hat."

Öfter wurden die verdächtigen Felgen Klauer nachts auf Tour von Streifenwagen kontrolliert. Wenn es eine gründliche Fahrzeugkontrolle war, fanden die Kollegen auch die Steine und Wagenheber im Kofferraum vor. Na ja, das ist nichts Verbotenes! Sie konnten Ihnen nichts anhaben. Aber sie stellten die Personalien fest und schrieben zu unserer Information einen sogenannten Feststellungsbericht. Der kam dann bei uns im KFZ-Kommissariat auf den Tisch. Wir wussten nun, wer in Sachen Aluräderklau unterwegs ist. Immer wieder tauchten die gleichen Namen und der Opel Kapitän auf. Dann kam mir jedoch eine hilfreiche Idee. Ich bat alle Kollegen der Funkstreifen auf den Opel Kapitän zu achten. Im Falle eines Antreffens sollten die Kollegen dann einen zweiten Streifenwagen hinzuziehen. Während ein Team zum Schein langwierige Personenüberprüfungen an ihrem Streifenwagen durchführte und so die Jungs ablenkte, hatte das zweite Team das Tatfahrzeug zu durchsuchen. Ohne dass die Kontrollierten das mitbekamen, sollte einer der durchsuchenden Beamten die Gelegenheit nutzen und sehr klein Datum, Uhrzeit der Kontrolle, Funkrufnamen z. B. Gruga 1312, Gruga für Essen und 13 für Schutzbereich III, Essen-Borbeck, die 12 für die Wagennummer und sein Namenskürzel auf einige der weißen Kalksandsteine schreiben.

Anschließend sollten sie die Jungs mit dem Kapitän weiterfahren lassen.

Die haben natürlich in der Nacht erst mal den Stadtteil gewechselt und dann zugeschlagen. Die kleine Beschriftung haben sie wegen der Dunkelheit und wegen des Stresses, der mit ihrer Arbeit verbunden ist, nicht bemerkt.

Die Beamten, die kontrolliert haben, hatten nach der Kontrolle per Fernschreiber, alle Wachen zu verständigen und mit dem Kennzeichen und den Namen der Überprüften einen Feststellungsbericht zu fertigen. Alle Kollegen im Streifendienst und in den Wachen wurden dazu aufgefordert, wenn sich ein Geschädigter mit Kalksandsteinen statt Rädern unter dem Auto meldet, die Steine auf Beschriftung zu überprüfen, diese zu fotografieren und sicherzustellen. Zur Info für euch: Fernschreiben gab es in jeder Wache, aber nicht jeder Polizeibeamte hatte Lust und Zeit, sämtliche Fernschreiben täglich zu Dienstbeginn zu lesen. Da geht dann schon mal was unter. Heute geht das per E-Mail direkt an alle. Wir haben aber veranlasst, dass die Einsatzleitstelle die Streifenwagen bei entsprechenden Einsätzen auf die Regelung hinwies. Das haben wir dann so über längere Zeit durchgezogen. Bis wir als ermittelnde Dienststelle genug Beweise zusammen hatten. Mit den Ermittlungsergebnissen beantragte die Staatsanwaltschaft richterliche Durchsuchungsbeschlüsse für Wohn- und Nebenräume der Tatverdächtigen. Im Rahmen einer gleichzeitig angelegten Durchsuchungsaktion nahmen wir die drei Tatverdächtigen fest. Natürlich fanden wir auch die Garage, die dem Opa von Klaus, dem Fahrzeughalter, gehörte.

Zwei haben sofort ihre Anwälte verständigt und haben von ihrem Aussageverweigerungsrecht Gebrauch gemacht. Sie kannten sich aus und wussten, es gibt sowieso nur Jugendstrafe mit Bewährung. Sie konnten also auf cool machen. Aber der Klaus ist in der Vernehmung umgekippt, ihm drohte eine Strafe als Erwachsener. Er hat sich von einem Geständnis wohl eine mildere Strafe versprochen. Was ja auch später eingetreten ist. Der hat dann geplaudert und behauptet, dass Lügen-Fred der Boss der Bande sei. Sie, die drei festgenommen, seien nur Handlanger. Er würde die Räder bekommen, verkaufen und sie mit Peanuts abspeisen. Also nahmen wir den angeblichen Boss vorläufig fest, fanden aber keine Räder oder andere Beweismittel für seine Tatbeteiligung. Die beiden anderen Täter verweigerten weiterhin die Aussage. Fred, der von den Festnahmen schon Kenntnis hatte, so was geht in der Szene rum wie ein Lauffeuer, bestritt natürlich energisch. Auch wenn wir ihm nicht glaubten, paukte ihn sein Anwalt raus. Wir mussten ihn nach Ablauf des Folgetages wieder laufen lassen.

Später bei der Hauptverhandlung saßen alle vier gemeinsam auf der Anklagebank. Die drei Täter wurden für bandenmäßigen Diebstahl in mehreren Fällen verurteilt. Dieter und Hotte erhielten Jugendstrafen, weil sie unter 21 waren, und Klaus wurde als Erwachsener verurteilt. In der Regel erhalten alle Verurteilten unter 21 Jahren Jugendstrafen, obwohl das Gesetz das für über 18-jährige nur in konkreten Einzelfällen vorsieht. Ich bezeichne die Gründe mal vereinfacht als Entwicklungsstörungen. Dass jemand zwischen 18 und 21 Jahren, mal als Erwachsener verurteilt wird, ist eher die Ausnahme, ich persönlich kann mich an einen solchen Fall nicht erinnern. Aber mit dieser fragwürdigen Praxis der Gerichte muss unsere Gesellschaft leben. Alle drei hatten bisher nur geringe Vorstrafen zum Beispiel Verweise als Jugendliche. Das Gericht musste auf Bewährungsstrafen erkennen. Bei Klaus, dem einzigen Erwachsenen, wurde sein umfassendes Geständnis anerkannt. Also blieben alle auf freiem Fuß. Der Anwalt unseres Fred stellte klar, dass dieser nie mit den bösen Jungs nachts unterwegs war, bei ihm nichts gefunden wurde und er außerdem den besten Leumund, keine Vorstrafen, hatte. Also kein Beweis für Bandendiebstahl, Anstiftung oder Hehlerei! Dieter und Hotte verweigerten weiter die Aussage und Klaus gab nur noch den Räderklau mit den beiden zu. Zur Person, des Fred verweigerte er plötzlich ebenfalls die Aussage. Gewiefte Staatsanwälte sind cleverer, sie lassen erst die geständigen Täter verurteilen, um sie dann als Zeugen zur Aussage gegen die anderen zu zwingen. Wenn sie verurteilt sind, können diese sich selbst nicht mehr belasten und müssen als Zeugen aussagen, ob sie wollen oder nicht. Im konkreten Fall wurde diese Verfahrenstaktik aber leider versäumt.

„Ja Merten, war dein Pech. Der oberschlaue Staatsanwalt hat wohl geglaubt, dass Klaus bei seiner Aussage bleibt, die er bei euch Bullen gemacht hat. Ich weiß nicht

ob und wie viel ihm mein Anwalt von den Tantiemen abgegeben hat, die ich zahlen musste. Es war jedenfalls eine
Stange Geld. Ich wurde natürlich, weil ich unschuldig war,
freigesprochen. Das war nichts als gerecht. Die Idioten
haben mir doch die Räder aufgedrängt und mich dann da
mit reingezogen. Ich konnte einfach nicht Nein sagen.
Was hätten sie ohne mich gemacht. Aber nur weil ich
schneller mit dem Kopf bin, bin ich doch nicht gleich der
Boss. Muss doch jedem klar sein.

Wie schon beschrieben wurde das Geschäftsmodell Räderklau immer schwieriger und ich hatte auch wegen der
Leute, die wir beklauten, echt kein gutes Gefühl. Ja, wirklich könnt ihr mir glauben. Nee, nee die bekamen ja auch
nicht alles von der Versicherung ersetzt. Das war einfach
nicht mein Stil. Ich musste nach einer neuen Masche suchen, die auch zu mir und meiner sozialen Denke passte."

Zuhälter werden ausgenommen

„Meine abendlichen Treffen in der Szene und beim Zock brachten mich dann auch auf die zündende Idee. Mir ging es mächtig auf den Keks, wie Einige von den Luden mit ihrer Kohle protzten. Es waren die miesesten Typen unter Ihnen. Mit ihren dicken Luxusschlitten, der Rolex oder dem Pelz machten sie auf dicke Hose. Manchen reichte das aber noch nicht, sie prahlten mit ihrer Kohle zu Hause, dem Schmuck und den Pelzmänteln ihrer Tussies. Ich weiß, nicht ob es Neid war, aber irgendwie hatte ich das Gefühl, dass es dem einen oder anderen nicht schaden könnte, wenn er mal erleichtert würde. Das womit sie prahlten, mussten ihre Nutten, meist waren es mehrere, hart erackern. Diese Typen nahmen ihnen die Kohle ab und waren außerdem immer wieder noch an anderen krummen Geschäften beteiligt. Und in der Szene gaben sie an und protzten. Wem sie sich überlegen fühlten, den konnten sie absolut brutal behandeln. Niederschlagen, niedertreten und so weiter.

Ich brauchte nicht lange zu überlegen, um meinen Plan umzusetzen. Diese Typen waren alles „Schnapper" aber von der übelsten Sorte. Da ich mich von Klaus wegen seiner Unzuverlässigkeit getrennt hatte, besprach ich alles mit Dieter und Hotte. Weil sie bisher nur die Felgenarbeit kannten, ließen sie sich von Kumpels einweisen, wie man ohne großen Lärm verschlossene Wohnungs- und Haustüren öffnet. Zwischenzeitlich intensivierte ich die Kontakte zu einigen dieser Luden. Wo sie wohnten, wusste ich eh aber ich musste die genauen Örtlichkeiten, Etage,

Wohnungstür und so weiter herausfinden. Innerhalb weniger Wochen war ich über einige Zuhälter bestens informiert. Meine beiden Jungs hatten wohl schon mal zum Test einen Bruch gemacht. Näheres hat mich aber nicht interessiert.

Nun kam der Tag unserer ersten gemeinsamen Aktion. Bei „Chez Hansi", einer Zuhälterkneipe traf ich abends Rocko. Er rühmte sich nicht nur als Sadist, sondern ich hatte es schon persönlich erlebt, dass seine Nutte, mit der er in Essen-Rüttenscheid wohnte, seine Gäste knapp bekleidet als Hund empfangen musste. Sie musste ein Lederhalsband tragen und sich in der Wohnung auf allen vieren wie ein Hund bewegen. Während sie die Besucher bediente, durfte sie auch nicht sprechen, nur bellen. Die Behandlung war unmenschlich. Er hat die Frau zur Erziehung auch mehrmals mit einem heißen Bügeleisen auf dem Rücken regelrecht „gebügelt". Natürlich auf dem Rücken dort war es nicht so schädlich fürs Geschäft, weil ihre Kunden die Verletzungen beim Anbaggern nicht sehen konnten und die Rückenlage ja zum Job gehörte. Er wurde Jahre später, nachdem er sie halb totgeschlagen und sie ihn angezeigt hatte, auch dafür für acht Jahre in den Knast geschickt. Merten kann das bestätigen, was das für Arschlöcher waren. Seine Dienststelle hat ja auch das Verfahren gegen Rocko geführt. Ich musste also bei allen kein schlechtes Gewissen haben, nein im Gegenteil, es hatte was Gutes. Rocko und ich haben gemeinsam ein bis zwei Whisky getrunken, während Dieter und Hotte vor dem Zock um die Ecke im Auto warteten. Hotte hatte sich inzwischen einen Manta zugelegt. Rocko konnte ich entlocken, dass seine Alte gerade, wie sich das gehört, im Puff ackern war. Ich überredete Rocko dann mit mir zocken zu gehen. In der Tasche hatte ich eine leere Zigarettenschachtel. Auf der Toilette steckte ich den vorbereiteten Zettel mit Klarnamen, Adresse und Wohnungsbeschreibung von Rocko hinein. Auf dem Weg zum Zock zerknüllte ich in Sichtweite von Hotte und Dieter die leere Schachtel und warf sie achtlos auf den Gehweg. Dann suchte ich mit Rocko den Laden auf. Wir haben gemeinsam mit anderen gezockt und uns gut unterhalten. Während dieser Zeit hatten meine Partner Gelegenheit, meine Nachricht aufzunehmen und in die Wohnung von Rocko einzubrechen. Sie konnten dabei sicher sein, dass sie von niemand gestört wurden. Sie griffen in der Wohnung alles von Wert, was leicht zu transportieren war, wie Bargeld, Schmuck, Pelzmäntel und so weiter.

Später trafen wir uns bei Hotte. Zunächst wurde das Bare zu gleichen Anteilen aufgeteilt. Ich meine es waren mehr als zehn Mille. Um zu verhindern, dass die beiden mich bescheißen, habe ich denen gesagt, dass der Rocko mir mit Sicherheit später von dem Einbruch erzählen wird, und ich dann auch erfahre, was geklaut wurde. Wie vereinbart, behielten sie die Wertsachen, wie Schmuck, Pelze und Ähnliches. Mir war der Verkauf zu heiß. Sie sollten sie an mir bekannte Hehler in Holland verticken. Der Erlös sollte später geteilt werden. Holland haben wir gewählt, weil wir verhindern mussten, dass die beklauten Zuhälter bei unseren örtlichen Hehlern auf ihre Sachen stoßen könnten oder bei ihnen auch gezielt nachfragten.

Aber Leute, damals gab es noch Zollgrenzen mit ständigen Kontrollen; nix mit Schengen! Die waren kein Problem für uns, weil die Holländer bei der Einreise nur die Papiere prüften. Bei der Rückreise nach Deutschland haben die deutschen Zöllner dann nach Drogen oder Schmuggelware gesucht. Da waren die Jungs aber schon clean. Im Fall Rocko haben wir insgesamt, hauptsächlich für den Schmuck, nochmals vier Mille gemacht. Es war schon eine Schande zu wissen, dass er während des Zocks seine Rolex, seine fette Goldkette und noch zwei oder drei Mille Bargeld am Körper hatte. Aber man sollte nicht gierig sein, man kann nicht alles haben. Ich konnte ihm ja auch schlecht sagen, dass er seine Protzklamotten zu Hause lassen soll.

Diese Nummer haben wir dann in den nächsten Monaten erfolgreich mit weiteren sieben Luden abgezogen. In einem Fall mussten Hotte und Dieter bei der Schmucksuche im Schlafzimmer abbrechen. Sie berichteten, dass dort eine fast drei Meter lange dicke Riesenschlange plötzlich aufgetaucht ist. Sie gerieten in Panik und flüchtete aus der Wohnung. Das war mein Fehler, ich hatte vorher mal ein Gerücht gehört, dass der Typ eine Anakonda in der Wohnung hält. Ich habe einfach nicht mehr daran gedacht oder auch geglaubt. Den Fehler musste ich den beiden natürlich nicht auf die Nase binden. In der Zeitung habe ich später dann gelesen, dass das Vieh aus der Wohnung geflüchtet ist, weil die Einbrecher kopflos geflüchtet seien. Nach Evakuierung des Mehrfamilienhauses konnte die Würgeschlange auf dem Dachboden wieder eingefangen werden.

Und auch diesmal haben die Bullen mein schönes neues Geschäftsmodell durchkreuzt. Aber es sollte noch schlimmer kommen, soll Merten doch weiter berichten."

Ja, wie schon anfangs geschildert, war ich inzwischen einige Jahre beim Kommissariat für ein Einbruch und Raub.

Das Verhältnis zum Dienstellenleiter, war nach positiver und erfolgreicher Anfangszeit getrübt, weil wir nicht nur Richtung Einbruch und Raub arbeiteten, sondern auch andere Delikte ermittelten, wenn es sich ergab. Aber das kennen wir ja schon vom Kfz-Kommissariat. Hinzu kam eine massive Auseinandersetzung über den Umgang mit unseren Schusswaffen. In der Kriminalwache hatten wir Waffenschränke mit Fächern, wo jeder seine Dienstwaffe nach Feierabend sicher unterbringen konnte. In unserem Kommissariat gab es das aus finanziellen Gründen nicht. Der Dienststellenleiter hatte beobachtet, dass wir alle nach Feierabend unsere Waffen im Schreibtisch aufbewahrten. Das wollte er verhindern, weil diese leicht aufgebrochen werden könnten. Er veranlasste den Behördenleiter zu einer Verfügung, wonach jeder Kriminalbeamte, dem kein Waffenfach zugewiesen ist, die Dienstwaffe nach Feierabend mit nach Hause zu nehmen hat. Weder ich, noch die Kollegen hatten zu Hause einen einbruchssicheren Waffenschrank. Ich hatte zwei Söhne und weigerte mich hochoffiziell, zum Schutz meiner Familie, die Dienstwaffe mit nach Hause zu nehmen. Der Dienststellenleiter wollte nun gegen jeden, der sich gegen die Verfügung stellt, ein Disziplinarverfahren einleiten. Ich suchte eine Aussprache mit dem damaligen Leiter der Kripo. Da er selbst Kinder hatte, konnte er meine Bedenken nachvollziehen. Die Lösung des Problems kam rasch, denn urplötzlich war doch Geld für Waffenschränke in der Dienststelle vorhanden. Na, ist ja nichts Neues, Behörden bewegen sich nun mal nur unter Druck.

In dieser Zeit beobachteten wir eine ungewöhnliche Serie von lukrativen Einbrüchen bei den uns bekannten Zuhältern und hatten zunächst einen Verdacht. Zur damaligen Zeit war es geübte Praxis, dass fast alle Zuhälter Verkehrsunfälle türkten. Untereinander täuschten sie Verkehrsunfälle mit angeblichen Blechschäden vor. Sowohl Geschädigte als auch Verursacher waren Zuhälter, die sich persönlich kannten. Die Unfälle wurden dann über die Versicherungen abrechnet, denen die Verbindungen natürlich unbekannt waren. Die Zuhälter bedienten sich dabei Gutachtern, deren Puff- und Bordellbesuche oder deren Zock Schulden diese in eine Abhängigkeit gebracht hatte. Wir haben uns diesen Umstand natürlich auch zunutze gemacht. Bei jeder Wohnungsdurchsuchung bei einem aus dem Milieu, egal in welcher Sache, achteten wir intensiv auf entsprechenden Versicherungsunterlagen. Sobald wir auf Verkehrsunfälle untereinander stießen, hatten wir gegen unseren Probanden schon mal einen konkreten Verdacht für einen Versicherungsbetrug. Dieser sogenannte Zufallsfund reichte erst mal zu einer vorläufigen Festnahme.

Dieses szenenübliche Verhalten nährte bei uns den Verdacht, dass die Zuhälter die Masche gewechselt hätten und Nebeneinkünfte aus vorgetäuschten Wohnungseinbrüchen bezogen. Um sie in Widersprüche zu verwickeln, befragten wir die betroffenen Zuhälter eingehend danach, wo sie sich zur Tatzeit aufgehalten haben und ob es Zeugen gibt. Der Name Lügen-Fred fiel also regelmäßig und wir haben ihn zur Zeugenvernehmung vorgeladen. Für uns lag der Verdacht nahe, dass er den Zuhältern für den vorgetäuschten Einbruch ein Alibi liefern würde. Ehrlich gesagt, habe ich es sogar für möglich gehalten, dass die Betrugsmasche auf seinem Mist gewachsen war.

„Da bleibt nur eins klarzustellen. Zum Glück hatte ich ja für die Bullen ein absolut einwandfreies Alibi aber ich spürte auch ihr Misstrauen. Vor allem der Merten hat genervt. Was solls, beweisen konnten sie mir nichts. Ich habe Ihnen verklickert, dass es reiner Zufall war, der darin begründet ist, dass ich ja regelmäßig in der Szene unterwegs bin. Das mussten sie so hinnehmen.

Die andere Seite, die angepissten Zuhälter, war jedoch nicht an solche Regeln wie zum Beispiel Beweise, gebunden. Ich weiß nicht, ob von den Bullen was rausgedrungen ist oder ob die Zuhälter, obwohl die meisten nicht gerade Kinder des Geistes waren, selbst darauf gekommen sind, dass ich dahinterstecken könnte. Jedenfalls bin ich nach meiner Vernehmung in ihr Visier geraten. Also haben sie ihre Nachwuchsluden, den Roten-Charly und den Roger, beauftragt, mich in die Mangel zu nehmen. Da ich irgendwie ein ungutes Gefühl im Magen hatte, habe ich schon einige Tage die Szenelokale gemieden. Als ich eines Nachmittags meine Dame am Puff absetzte, blockierte eine alte S-Klasse mein Auto. Zwei Männer mit Sturmhauben zerrten mich vor den Augen von Brigitte und mehrerer Zeugen aus dem Auto. Sie fesselten meine Hände mit Kabelbinder und warfen mich in den Kofferraum ihrer Karre. Ohne, dass jemand reagieren konnte, brausten sie sofort los. Sie fuhren nur eine kurze Strecke. Dennoch war mir wegen ihrer Stocherei kotzübel. Auf einem Schrottplatz in der Nähe zerrten sie mich aus dem Kofferraum und stießen mich zu Boden. Nun trugen sie keine Sturmhauben mehr und ich erkannte sie als Nachwuchsluden. Beide brutal und stark aber dumm wie Brot. Die machten alles, was die richtigen Jungs unter Führung von Palma verlangten. Der Rote-Charly, der hatte echt rote Haare, warf mir vor, dass ich seine Kumpels ausgeraubt hätte. Ich habe alles abgestritten und auf meine Überprüfung durch die Polizei hinwiesen. Sie haben dann geschrien sie seien nicht so doof wie die Bullen. Sie könnten beweisen, dass ich Leute losgeschickt habe, die dann eingebrochen sind. Ich lag wehrlos auf dem Boden. Hilfeschreie, die ich zunächst ausstieß, waren sinnlos. Es war niemand zu sehen. Wenn jemand da war, so hätte der kein Interesse daran gehabt einzugreifen. Sie traten und schlugen auf mich ein. Dabei forderten sie mich immer wieder auf, meine Hintermänner zu nennen. Ich habe weiterhin alles abgestritten. Nach einem Geständnis hätten sie mich auch nicht unbeschadet laufen lassen. Plötzlich hatte der Rote-Charly eine Zange in der Hand und meinte: „Hey Lügen-Fred, du kleiner Drecksack, wir werden dir jetzt nach und nach deine Fingernägel ziehen, wenn du nicht gestehst und deine Leute nennst. Die wollen wir uns dann nach dir vorknöpfen". Ich hielt das jedoch noch für eine bloße Drohung und wollte nicht glauben, dass sie mich wirklich derart foltern würden. Plötzlich hielt Roger meine gefesselten Hände hoch und der Rote-Charly setzte die Zange an meinem rechten Zeigefinger an. Ein Riss und der Nagel war raus, es blutete wie Sau. Ich schrie auf, weil ich tierische Schmerzen hatte. Bevor ich noch etwas sagen konnte, riss er mir noch zwei weitere Fingernägel aus, während Roger meine gefesselten Hände hochhielt. Ich wurde fast ohnmächtig vor Schmerzen und schrie, dass ich die Einbrüche geplant hätte. Wie von Sinnen riss Charly mir zwei weitere Nägel raus. Dann fragte Roger, wer die Einbrüche in meinem Auftrag ausgeführt hat. Ich habe geschrien, dass die Typen nicht von hier seinen und sie mich gezwungen hätten, die Zuhälter auszuspionieren. Ich würde ihre Namen nicht kennen. Sie hätten aber erzählt, dass sie aus Hannover kommen. Zu der Zeit gab es eine Fehde zwischen Essener und Hannoveraner Luden. Ich wollte so vermeiden, dass sie sich auch noch Dieter und Hotte krallten. Sie nahmen mir die Story anscheinend nicht ab. Denn Charly schlug mir daraufhin mit der Zange mehrfach in Gesicht. Mit den Worten: "Wenn du es nicht anders willst, ziehen wir dir auch die anderen Nägel!" Er riss einen weiteren Fingernagel heraus und ich verlor das Bewusstsein. Als ich wieder zu Bewusstsein kam, lag ich allein an den Händen gefesselt auf dem Schrottplatz. Die beiden Typen waren nicht zu sehen. Da ich sie noch in der Nähe wähnte, rannte ich in Panik auf die Straße. Hier bin ich direkt auf das nächste

Auto zugelaufen. Der Fahrer hat gestoppt und mich blutend und schwankend zu einem der Wohnhäuser geführt. Ich hatte tierische Schmerzen. Alle Finger bluteten. Offensichtlich hatten sie mir alle Fingernägel gezogen. Mein Helfer hat alle Klingeln auf einmal betätigt und eine Frau rief aus dem Fenster, dass sie die Polizei verständigt. Wenig später erschien ein Streifenwagen. Die Beamten bestellten einen Krankenwagen. Im Krankenhaus wurde ich nach der Behandlung fotografiert und kurz von den Bullen befragt. Inzwischen wirkten die Schmerzmittel und ich habe natürlich den Hintergrund verschwiegen. Tatsächlich waren alle Fingernägel aus dem Nagelbett herausgerissen."

Als wir unterwegs bei Ermittlungen über Funk von der Entführung und der Folter Kenntnis erhielten, waren uns die Zusammenhänge schon ziemlich klar. In einer erneuten intensiven Befragung bestritt Fred jedoch jede Beteiligung oder Mitwisserschaft bei den Einbrüchen. Zu den beiden Typen, die ihn gefoltert haben, konnte er nur Spitznamen und Vornamen nennen und sie beschreiben. Da sie jedoch schon bei uns hatten arbeiten lassen, konnten wir beide noch am folgenden Tag ermitteln und festnehmen. Wir haben zeitgleich die auch Wohnung von Fred und Brigitte nach Diebesgut durchsucht. Diebesgut war nicht vorzufinden. Wir konnten jedoch nach den einzelnen Taten größere Einzahlungen auf sein Konto feststellen. Weil Brigitte bei der Durchsuchung äußerst nervös und aufgeregt wirkte, fiel uns auf, dass sie einen Einkaräter am Finger trug. Kurzer Vorhalt und sie bestätigte, dass

Fred ihr diesen vor wenigen Wochen geschenkt hatte. Wir stellten den Ring sicher. Er trug Initialen.

Im späteren Prozess belasteten Charly und Roger zu ihrer Entschuldigung Fred mit den Einbrüchen, hatten jedoch keine Beweise. Doch Fred hatte den Fehler begangen, diesen einen Ring zu behalten und seiner Lebensgefährtin zu schenken. Der Brillantring konnte anhand von Initialen und Fotos des Geschädigten einem der Einbrüche zugeordnet werden. Fred behauptete den Ring beim Zock von einem Unbekannten in Zahlung genommen zu haben. Jedem war klar, dass das eine Schutzbehauptung war. Roger und der Rote-Charly wurden vom Landgericht zu sechs und sieben Jahren Haft wegen Freiheitsberaubung und gefährlicher Körperverletzung verurteilt. Ihre Auftraggeber für die Folteraktion haben sie verschwiegen.

„Klar und mein Anwalt sorgte im Prozess gegen mich dafür, dass mein Geständnis unter Folter nicht verwertet werden konnte. Aber die Tatsache, dass der Ring bei Brigitte gefunden wurde, machte es nicht leicht. Meine Geschichte vom Zock glaubte mir das Gericht zwar nicht, aber meine Version konnten sie auch nicht widerlegen. Froh war ich, dass ich bei der Folter meine Leute nicht mit reingerissen hatte. Das schützte mich nun trotz des massiven Verdachts vor einer Verurteilung wegen Bandendiebstahls. Das hätte sicherlich richtig Knast gegeben. Das Gericht ließ auch anklingen, dass ich durch die erlittene Misshandlung schließlich schon hart genug bestraft wurde. Weil ich die Annahme des Rings zugeben musste, wurde ich wegen Hehlerei in dem einen Fall zu einer Freiheitsstrafe vier Monaten auf Bewährung verurteilt. Aber bei den Bullen und beim Gericht blieb etwas hängen. Das läuft einem nach, denn die Gerichte sind zum Beispiel nach dem Anfangsbuchstaben deines Namens zuständig. Da sitzt du dann immer wieder vor den gleichen Richtern oder Richterinnen."

Ja da hat Fred in gewisser Weise recht. Aber genau genommen richtet sich die Zuständigkeit neben der schwere des Deliktes, bei mehreren Tätern auch nach dem Anfangsbuchstaben des zuerst vernommenen Beschuldigten. Mit der Tatsache, wen wir als Kripo zuerst vernahmen, konnten wir Einfluss auf die Zuständigkeit der Kammern beim Landgericht nehmen. Jede Kammer hatte ihre Eigenheiten. Es gab zu der Zeit eine Kammer, die wegen ihrer überaus milden Urteile von den Anwälten auch „Herz-Jesu-Kammer" genannt wurde. Später kam mal ein Anwalt und erklärte lachend, die sind umbenannt worden in „Django-Kammer". Seine Begründung dafür war ein Spruch aus dem gleichnamigen Film: „Denn Sie kannten kein Gesetz." Entgegen aller kriminaltaktischen Erwägungen, war es aus unserer Sicht manchmal ganz sinnvoll, einen anderen Täter zuerst zu vernehmen. Es reichte, ihn zunächst nur kurz mit Uhrzeit anzuhören und die Akte entsprechend chronologisch zu ordnen. Na ja, ansonsten war unser Einfluss auf die Strafverfahren ja eher beschränkt. Ist aber auch gut so, wir sind eben die Ermittler.

„Also, meine Fingernägel sind nachgewachsen, aber ich war in der Szene verbrannt und musste für die Zukunft das ganze Umfeld natürlich meiden. Ich habe die Lehre daraus gezogen, mich zukünftig nicht mehr mit diesen brutalen Kriminellen zu befassen. Ferner habe ich mich nach meiner Krankenhausentlassung sofort nach einem geeigneten Bodyguard umgesehen. Wenn ich ungeschoren weiterleben und Geld machen wollte, brauchte ich Schutz. Bei meiner Suche bin ich auf Eurofighter-Artur gestoßen. Den Spitznamen trug er, weil er als Kickboxer vor einigen Jahren Europameister war. Er war nicht besonders helle, hatte aber Manieren, ein gepflegtes Auftreten und war ein großes starkes Kampfschwein. Selbst die Zuhälter hatten Respekt vor ihm. Ohne Waffe hätte sich keiner von denen mit ihm angelegt. Kurz gesagt, der richtige Mann am richtigen Fleck. Was ich auf Dauer an Artur schätzte, waren seine Gelassenheit und vor allem seine absolute Loyalität. Wir vereinbarten, dass er mir rund um die Uhr Schutz bietet und dafür zu einem Drittel an allen meinen zukünftigen Einnahmen beteiligt wird. Er musste mich nicht zu Hause beschützen oder wenn ich privat unterwegs war, sondern nur bei meinen Geschäften. Außerdem war mein Kalkül meine Gegenüber beeindrucken zu können. Luxusautos, natürlich bei Bedarf geliehen, gediegene Kleidung und insbesondere ein gepflegter Bodyguard sollten ihre Wirkung nicht verfehlen. Wer war schon mit einem Bodyguard unterwegs?"

Raffgier

„Jetzt galt es neue Einnahmequellen zu erschließen. Klar war, dass ich geldgierige Typen abzocken musste, die sich selbst strafbar machten. Eigene Verfehlungen bei hohem Ansehen in der Öffentlichkeit minderten das Risiko, von diesen Leuten angezeigt zu werden. Außerdem waren sie nicht so gefährlich, wie Leute aus dem kriminellen Milieu. Solche Voraussetzungen waren ideal für mich. Es war die Geldgier scheinbar grundsolider Bürger, denen sich ein Schnäppchen bot. Bekanntlich kann man hochwertiges Diebesgut für kleines Geld kaufen, für seinen eigenen Bedarf behalten oder weiter verticken. Solche „Schnapper" galt es zu suchen und dann die Gelegenheit anzubieten. Aber dazu musste man etwas haben, mit dem man die Leute ködern konnte.

Ein Zufall oder auch meine ständige, gezielte Suche bescherten mir die Basis für die neue Masche. In der Frankfurter Szene trafen Artur und ich auf die Gebrüder Sell aus der Schweiz. Man hatte mir gesteckt, dass es sich um hochkarätige Villeneinbrecher handelte. Ihr Arbeitsgebiet waren die Schweiz, Österreich und Süddeutschland. Beide waren auffällig drahtig und um die fünfunddreißig Jahre alt. Beim Zocken waren die beiden nicht so geschickt, wie sie anscheinend, als Villeneinbrecher waren. Mit Glück und ein paar Tricks konnte ich Ihnen in der Nacht fünf Riesen abnehmen. Sie forderten für die nächste Nacht Revanche. Da blieb es dann jedoch bei einem Remis. Die Tatsache, dass ich mit meinem Bodyguard Artur unterwegs war, beeindruckte sie und förderte zugleich Zutrauen. Wir plauderten danach auch über ihre geschäftlichen Aktivitäten und dass sie ständig auf der Suche nach soliden Abnehmern für ihre Wertsachen wie Schmuck, Teppiche, Pelze, Münzsammlungen und Sonstiges seien. Die gewerblichen Hehler wären, was die Zahlung angeht unzuverlässig und Halsabschneider. Sie verfügten nach eigenen Angaben über ein großes Depot mit Wertsachen. Ich habe ihnen gesagt, dass ich im Ruhrgebiet, in Köln und in Düsseldorf vom Zock eine Menge solventer Geschäftsleute kennen würde, die ich gegen Provision als Kaufinteressenten vermitteln könnte. Zu diesem Zeitpunkt überlegte ich tatsächlich noch ernsthaft, ob ich mit Artur in das Vermittlungsgeschäft einsteigen sollte. Also meinte ich, ich müsse ja etwas in der Hand haben, um den Leuten was anzubieten, sei aber nicht flüssig genug, selbst als Einkäufer einzusteigen. Die Gebrüder Sell wollten mir aber auch nicht ihre Sore oder auch nur einen Teil davon überlassen, weil sie mir zum einen nicht vertrauen konnten und zum anderen das Risiko bestand, dass ich mit den Klamotten aufkippe. Ich könnte zum Beispiel von den Bullen kontrolliert und festgenommen werden und die Sore wäre weg. Sie schlugen daher vor, dass sie in den nächsten Tagen ihr Depot aufsuchen und die wertvollen Stücke mit Polaroid fotografieren würden. Andere Fotos müssten im Labor entwickelt werden und würden ein zusätzliches Risiko darstellen. Auch das leuchtete mir ein. Ja Leute, mal eben ein paar Fotos mit dem Tablett oder Handy war damals noch nicht drin. Wir vereinbarten, dass ich mich zunächst auf hochwertige Uhren, erstklassigen

Schmuck und schweineteure Orientteppiche konzentrieren sollte.

Wenige Tage später trafen wir uns auf einer Autobahnraststätte bei Karlsruhe. Zu diesem Zeitpunkt hatte ich mich schon entschlossen, nicht als Hehler bei den Gebrüdern Sell einzusteigen, sondern mein eigenes Ding durchzuziehen. Noch so eine Verurteilung wegen Hehlerei hätte mich mit Sicherheit in den Knast gebracht. Dort gibt es außer durch Handel mit Zigaretten, Alkohol und Drogen nichts zu verdienen. Artur und ich benutzten, um von ihnen nicht identifiziert zu werden, einen geliehenen Sportwagen. Ich vermutete, dass irgendwo in der Umgebung auch ihr Depot war. Darauf Zugriff bekommen und ich hätte bis an mein Lebensende ausgesorgt. Aber wie sollte ich drankommen? Selbst wenn hätte ich die Gebrüder immer im Nacken. Nein, Fred vergiss es! Bleib bei deinem Handwerk. Also ließ ich mir die sehr gut gemachten Fotos von Uhren, Schmuck und Orientteppichen zeigen. Von den Teilen hatten sie nicht nur Gesamtaufnahmen gemacht, nein Detailaufnahmen machten deutlich, dass sie absolute Profis waren, und wussten, woran man den Wert erkennt. Fotos zeigten die Rückseite von Uhren, einige mit Gravuren. Auch von dem Schmuck hatten sie vorhandene Gravuren fotografiert und vor allem die Edelsteine und Stempel. Beschreibungen mit geschätzten Handelswerten waren auf der Rückseite der Fotos notiert. Die Fotos der Teppiche beeindruckten mich am meisten. Da waren echte Kenner am Werk. Details, wie etwa spezielle Muster und Anzahl der Knoten ließen den Fachmann schon anhand der Fotos Herkunft und Wert erkennen. Sogar die genauen Maße waren auf der Rückseite der Fotos angegeben. Sie schilderten mir zu allen Fotos, wie man die Angebote bewertet. Sie nannten den üblichen Handelswert. Ich habe mir zu jedem Foto Notizen gemacht. Schließlich musste ich ja auf dieser Basis anbieten. Nachdem Artur die Fotos übernommen hatte, vereinbarten wir, dass ich mich in nächster Zeit um Interessenten kümmere und mich dann bei den beiden melden werde. Ich bekam die Telefonnummer ihrer Mutter. Nur über sie sollte ich Kontakt aufnehmen. Die Mutter würde dann ein nächstes Treffen vermitteln. Von Artur und mir erhielten sie keine Erreichbarkeit, war ja auch nicht erforderlich.

Nun ging es an die Arbeit. Mit den Fotos konnte ich halbseidenen Geldmenschen, die auf Besitz und Gewinn geil waren, locken und abziehen. Das habe ich dann mit der Unterstützung von Artur, mit dem die Teamarbeit von Mal zu Mal besser klappte, ausgiebig getan. Mein Eurofighter hielt sich, wie verabredet, bei Verhandlungen vollkommen heraus. Ist auch logisch für einen Bodyguard. Ansonsten folgte er meinen Anweisungen. Bei Fachleuten habe ich mich als angeblich interessierter Kunde zu Uhren, Schmuck und Orientteppichen schlaugemacht. Beim Zock, in teuren Bars und auch in Luxusbordellen fand ich meinen Kundenstamm. Ich machte die Interessenten mit den Fotos heiß auf die Sore und ihren Wert. Natürlich habe ich Ihnen erzählt, dass ich nur der Vermittler von top Villeneinbrecher bin und die Wertsachen unter einem Drittel des Nennwertes anbieten kann. Ich habe die Leute dann mit barer Kohle zu angeblichen Übergabeorten bestellt, unter Vorwänden das Geld übernommen und sie dann sitzen lassen. Ich glaube nicht, dass uns jemand angezeigt hat und wenn, wir benutzten Falschnamen mit gefälschten Papieren und angemietete Leihwagen. Aber ich glaube, dass nahezu alle scheuten, als Hehler gebrandmarkt zu werden. Ferner waren die Treffpunkte, wie Zock, Bars und Bordelle nicht gut für die Imagepflege. Sie werden durch die Bank die Kohle abgeschrieben haben.

An einem konkreten Beispiel möchte ich mal schildern, wie das ablief. Ich musste schon die Interessenten mächtig manipulieren, damit sie mir auch das Geld überließen.

Ja, an dem Beispiel eines Möbelhändlers aus dem Sauerland, kann ich ganz gut schildern, wie das Ganze ablief. In diesem speziellen Fall ging das alles auch noch richtig in die Hose. Deshalb nehme ich diese Geschichte, weil sie einschneidend war. Sie führte zu meiner ersten Verurteilung wegen Betruges. Diesen Typen, einen stattlichen Mann, etwa sechzig Jahre alt, hatte ich in einem Luxusbordell im Sauerland aufgerissen. Mit einer der Damen habe ich Kaffee getrunken und geplaudert. Im Gespräch hat sie mir dann anvertraut, dass der auffällige, dominant wirkende Mann ein Möbelhändler mit mehreren Läden in der Umgebung ist. Ich habe mich dann an ihn rangemacht und erzählt, dass ich fast in der gleichen Branche arbeite und mit Orientteppichen handele. Weiter habe ich dann fallen lassen, dass in der Branche auch schon mal zwielichtige Typen und mit heißer Ware auftauchen. Dass ich mit einem Bodyguard unterwegs war, hat ihn, wie alle anderen, mächtig beeindruckt. Nach einem Gespräch über seine Geschäfte und seine Besuche in diesem Bordell habe ich angedeutet, dass ich auch das ein oder andere wertvolle Teil für Peanuts anbieten könnte.

Für zwei Stunden später verabredeten wir uns in einem Café in der Nähe. In dem Bordell waren zu viele Augen und Ohren. Im Café zeigte ich ihm zum Anfüttern Fotos von zwei Orientteppichen. Ich nannte dann auch einen Schätzwert, den er widerspruchslos akzeptierte. Um ihn richtig heißzumachen, vereinbarten wir ein zweites Treffen, bei dem ich ihm eine ganze Auswahl von edelsten Teilen versprach. Er fuhr sofort darauf ab.

Beim zweiten Treffen brachte ich alle Fotos von den Persern mit. Ich konnte mit meinem Wissen über Herkunft und Wert glänzen. Der Typ erklärte, dass die Teppiche nichts für seine Möbelhäuser seien. Das wäre nicht der geeignete Kundenstamm und das Risiko wäre außerdem viel zu hoch. Er hätte aber schon mit Bekannten gesprochen, die auch interessiert seien und sich auf sein Fachwissen verlassen würden. Er suchte zwei sehr wertvolle Teile für sich aus und fünf weitere, die er weiterverkaufen wollte. Ich vermutete, dass er durch einen kleinen Aufschlag auf die fünf anderen Perser seine beiden mitfinanzieren wollte. Im Nachhinein stellte es sich als schwerer Fehler heraus, dass ich zuließ, dass dieser Typ für andere mit einkaufte. Das brachte ihn später in eine unnötige Drucksituation. Ich habe mich entgegen meiner sonstigen Gewohnheit überrumpeln lassen. Die Perser hatten zusammen einen Schätzwert über neunzig Mille. Ich forderte fünfunddreißig und ließ mich dann auf dreißig Mille runterhandeln. Wir wurden uns einig. Ich erklärte ihm, dass ich noch heute mit den Leuten, die in Oberhausen auf den Dingern säßen, treffen und alles abklären würde. Wir vereinbarten für den nächsten Tag ein Treffen in einem Café gegenüber dem Hauptbahnhof in Oberhausen. Der Möbelhändler sollte die Kohle in einem Umschlag mitbringen. Gemeinsam würden wir mit seinem Auto zu einer Garage fahren, wo die Übergabe stattfinden sollte. In Oberhausen hatte ich eine geeignete Örtlichkeit ausgemacht, wo ich mit Artur öfter solche Übergabedeals abwickelte. Es handelte sich um ein heruntergekommenes Viertel mit einer Front von Altbauten. Es waren Mehrfamilienhäuser mit mehreren Stockwerken. Bei allen waren die Hauseingangstüren und auch die Hoftüren regelmäßig unverschlossen. Durch eine seitliche Einfahrt gelangte man auf einen riesigen Garagenhof mit etwa dreißig Garagen in Doppelreihe. Hier fiel eine Übergabe nicht auf, weil keiner sich für Fremde interessierte. Alle Fluchtwege waren offen, das war das Gute an der Örtlichkeit.

Wie vereinbart erschien der Möbelhändler in dem Café. Artur und ich waren schon vor Ort. Wir sind mit einer Taxe gekommen, weil wir zuvor unser Auto in der besagten Straße zur Flucht bereitgestellt hatten. Der Käufer zeigte uns vorsichtig den Umschlag mit der Kohle. In seinem Auto haben wir dann gescheckt, dass es nur sechsundzwanzig Mille waren. Er behauptete, er habe nicht mehr auf die Schnelle zusammenbekommen. Offensichtlich wollte er zusätzlich für sich noch etwas mehr rausholen.

Obwohl ich nun hätte gewarnt sein müssen, ließ ich mich darauf ein, die angeblichen Verkäufer vor Ort herunter zu handeln. Ich behauptete, dass unsere Provision dadurch mächtig geschmälert würde. Gemeinsam fuhren wir mit dem Mercedes des Möbelhändlers zu dem besagten Wohnblock. Auf dem Garagenhof angekommen, wies ich ihn an, vor einer bestimmten Garage zu parken und erklärte, dass die Typen die Sore in der gegenüberliegenden Garage lagern würden. Ich stieg nun aus, um angeblich die Anbieter in ihrer Wohnung in der Kabache durch die Hoftür aufzusuchen und sie zur Übergabe zur Garage zu holen. Dem Möbelhändler erklärte ich, dass Artur währenddessen bei ihm bleibt, um ihm und der Kohle Schutz zu bieten. Nach wenigen Minuten kehrte ich zurück und behauptete, die Typen hätten mächtig Stress gemacht, weil es nur sechsundzwanzig Mille seien. Sie hätten schließlich aber zugestimmt, seien jedoch sehr misstrauisch geworden. Sie hätten gefordert, dass ich Ihnen die Kohle zeige. Die Knackies könnten uns aber nicht linken, weil wir ja an der Garage mit der ganzen Sore ständen, und da wäre ja noch wesentlich mehr drin als nur die paar Teppiche. Artur betonte, dass er dafür sorgen würde, dass da keiner rankommt. Der Möbelhändler war überzeugt und übergab mir den Umschlag mit der Kohle. Ich suchte damit durch den Hofeingang wieder das Haus auf. Ich verließ dieses aber sofort durch die Vordertür und ging zu unserem in der Straße abgestellten Auto. Nach längerer Wartezeit äußerte Artur gegenüber dem Möbelhändler die Vermutung, dass da etwas nicht stimmen könnte. Er wisse aber, dass die Vögel im Dachgeschoss wohnen. Er würde jetzt raufgehen und mir notfalls Schutz geben. Damit die Typen uns nicht bescheißen könnten, forderte er den Möbelhändler auf, seinen Wagen jetzt direkt vor die bezeichnete Garage mit der Sore zu fahren. Sein Fahrzeug von innen zu verschließen und keinen an die Garage zu lassen. Nachdem der Mercedes vor der Garage stand, stieg Artur aus, um angeblich nach dem Rechten zu schauen. Auch er suchte das Haus durch die Hoftür auf und verließ es zur Straße hin. Wir fuhren beide mit unserem Auto und den sechsundzwanzig Mille lachend davon.

Nun kam es anders, als bisher üblich. Wenn die „Schnapper" geschnallt hatten, dass sie „geschnappt" wurden, haben sie natürlich verzweifelt überlegt, wie sie die Situation retten könnten. Polizei rufen kam für sie nicht infrage, weil sie dann zugeben müssten, dass sie Diebesgut kaufen wollten. Ferner sahen sie ihr Ansehen durch die Gesamtumstände gefährdet. Die meisten verzogen sich in der Hoffnung, uns zu ermitteln und uns dranzukriegen. Einer dieser Typen holte mal kackfrech einen Schlüsseldienst und ließ die Garage mit der vermeintlichen Sore öffnen. Ein anderer hat eine Garage danach selbst aufgebrochen. Beide fanden entweder eine leere Garage oder irgendeine Klapperkiste vor, aber keine Perser oder Schmuck. Sie erkannten, dass sie verloren hatten und ihre Chancen, die Kohle zurückzubekommen, wären mit einer Anzeige bei den Bullen auch nicht gestiegen. Diesmal kam es dann anders. Der Möbelhändler hatte wohl das Geld bei den Bekannten eingesammelt und wollte nicht mit leeren Händen dastehen. Aber, hatte er wirklich geglaubt, selbst wenn unsere Story gestimmt hätte, dass die Bullen ihm das Diebesgut überlassen würden? Nein so naiv war er auch nicht, der wollte wohl einfach Rache. Er ließ nach zwei Stunden Wartezeit den Wagen vor der Garage zurück und verständigte von einer Telefonzelle die Bullen. War ja damals nichts mit Handy. Die Garage wurde im Auftrag der Polente geöffnet. Es wurden natürlich keine Orientteppiche oder sonstige Sore vorgefunden. Bis auf einen Satz Winterreifen war die Garage leer. Anschließend wurde er zu dem ganzen Vorfall vernommen. Dabei hat er Artur und mich genau beschrieben. Das Verfahren lief gegen unbekannt. Es wäre sicher eingestellt worden, wenn nicht zusätzlich eine andere böse Panne passiert wäre. So was nennt man Verkettung von unglücklichen Umständen. Natürlich Berufsrisiko.

Einige Damen im Puff hatten häufig Bedarf an Medikamenten gegen Kopfschmerzen, Schlafmitteln und auch Aufputschmitteln. Irgendwann hat sich ein Freier mal geoutet und im Suff erzählt, dass er Apotheker sei und alle möglichen rezeptpflichtigen Mittelchen gegen cash besorgen könnte. Er wollte wohl auf dicke Hose machen. Jedenfalls hat sich für ihn daraus eine geregelte Einnahmequelle entwickelt. Nach und nach versorgte er den halben Puff illegal mit Medikamenten. Darunter waren auch welche, die man als Drogen einschmeißen konnte. Meine Brigitte hat mir am Rande davon erzählt. Da der Typ auf der einen Seite ein solides Leben als Apotheker in Bochum führte, auf der anderen aber in Bordellen verkehrte und zudem mit dem illegalen Medikamentenhandel richtig Dreck am Stecken hatte, erschien er mir als das ideale Opfer. Der saß selbst so tief drin, dass er mich meiner

Meinung nach nie ansingen könnte. Da hatte ich mich wohl gründlich geirrt, wie sich später herausstellte. Auf Vermittlung von Brigitte stellte eine andere Nutte für mich den Kontakt zu dem Apotheker her. Es galt zu vermeiden, dass er mich mit Brigitte hätte in Verbindung bringen können. In einem Gespräch im Puff bot ich ihm Perser und Uhren an. Wie immer war auch mein Bodyguard dabei. Nachdem ich Fotos gezeigt hatte, war er an zwei Teppichen und einer Cartier für seine Frau interessiert.

Wir trafen uns am folgenden Samstag bei einem Spiel auf der Tribüne des VFL Bochum. Anschließend suchten wir das Fiege-Brauhaus auf. Ich lästere ja immer über Fiege, nur Bochumer trinken Miege. Jedenfalls wurden wir uns handelseinig über die zwei Perser und die Cartier für seine Madame. Ich machte ihm einen Freundschaftspreis, zusammen fünfzehn Mille. Wir vereinbarten für eine Woche später die Übergabe bei einem Treffen in dem besagten Café in Oberhausen. Artur und ich hatten die übliche Masche geplant."

Jetzt komme ich zum Leidwesen von Fred wieder auf den Plan. Wie zu Beginn mal geschildert, hatten wir inzwischen die Dienststelle für OK eingerichtet. Wir konnten nun die ganze Palette der Kriminalität ermitteln und mussten uns nicht auf bestimmte Delikte beschränken. Wir waren natürlich sehr aktiv bei der Informationsgewinnung im Bereich des illegalen Glücksspiels, des Drogenhandels und der Zwangsprostitution. Eine der Prostituierten steckte uns, dass ein angeblicher Apotheker aus Bochum den halben Puff mit illegalen Medikamenten versorgen würde. Ihre Motive dafür waren wohl Missgunst gegenüber einer Konkurrentin. Sie fingierte in unserem Auftrag eine Bestellung von verschreibungspflichtigen Medikamenten, die Opiate enthielten. Wir haben observiert und konnten den Typen auf frischer Tat festnehmen. Er musste neben einem Strafverfahren auch mit Entzug seiner Approbation und Existenzverlust rechnen. In dieser Situation bot er an, uns eine Bande von Profieinbrechern liefern zu können, die im süddeutschen Raum und dem Ausland Villeneinbrüche ausführen würden. Das seien seine Informationen aus erster Hand. Er bekam eine Zusage von unserer Staatsanwaltschaft, dass seine Aktivität im Erfolgsfalle bei der Forderung zum Strafmaß berücksichtigt würde. Er schilderte uns die Treffen mit dem Anbieter und seinem Bodyguard. Bei der gesamten Schilderung wurde ich jedoch den leisen Verdacht nicht los, dass es sich um eine vorgetäuschte Hehlerei handeln, könnte. Das beschriebene Duo war mir bis dato nicht bekannt. Ich wusste noch nichts von der Verbindung Lügen-Fred und Artur. Die Personenbeschreibungen des Apothekers waren wohl aufgrund seines massiven Alkohol- und Medikamentenproblems auch eher dürftig. Andererseits hätte die Aktion auch zur Festnahme von Topeinbrechern oder zumindest deren Hehler führen können.

Wir wiesen den Apotheker an, zum Schein auf das Angebot einzugehen und zu dem Treff zu fahren. Wir würden ihn mit Vorzeigegeld ausstatten und komplett observieren. Vorzeigegeld ist ein Fachbegriff für Bargeld, das von der Polizei nur zum Schein eingesetzt wird, jedoch nicht außer Kontrolle geraten darf. Aus Sicherheitsgründen werden die Nummern der Scheine vor dem Einsatz notiert oder kopiert. Im Gegensatz zu Kaufgeld, bei dem die tatsächliche Ausgabe für einen Ermittlungszweck geplant ist. Wir fuhren den Einsatz nicht mit großem Besteck. Mobile Einsatzkommandos (MEK) für solch eine Observation befanden sich aktuell noch in der Planungsphase. Um nicht zu verbrennen, stellten wir mehrere Teams zusammen. Die Verfolger mussten wechseln können. Soll doch Fred aus seiner Sicht den weiteren Ablauf schildern.

„Also, wir trafen uns in dem Café in Oberhausen. Der Apotheker zeigte uns die Kohle. Wir erklärten ihm, dass wir zu einer Garage fahren, in der die Teppiche und andere Sore liegen und ich dann die Knackies zum Deal aus dem Haus holen würde. Unser Auto war schon in der bekannten Straße abgestellt. Wie gewohnt fuhren wir mit dem Auto des Apothekers zu dem Garagenhof und zogen die gleiche Masche ab. Nach dem Motto die trauen uns nicht. Ich soll ihnen oben in der Wohnung erst die Kohle zeigen. Doch als ich das Haus durch die Haustür mit der Kohle verlassen wollte. Verfolgten mich zwei Männer. Mir wurde klar, dass es Bullen waren. Ich rannte zu meinem Auto, um damit zu flüchten. Ich konnte gerade noch die Tür aufschließen, um einzusteigen. Hätte es damals schon Fernbedienung gegeben, hätte ich es vielleicht noch geschafft. So verlor ich Zeit und die Bullen schnappten mich beim Einsteigen. Sie nahmen mich fest. Über Funk informierten sie ihre Kollegen über meinen Fluchtversuch. Die nahmen Artur und zum Schein auch das Apothekerschwein fest. Mir war sofort klar, dass der Apotheker uns bei den Bullen angeschissen hatte. Anders konnte es nicht sein. In der Folgezeit suchten die Bullen zu meiner Belustigung dann vergeblich im Haus nach den angeblichen Knackies. Auch die Durchsuchung der Garage verlief für sie absolut enttäuschend. Darin stand ein hässlicher grüner VW-Käfer, sonst nichts. Es war klar, dass der Apotheker ihnen unsere Story aufgetischt hatte. Für die Bullen war das ein totaler Reinfall, statt der Profieinbrecher waren ihnen nur zwei kleine Betrüger ins Netz gegangen. Das wäre ja nur eine kleine Panne gewesen. Aber das dicke Ende kommt noch, kann der Merten ja besser erzählen, hat uns ja wieder mal gefilmt."

Als klar war, dass wir Fred und seinen Bodyguard als Trickbetrüger vor uns hatten, fiel mir ein Fernschreiben der Kripo Oberhausen von vor wenigen Monaten ein. Damals wurde mit der gleichen Story ein Möbelhändler gelinkt. Jetzt wurde mit klar, warum mir schon zu Beginn die Geschichte spanisch vorkam. Erklären kann man das nicht, man spricht von Intuition oder Bauchgefühl. Ich hatte die Information nicht mehr im Kopf, es war eine von vielen täglich. Irgendwie war sie jedoch gespeichert. Die Oberhausener Kollegen suchten mir sehr schnell die Ermittlungsdurchschrift heraus. Die Beschreibung der damaligen Täter passte auf unseren Fang. Da unsere OK-Dienststelle neu eingerichtet war, waren wir von der örtlichen Zuständigkeit eher eng begrenzt, das änderte sich erst im Laufe der Jahre. Aber Oberhausen gehört zum Hauptstellenbereich des Polizeipräsidiums Essen und wir waren für schwerwiegende Straftaten dort ohnehin örtlich zuständig.

Am nächsten Morgen brachten wir die beiden zu einer Wahlgegenüberstellung. Sie standen in einer Reihe mit sechs Polizeibeamten in Zivil und jeder trug eine Nummer. Alles wurde schriftlich und fotografisch dokumentiert. Wir begleiteten den als Zeugen hinzugerufenen Möbelhändler hinein. Fred und Arthur versuchten, sich nichts anmerken zu lassen, dennoch zeigten beide deutlich eine Schrecksekunde, als sie den Möbelhändler erkannten. Dieser identifizierte Fred und Artur zweifelsfrei als die damaligen Täter. Wir führten beide dem Haftrichter vor, damit dieser den Erlass eines Haftbefehls prüfen konnte.

„Ja ich glaube, dass hier meine Sicht der Dinge gefragt ist. Mein Anwalt verklickerte dem Richter, dass wir zunächst keine Aussagen machen werden. Die Zeugen nannte er Sozialschädlinge, die sich trotz ihres Vermögens an Diebesgut bereichern wollten. Zudem sei der auslösende Apotheker ein konzessionierter Drogendealer, ohne jeden Skrupel. Darüber hinaus konnte er ja belegen, dass wir weder was mit Einbrüchen, noch mit Diebesgut zu tun hatten. Der Richter verkündete, dass angesichts dieser Umstände für uns keine hohe Freiheitsstrafe zu erwarten und daher keine Fluchtgefahr zu begründen sei. Mein Freund Merten musste uns schweren Herzens nach der Vorführung entlassen."

Bevor Fred das Präsidium verließ, bat ich ihn nochmals zu einem Gespräch in unserer Dienststelle: „Fred, ihr habt heute noch mal wirkliches Glück gehabt. Ihr seid vorerst wieder frei, aber ich habe noch eine Überraschung für dich. Wir haben bei dir die Polaroidfotos von den Teppichen und dem Schmuck sichergestellt. Bei all den Aufnahmen gehen wir davon aus, dass es sich um echtes Diebesgut aus hochkarätigen Einbrüchen stammt. Über die Datei für Orientteppiche beim BKA glauben wir zumindest zwei Stücke Villeneinbrüchen in Süddeutschland zuordnen zu können. Aus diesem Grunde haben wir die Fotos auf Fingerabdrücke hin untersuchen lassen. Sie waren übersät mit verschiedenen Prints. Außer dir konnten unsere Daktyloskopen nahezu auf jedem Foto Fingerabdrücke von zwei Leuten sichern, die diese offensichtlich beschriftet hatten. Was meinst du wohl, wem wir diese Abdrücke zuordnen konnten? Hast du eine plausible Antwort für mich. Du kannst hier offen sprechen, es wir nichts protokolliert. Ermittlungstechnisch ist euer Verfahren abgeschlossen."

„Man Merten, du nervst. Was passiert, wenn ich dir dazu was sage? Was habe ich davon? Wahrscheinlich nur Ärger und ein paar Typen am Hals."

„Wenn du mir glaubwürdige Angaben zur Herkunft der Fotos und den Gegenständen machen kannst, könnte uns das weiterhelfen. Wir könnten deine Angaben vertraulich behandeln und einen Weg finden, an die Leute heranzukommen. In diesem Fall wäre ich bereit, mit dem zuständigen Staatsanwalt zu sprechen. Für euch bliebe es bei einem Verfahren wegen Betruges und deine Mitwirkung bei den Hintergrundermittlungen könnte dazu führen, dass die Staatsanwaltschaft eine Bewährungsstrafe beantragt. Allerdings müsstest du liefern!"

„Okay, ich habe beim Zock zwei Typen kennengelernt. Es handelt sich um die Gebrüder Sell aus der Schweiz. Sie führen Villeneinbrüche in der Schweiz, Österreich und Süddeutschland durch. Bei Karlsruhe haben sie ein Lager voller Sore. Ich sollte für sie an solvente Kunden verticken. Sie haben mir dafür die Fotos angefertigt. Die Hehlerei war mir aber zu heiß und so habe ich mir die Masche mit dem Abzocken ausgedacht. Ich habe schon länger keinen Kontakt zu ihnen. Wenn ich sie jetzt versinge, bin ich dran. Habt ihr Fingerabdrücke von den beiden gefunden?"

Ich erklärte Fred, dass wir die beiden Gebrüder Sell identifiziert haben. Ihn würden wir aus Sicherheitsgründen nicht mehr mit ihnen in Kontakt bringen. Er sollte uns nur ermöglichen, einen sogenannten Verdeckten Ermittler (VE) an die beiden heranzubringen. Im Gegensatz zu einem V-Mann ist der VE ein Polizeibeamter, der unter einer Legende in die kriminelle Szene eingeschleust wird. Hierfür sind natürlich nur wenige Beamte geeignet, die heutzutage entsprechend ausgebildet sind und einer Sonderdienststelle angehören. Damals gab es einen Kollegen aus Dortmund, von dem wir wussten, dass er diesen Job schon einige Male erfolgreich gemacht hatte. Fred sorgte durch eine gezielte Information dafür, dass unser Kollege als angeblicher Hehler aus Hamburg zu den Einbrechern Kontakt aufnehmen konnte. Nach einem zweiten Treffen kam es zu einem Probekauf eines Orientteppichs in Karlsruhe. Ein dortiges MEK observierte die Anbieter bei der Abholung aus ihrem Depot. Unserm verdeckten Ermittler gelang es, das Vertrauen der Gebrüder Sell zu gewinnen und sie zur Raststätte Ohligser Heide bei Hilden zu einer größeren Lieferung zu bringen. Die Raststätte ist seit jeher als Umschlagplatz für illegale Waren bekannt. Die Gebrüder Sell konnten wir mitsamt Diebesgut bei der Übergabe festnehmen. Zeitgleich wurde ihr Depot bei Karlsruhe durchsucht. Das umfangreiche Diebesgut, im Wert von über einer Million, konnten wir nach Abschluss der Ermittlungen mehr als zehn Villeneinbrüchen in der Schweiz, Österreich und Deutschland zuordnen. Die beiden Einbrecher machten keinerlei Aussagen. Sie wurden vom für Hilden zuständigen Landgericht Düsseldorf als einschlägig Vorbestrafte zu je sechs Jahren Freiheitsstrafe verurteilt.

„Auf diese Weise kamen Artur und ich unerkannt aus der Sache raus. Da wir wegen Betruges keine Haftstrafe von mehr als drei Jahren zu erwarten hatten, war statt des Landgerichts Essen das Amtsgericht Oberhausen wegen des Tatortes zuständig. Mein Anwalt konnte eine Zusammenführung der Verfahren erreichen. Dort war ich noch nicht gerichtsbekannt. Aber ich hatte jetzt erstmalig in einem späteren Prozess mit einer Haftstrafe zu rechnen. Mein Anwalt sprach zwar von möglicher Bewährung, aber da war ja noch die dumme Geschichte mit den Luden offen. Er war dann völlig überrascht, dass die Staatsanwaltschaft auf eine Bewährungsstrafe plädierte. Das Gericht folgte dem Antrag der Staatsanwaltschaft.

Mir war nun klar, dass wir, um im Geschäft zu bleiben, zum einen die Masche wechseln mussten und zum anderen unsere Opfer und Handlungsorte weiter von der Heimat entfernt suchen mussten. Der Gregor Merten rückte mir zu sehr auf die Pelle. Und wir hatten nun eine Bewährung offen."

Nicht alles, was glänzt, ist Gold

„Wie schon geschildert, musste ich mir ein neues Geschäftsfeld aufbauen. Wieder brachte mir das Schicksal eine neue Chance. Bei einem Zockbesuch in Aachen bekam ich Kontakt zu einem Italiener namens Enzo. Ob er unmittelbar der sizilianischen Mafia angehörte oder ob er nur mit dieser in geschäftlichem Kontakt stand, habe ich nie erfahren. War auch besser so. Wie alle anderen, beeindruckte ich ihn mit meinem Auftreten und dem Bodyguard. Es entwickelte sich ein Vertrauensverhältnis, das Basis einer langen Geschäftsbeziehung werden sollte. Wir plauderten über Schmuck und Gold. Enzo erzählte, dass er Imitate von Schmuck und gefälschte Goldbarren zu günstigen Kursen besorgen könne. Alles würde in Sizilien im Auftrag der Mafia produziert. Die Goldbarren würden so echt wirken, dass man sie bedenkenlos auch zur Prüfung bei Banken vorlegen könne. Der Goldwassertest und auch der Test mit Säure könne nur positiv verlaufen, weil die äußere Schicht der Barren aus echtem Gold bestünde. Der Rest seien unterschiedliche Materialien mit einem Kern aus Blei, der dafür sorgt, dass Maße und Gewicht exakt dem spezifischen Gewicht eines echten Goldbarrens entsprechen. Die Barren seien gestempelt und würden absolut echt wirken.

Auch hier muss ich erwähnen, dass heutzutage wesentlich zuverlässigere Goldtests schon für Laien zur Verfügung stehen. Die das Verkaufsrisiko absolut erhöhen würden. Spontan kam mir die Idee, dass ich die Goldbarren als angebliche Beute aus einem Einbruch zum halben

Goldpreis verkaufen könnte. Ich konnte jedem Interessenten klar machen, dass die Täter Gefahr laufen aufzufallen, wenn sie größere Menge auf den Markt bringen würden. Daher hätten sie mich als Vermittler eingeschaltet. Ferner würde für die Käufer auch nicht das Risiko bestehen, dass die Barren als Diebesgut identifiziert werden könnten, weil sie keine individuellen Merkmale besäßen.

Enzo bot mir die Barren für vierundzwanzig Prozent des aktuellen Goldpreises an. Das würde bedeuten, dass mein Anteil beim Verkauf eines Barrens immer sechsundzwanzig Prozent wäre. Wenn man den Goldpreis betrachtete, war das schon eine fette Summe. Sie würde das geringe Risiko lohnen. Die Käufer würden die Barren in der Regel ja nicht weiterverkaufen, sondern als Geldanlage in ihre Tresore oder Safes packen. Ja, die Dinger würden sogar noch weitervererbt. Sollte ein Käufer jedoch weiterverkaufen, bestand kaum Gefahr, dass die Fälschung auffällt und wenn hätten sie ja den Käufer am Arsch. Ich hatte nicht vor, bei den Goldgeschäften mit Klarnamen aufzutreten.

Enzo und ich vereinbarten einen Testkauf. Der Barren mit einem Gewicht von hundert Gramm war gestempelt mit Credit Swiss. Ich bin mit dem Teil zur Bank, habe mich als unbedarfter Erbe ausgegeben und um Prüfung sowie Schätzung des Wertes gebeten. Der Bänker hatte keine Zweifel an der Echtheit.

Mir war nun klar, das ist für mich das neue Geschäftsmodell, solange der Enzo liefern kann. Er wurde später noch minimal teurer, aber meine Marge war immer noch okay. Wegen der vermeintlich hohen Werte konnte ich auch zukünftig nicht auf meinen Bodyguard Artur verzichten.

Mit dem Gold änderte sich natürlich auch mein Kundenkreis. Es waren ausschließlich Geschäftsleute, selbstständige Handwerker, Unternehmer und auch Fußballprofis, die ihr Schwarzgeld anlegen wollten. Ich musste teilweise nicht einmal mehr Kunden aufreißen, weil ich weiterempfohlen wurde. Um anonym bleiben zu können, legte ich mir, natürlich unter falschem Namen, ein Postschließfach zu. Darüber konnten mich die Kunden erreichen. Smartphone bzw. Handy mit einer Prepaid-Karte war damals noch nicht. Niemandem erschien die Geschichte mit dem Postschließfach verdächtig, ich handelte in ihren Augen ja mit Diebesgut. Bei Kundenkontakten benutzten Artur und ich wie gehabt Leihwagen. Neben allen anderen Aktivitäten habe ich das Goldgeschäft bis zum Ende meiner Karriere betrieben. Ich kann mit einigem Stolz sagen, dass in Essen, in unserem gesamten Bundesland und darüber hinaus gut eine vierstellige Anzahl von wohlhabenden „Schnappern" auf meinen Goldbarren sitzt. Entweder liegen sie im Banktresor oder im Safe zu Hause. Teilweise wurden sie weitervererbt und möglicherweise sogar wieder mittels Villeneinbrüchen bei diesen gestohlen. Versicherungen würden dann den Schaden ersetzen. Die Erben oder gar Einbrecher würden auf wertlosen Barren sitzen, ohne es jedoch zu ahnen. Eine irre Geschichte ist es schon, die Barren haben für alle Beteiligten immer noch den Nennwert. Wurde eigentlich überhaupt jemand durch mein Geschäftsmodell geschädigt? Nein!

Wegen der laufenden Bewährung konnte ich mir keine Panne mehr erlauben. Eine Strafverbüßung würde nicht nur meine Freiheit einschränken, sondern auch meine Geschäftstätigkeit massiv beeinträchtigen. Wie schon geschildert, das Risiko war gering und ich agierte nicht im kriminellen Milieu. Diese Kontakte beschränkten sich auf den Zock, den Puff oder mal ein Schwätzchen hier ober da. Nachdem die letzte Geschichte gut gelaufen war, bot ich mich Merten als V-Mann an. Der zeigte sich zwar skeptisch aber nicht ablehnend."

Ganoven zeigen Charakter

Okay, das Angebot von Lügen Fred stand. Aber konnte man ihm vertrauen? Zunächst würde ich ihn maximal als Informanten, keinesfalls jedoch schon als Vertrauensmann einstufen. Dazu hatten mir seine bisherigen Aktionen keinen Anlass geboten.

Mitte der 70er-Jahre baute sich auch im Ruhrgebiete eine Drogenszene auf. In diesem Zeitraum trat in der Essener Rauschgiftszene eine sowohl extrem ungewöhnliche als auch erschreckende Entwicklung auf. Innerhalb weniger Wochen verstarben vier sechzehn- bis achtzehnjährige Schüler zweier Gymnasien an einer Überdosis Heroin. Die Obduktionen ergaben, dass es sich um Heroin von außergewöhnlich hohem Reinheitsgehalt handeln musste. Offensichtlich war es den vier jungen und möglicherweise unerfahrenen Heroinkonsumenten nicht gelungen, die Wirkung entsprechend zu dosieren. Wegen der Zugehörigkeit zu zwei Gymnasien mit örtlicher Nähe und der Qualität des Stoffes bestand die Annahme, dass es sich um ein und denselben Lieferanten bzw. Dealer handeln könnte. Die Medien berichteten zunehmend intensiv über die tragischen Vorfälle. Vier junge unschuldige Menschen wurden jäh aus dem Leben gerissen. Die Reporter befragten Mitschüler, stellten die Opfer vor und berichteten auch über das Leid der Familien. Um die öffentliche Aufregung verstehen zu können, muss man bedenken, dass zur damaligen Zeit Drogen als Problem fremder Gesellschaften betrachtet wurden. Die Idylle des geordneten friedlichen Lebens in Deutschland war bedroht. Im Gegensatz dazu werden in der heutigen Zeit solche Ereignisse nicht mehr in ihrer Tragik, sondern als unabwendbar wahrgenommen. Öffentlichkeit und Politik verstärkten damals logischerweise den Druck auf die Polizei, als zuständige Ermittlungsbehörde.

Unter dieser Anspannung sah sich der Leiter der Kripo Essen gezwungen, nach intensiven Gesprächen mit der Spezialdienststelle für Drogenkriminalität, seine neue OK-Dienststelle einzubinden. Üblicherweise arbeiteten wir ohne konkreten Ermittlungsauftrag, also nicht fallbezogen, sondern orientiert an Personen oder Strukturen, die der OK zuzuordnen waren. Unsere Rauschgiftdienststelle hatte zu diesem Zeitpunkt leider keine konkrete Spur. Ermittlungen im Umfeld der Opfer erbrachten ebenfalls keine konkreten Hinweise. Aus diesem Grunde sollten wir gezielt in Milieu und Szene nach Ermittlungsansätzen suchen, um diese tragische Serie zu stoppen.

Drogen waren damals allen Beteiligten, außer dass einer mal an einem Joint gezogen hätte, sowohl bei Polizei als auch den Kriminellen, fremd. Mein erster Kontakt mit Drogen bestand aus einem Scheingeschäft im Essener Hauptbahnhof, welches ein amerikanischer CIA-Beamter einige Jahre zuvor eingeleitet hatte. Er bat die Kriminalwache um Unterstützung und wir stellten mit seiner Hilfe einen Koffer voller Haschisch sicher. Die festgenommenen Dealer hatten dem CIA-Mann zwanzig Kilo „Schwarzen Afghan", wie der Name schon besagt, dunkler Stoff aus Afghanistan, angeboten. Später stellte sich das angebliche hochwertige Haschisch als getrockneter Kuhdung heraus. Auch der CIA irrt gelegentlich.

Entsprechend unserem Auftrag begaben wir uns intensiver als sonst üblich, in die kriminelle Szene der Ruhrgebietsgroßstadt. Wir führten informatorische Gespräche außerhalb jeden Protokolls mit Besitzern von Spielcasinos, Bordellen, Bars und allen bekannten Kriminellen. Dalli und ich waren mehrere Abende in den Szenekneipen unterwegs. Bei dieser Gelegenheit wurde Dalli immer wieder aufgefordert seine bekannten Zaubertricks mit Karten und Würfeln vorführen. Die Ganoven waren mehr als beeindruckt. Wir nutzten einfach jeden Kontakt ins Milieu. Selbst die Szene verurteilte das Geschehen als abscheulich und erschreckend. Wir konnten uns der vollen Unterstützung sicher sein. Das Milieu stand in dieser Sache ausnahmsweise voll auf unserer Seite. Man dachte auch dort wohl an die eigenen Kinder oder Geschwister. Zudem waren unsere Aktivitäten nicht gerade geschäftsfördernd.

„Natürlich sprach mich Merten nach unserer lockeren Vereinbarung auch gezielt auf die Drogentoten an. Davon abgesehen wurde im Milieu offen darüber geredet. Einhellig war man der Meinung ein bisschen Zock, Zuhälterei oder Raub ist schon okay. Aber Drogenhandel mit Toten und dann noch jungen Menschen, geht doch gar nicht! Außerdem scheuchten die Ereignisse die Bullen derart auf, dass alle Geschäfte schwieriger wurden. Der Besitzer meines bevorzugten Zocks, einer der führenden Zuhälter, nahm mich am Folgeabend zur Seite und zog mich in sein Büro. Er erklärte: „Fred, du kennst mich. Ich mache meine Geschäfte und würde nie einen Kumpel reinreißen aber jetzt weiß ich nicht weiter. Letzte Tage war auch der Dalli bei mir im Laden und hat uns aufgefordert, ihn und seine Jungs bei der Ermittlung eines Drogendealers zu unterstützen. Ich habe heiße Informationen, die dazu passen könnten. Aber ich kann nicht zu den Bullen rennen. Dann ist mein Laden am Arsch! Ist doch klar oder? Da kommt neuerdings ein junger Spanier zum Zocken in meinen Laden. Der ist neu hier. Er ist immer voll aufgedreht. Ich habe zwar keine Ahnung davon, aber der scheint auf Droge. Nachdem er vorige Woche vier Mille bei mir verzockt hat, hat er mich gefragt, ob ich nicht mit fünfzehn Mille in sein Geschäft einsteigen wolle. Er könne superreinen Stoff für kleines Geld kaufen, verschneiden und dann in vielen Portionen verdealen. Ich habe natürlich abgelehnt, weil ich mit solch einem Drecksgeschäft nichts aber auch gar nichts zu tun haben möchte. Dalli und sein Begleiter haben uns von den toten Jungs berichtet. Von dem Typen kenne nur den Nachnamen. Er hat sich jedenfalls als Vacero in unsere Kaffeeliste beim Zock eingetragen. Nachdem was er einem Zocker erzählt hat, muss er am Wasserturm rund um die Steeler Straße wohnen. Kannst du nicht für mich bei den Bullen auflaufen und denen einen Tipp geben? Ich glaube, dass er der Typ ist den die suchen. Aber halt mich auf jeden Fall da raus! Du weißt schon, mein Geschäft! Ich spreche dich an, weil die andern davon nichts erfahren dürfen. Dir hängen immer noch die Brüche bei den Jungs an. Du bist clever genug solch eine Sache abzuziehen. Und wenn das klappt, kriegst du von uns bares auf die Hand. Denn dann haben wir wenigstens wieder unsere Ruhe vor den lästigen Bullen. Ist nicht gut für das Geschäft, wenn regelmäßig der Dalli oder einer seiner Jungs bei mir im Laden auftaucht."

Fred hat mich sofort angerufen und wir haben uns im Einkaufzentrum in Mülheim getroffen, damit uns keiner aus der Szene gemeinsam sieht. Was Fred schilderte, klang interessant. Da wir keine andere Spur hatten, setzten wir voll auf diese Karte. Mein Instinkt sagte mir, das muss unsere Zielperson sein. Häufig habe ich auf mein Bauchgefühl verlassen und lag damit richtig. Das gilt auch für Gefahrensituationen, ich habe sie gespürt. Diese Intuition kann ich nicht weiter erklären, sie ist bei manchen Menschen einfach da. Und in unserem Job schon hilfreich. Ich forderte Fred auf, sich im Zock an den Typen ranzumachen und eventuell eine finanzielle Beteiligung anzubieten. Zur Not würde ich ihm einige Tausend DM Kaufgeld verschaffen, damit er sich bei ihm einkaufen kann. Die lebensbedrohliche Lage war den Einsatz wert und musste entschärft werden. Die geplante Aktivität von Fred war nicht mit dem Einsatz als Informant abgedeckt. Ich musste meine Bedenken über Bord werfen und ihn offiziell als V-Mann verpflichten.

„Also, das war meine Chance, die musste ich nutzen! Ich suchte meinen Zock auf und befragte den Boss, wie ich an den Typen rankomme. Er vermutete, dass er am selben Abend kommt, um ihn nochmals wegen der Beteiligung anzugehen. Wir vereinbarten, dass er uns zusammenbringt und mich als jemanden vorstellt, der krumme Geschäfte finanziert. Abends kam es dann auch zu dem geplanten Kontakt. Vacero war ein dürrer, fahriger Typ mit dunklen schulterlangen Haaren. Irgendwie wirkte er aufgedreht und auch gehetzt. Nach einem kurzen Gespräch und ein paar Spielchen schlug ich vor, dass wir draußen reden sollten. Ich fragte ihn, wo er sein Auto abgestellt habe. Wie erwartet stand es im Parkhaus in der Rottstraße, wo auch mein Auto stand. Alle Zocker und Luden parkten dort ihre Schlitten. Wir trafen uns dort und Artur kam hinzu. Vacero war beeindruckt, dass ich einen Bodyguard hatte, wollte vor ihm jedoch nicht reden. Nachdem ich einverstanden war, dass Artur abseits wartet, schilderte er, dass er einen super Dealer in Frankfurt habe, der absolut hochwertiges Heroin liefere. Der Reinheitsgehalt liege bei über siebzig Prozent. Das Heroin im Straßenverkauf liege dabei meist deutlich unter zehn Prozent. Er selbst brauche täglich Stoff, bis zu vier Gramm. Er könne zu Hause, das Zeug mit Strychnin und anderen Stoffen, derart strecken, dass er mindestens das Sechsfache aus der eingekauften Menge mache. Vacero meinte aus zehn Riesen leicht sechzig machen zu können. Dabei könne er noch seinen Verbrauch abzwacken. Da die Fahrt nach Frankfurt aufwändig sei, müsse sich die Tour lohnen. Er habe im Moment aber nur fünf Mille auf der Kralle, weil er beim Zock verloren habe. Wenn ich mit zehn Mille einsteigen würde, könnte er für fünfzehn kaufen. Seine Kunden würden ihm nach der Rückkehr aus Frankfurt die Bude einrennen und innerhalb von wenigen Stunden alles aufkaufen. Die würden ständig bei ihm zu Hause anrufen und seine Freundin, die auch auf Droge ist, löchern wann er kommt. Teilweise würden sie schon vor Ort warten, wenn er eine Tour angekündigt habe. Er habe dann schon zeitliche Probleme, den Stoff zu strecken und zu portionieren. Er müsse also keine Kunden suchen, die würden so heiß auf Droge sein, dass sie alles direkt abnähmen. Wir könnten einen super Deal machen. Ich sagte ihm meine Beteiligung mit fünf Mille zu und forderte dafür fünfundzwanzig Riesen. Vacero meinte, dass er das Risiko trage und er mir für meinen Einsatz nur mit zehn Mille zahlen könne. Also für die fünf Mille fünfzehn zurück. Ich gab ihm den Zuschlag. Ich müsste nur am nächsten Tag die Kohle von der Bank holen. Ich würde sie ihm abends beim Treff im Parkhaus zeigen aber nicht übergeben. Weil ich verhindern wolle, dass er sie verzockt oder für sich davon anderweitig Stoff für den Eigenkonsum kauft. Er wäre zugeknallt, meine Kohle weg und das Geschäft geplatzt. Das musste er einsehen und akzeptieren. Wir vereinbarten, dass ich ihm direkt vor seiner Wohnung unmittelbar vor der Abfahrt nach Frankfurt die fünf Riesen übergeben werde und keine Minute eher."

Eingefädelt war der Deal. Fred kam am Morgen zu mir und berichtete von dem Treffen. Wegen seiner exakten Umsetzung der Vorgaben musste ich ihn loben. Seine spontane, aber plausible Begründung für die Geldübergabe an der Wohnung unmittelbar vor der Abfahrt nach Frankfurt brachte uns in eine taktisch sehr gute Position. Wir konnten sicher sein, ihn vor der Abfahrt „aufnehmen zu können". Gemeint ist der Observationsbeginn. Inzwischen hatten wir die Person Vacero abgeklärt und festgestellt, dass er erst vor wenigen Wochen nach Essen gezogen ist. Zuvor hatte er sich in Frankfurt in der dortigen

Taunusanlage, Deutschlands erster großer Drogenszene, bewegt. War aber nur als Konsument und Kleindealer aufgetreten. Wir kannten die Wohnung, sein Auto und hatten seine Telefonnummer. Ideale Voraussetzungen für unsere Maßnahmen, wenn er losgefahren ist. Das neu eingerichtete Mobile Einsatzkommando (MEK) könnte ihn bis Frankfurt und zurück observieren und zeigen, was die Trainings gebracht haben. Dem Einsatzleiter des MEK machte ich in der folgenden Einsatzbesprechung jedoch die Vorgabe, nicht um jeden Preis zu versuchen den Frankfurter Dealer festzustellen. Wichtig war, dass sie „nicht verbrennen", also als Polizei erkannt werden. Wenn das Risiko der engen Observation zu groß würde, müssten wir später auf anderem Wege versuchen an den Hintermann zu kommen. Ich holte mir von unserer Führung die Genehmigung für den Einsatz von fünftausend DM Kaufgeld und die Observation ein. Kaufgeld, weil wir das Geld leider aus der Hand geben müssen. Gleichzeitig beantragte ich über die Staatsanwaltschaft einen Gerichtsbeschluss zur Überwachung des Telefons von Vacero. Die Telefonüberwachung wurde noch am gleichen Tage beim LKA in Düsseldorf geschaltet.

„Nun stand meinem ersten kompletten Einsatz als Informant nichts mehr im Wege. Am Abend übergab Merten mir den Umschlag mit dem Kaufgeld. Er wies mich darauf hin, dass die Nummern der Scheine natürlich notiert sind. Unter Überwachung durch die Bullen zeigte ich meinen Einsatz vor und verabredete mit Vacero das Treffen vor der Abfahrt. Anschließend gab ich Merten das Geld zurück und erhielt es erst wieder zu einem verabredeten Zeitpunkt, kurz vor dem morgendlichen Treffen mit Vacero. Ich suchte ihn in seiner Wohnung auf. Zugegeben, ich war doch schon etwas nervös. Das war Neuland für mich. Nicht, dass ich das Doppelspiel nicht beherrschte, aber hier ging es um knallharten Drogenhandel. Die Geschichte mit den gezogenen Fingernägeln hing mir doch noch an. Sowas musste ich nicht noch einmal haben. Vaceros gutaussehende aber etwas abgemagert wirkende Freundin öffnete die Tür und ließ mich ein. Sie war offensichtlich voll informiert. Ich übergab Vacero die Kohle. Er wollte sofort losfahren und in sechs bis acht Stunden zurück sein. Auf Drängen von Merten konnte ich ihm noch entlocken, dass er die Wohnung des Dealers in Frankfurt kennt und ihn dort aufsucht. Er habe sich schon telefonisch angekündigt und die Bestellung durchgegeben. Für die zehn Mille sollte er etwa hundertfünfzig Gramm Heroin erhalten. Wir verließen gemeinsam die Wohnung und Vacero fuhr mit seiner alten Schleuder Richtung Frankfurt. Ich suchte Merten in seinem Büro auf und berichtete den Ablauf und meine Informationen zu dem Typ in Frankfurt. Merten meinte, ich hätte gute Arbeit geleistet, sei nun aber komplett raus aus der Sache. Wenn alles nach Plan laufe, würde er sich bei der Justiz für mich einsetzen, es sei schon vorbesprochen. Wenn alles klappt, hätten wir einem gefährlichen Typen das Handwerk gelegt. Jetzt waren die Bullen am Ball!"

Richtig, jetzt waren wir am Zug. Aus   Personalmangel besetzte ich beim LKA die Telefonüberwachung und übernahm gleichzeitig von dort die Einsatzleitung. Bei der ersten Auswertung stieß ich auf den Anruf von Vacero bei seinem Dealer. Diese meldete sich nicht mit Namen. Glücklicherweise gab es zu dieser Zeit nur Festnetzanschlüsse bei der Post, sodass wir kurz darauf Namen und Adresse hatten. Vacero teilte per Telefon nur mit, dass er unterwegs sei und den Hundertfünfziger Mercedes für zehn Mille kaufen würde. Das war klar das Synonym für die hundertfünfzig Gramm Heroin. Ich informierte die Observationskräfte, über den Anruf bei dem Hauptdealer, damit sie kein übermäßiges Risiko in diese Richtung eingehen mussten. Das MEK berichtete mir nach gut zweieinhalb Stunden die Ankunft in Frankfurt in der Taunusstraße, wo unsere Zielperson ihr Fahrzeug abstellte. Welches Haus sie aufsuchte, konnten sie wegen des Risikos zu verbrennen, nicht feststellen. Das Umfeld in der Taunusstraße sei extrem problematisch. Die riechen förmlich die Polizei. Ich wies die Kollegen an, nur sein Fahrzeug im Auge zu behalten, abzuwarten, die Rückfahrt anzumelden und ihn dann Richtung Essen zu begleiten. Um den Lieferanten würden wir uns dann später kümmern. Als ich die Meldung erhielt, dass Vacero zum Auto zurückgekehrt ist und sich nun auf der Autobahn Richtung Essen befindet, konnte ich meinen Plan umsetzen.

Wie gesagt, es war nicht die Zeit der Handys und es war daher nicht zu erwarten, dass Vacero seine Freundin von unterwegs anruft. Heutzutage muss man taktisch anders vorgehen. Also schickte ich ein Team von Kollegen in die Wohnung zur Festnahme der Freundin von Vacero. Die festgenommene Freundin wurde zum Polizeigewahrsam abtransportiert. Die Wohnung blieb bis zum Eintreffen des Vacero besetzt. Das Telefon übernahm eine Kollegin. Es kamen schon etliche Anrufe, von vermeintlichen Drogenkonsumenten. Unsere Kollegin vertröstete die Junkies. Das MEK meldete nun das Eintreffen von Vacero in der Nähe seiner Wohnung und beobachtete auch, dass er das Haus aufsuchte. Als Vacero seine Wohnungstür aufschließen wollte, wurde er festgenommen. Die Päckchen mit dem Heroin hatte er in den Taschen seines Parkas. Ich ließ Vacero nun möglichst schnell und unauffällig durch den Kellereingang zum Hof abtransportieren. Ziel war es nun alle anlaufenden Kunden an der Wohnungstür vergeblich klingeln zu lassen, um sie dann, wenn sie sich wieder entfernten, abgesetzt festzunehmen. Möglichst so, dass niemand im Umfeld etwas davon mitbekam. Um Vacero den Handel mit dem Heroin und insbesondere den Verkauf an die gestorbenen Jugendlichen nachweisen zu können, benötigten wir möglichst viele Aussagen der Konsumenten. Wir hofften, auf Konsumenten zu treffen, die auch zu den Drogentoten Kontakt hatten. Innerhalb von zwei Stunden haben wir sechzehn Konsumenten vorläufig festgenommen. Zeitgleich informierte ich die Frankfurter Rauschgiftdienststelle über den Zuschlag bei Vacero und bat um Durchsuchung bei dem Lieferanten und dessen Festnahme. Meine Position an der Telefonüberwachung beim LKA gab ich auf und fuhr zur Dienststelle. Nun drängte die Zeit, es war später Nachmittag. Die Konsumenten mussten noch im Laufe des Tages bis in die Nacht hinein vernommen werden, um sie dann anschließend entlassen zu können. Die Vernehmungen waren dann auch von Erfolg gekrönt. Alle belasteten Vacero dahingehend, dass er Ihnen regelmäßig Heroin verkauft hat. Drei der festgenommenen Konsumenten waren zusammen in einer Clique mit zweien der Opfer. In ihren Vernehmungen bestätigten sie nicht nur den regelmäßigen Heroinkauf bei Vacero, sondern auch, dass die beiden Opfer ebenfalls Kunden von Vacero waren. Das war der erhoffte Durchbruch.

An diesem Tag hatten wir einfach Glück, denn die Frankfurter Kollegen hatten ihren ortsbekannten Dealer zwar nicht in der Wohnung angetroffen, ihn aber in der Szene festnehmen können. Bis auf einen geringen Betrag konnten sie sogar unser registriertes Kaufgeld sicherstellen. Der Dealer führte es zum Teil mit. Der Rest war in der Wohnung versteckt.

Am nächsten Tag konnte ich Vacero ein absolut unumstößliches Ermittlungsergebnis vorhalten. Bei seiner Vernehmung war sein Rechtsanwalt anwesend. Ich habe Vacero dann auf den § 31 des Betäubungsmittelgesetzes (BTMG) hingewiesen, der Strafmilderung oder Absehen von Strafe vorsieht, wenn der Betreffende bei der weiteren Aufklärung von Drogendelikten mitwirkt. Diese Regelung ist ausschließlich im BTMG festgelegt, um die Aufklärung von Drogendelikten zu erleichtern. Eine vergleichbare Regelung gibt es im allgemeinen Strafrecht in Deutschland ansonsten nicht. Die sogenannte Kronzeugenregelung ist vor allem in angelsächsischen Staaten auch bei anderen Straftaten nicht unüblich und fördert logischerweise den Ermittlungserfolg. Vacero hatte eine hohe Haftstrafe zu erwarten, könnte seine Situation aber durch die Mithilfe bei den Ermittlungen gegen den Lieferanten in Frankfurt verbessern. Weil dieser offensichtlich mehrere mittlere Dealer wie Vacero belieferte, war er schon einer höheren Ebene des Drogenhandels zuzuordnen. Nach dem Vorhalt der vorliegenden Aussagen und dem Angebot von § 31 BTMG Gebrauch zu machen, haben Vacero und sein Anwalt sich dann intensiv besprochen. Glücklicherweise war er in unserer Stadt noch fremd und hatte keinen der üblichen Szenenanwälte, die erfahrungsgemäß ihren Mandanten grundsätzlich von einer Aussage abrieten. Das Ergebnis war für uns Ermittler erfreulich. Vacero war, was seinen Handel mit Heroin betraf, inclusive der Belieferung der vier Opfer umfassend geständig. Er räumte ein, zu Beginn bei Streckung des Heroins nicht sauber gearbeitet zu haben, weil er dabei schon voll unter Drogeneinfluss gewesen sei. Er streckte den Stoff unter anderem mit dem als Gift bekannten Strychnin. Darüber hinaus war er bereit, bei den Ermittlungen gegen den Frankfurter Dealer mitzuwirken.

Die Ermittlungen in Frankfurt wurden von dem dortigen Rauschgiftkommissariat auf Basis unserer Ermittlungsergebnisse weitergeführt. Vacero wurde später zu einer Freiheitsstrafe von sieben Jahren verurteilt, die ohne seine Mithilfe in Frankfurt wahrscheinlich deutlich höher ausgefallen wäre. Seine Freundin erhielt als Mittäterin eine Freiheitsstrafe von drei Jahren.

Die Polizeiführung und die Politik waren natürlich erleichtert über unseren schnellen Erfolg, der vermutlich weitere Todesopfer unter den Konsumenten in Essen verhinderte. Die Unterstützung unserer Modelldienststelle zur Bekämpfung der OK durch die Behördenleitung war mit diesem Erfolg langfristig gesichert.

„Gregor Merten hat mir den erfolgreichen Abschluss der Drogengeschichte berichtet und sich ausdrücklich für meine umsichtige Unterstützung bedankt. Er hat davon gesprochen, dass er auf meine weitere Mitarbeit setzt. Ich weiß, eigentlich noch gar nicht, wie ich das sehe. Wie schon aus meiner Jugendzeit in der Gang geschildert, war ein Verpfeifen bei den Bullen überhaupt nicht denkbar. Aber der Typ gehörte ja nicht zu unserer Gang und war außerdem gefährlich für viele junge Menschen. Eigentlich habe ich eher ein gutes Gefühl, mitgeholfen zu haben, ihn aus dem Verkehr zu ziehen. Außerdem hat mir die Sache ein positives Ansehen bei der Staatsanwaltschaft eingebracht. Ich kann also bei meinem soliden Goldhandel bleiben. „Morgenstund hat Gold im Mund". Das ist bestimmt nicht auf Zahnersatz bezogen. Nein, damit sind meine phänomenalen Anlageangebote gemeint."

Absatzhilfe für Volkswagen

Es war wenige Wochen später, als ich über eine Informantin erfuhr, dass Lügen-Fred seiner Lebensgefährtin Brigitte einen neuwertigen VW Scirocco in grün-metallic gekauft haben soll. Dieses Auto sollte angeblich zuvor gestohlen worden sein. V-Mann hin oder her, diesem Hinweis musste ich nachgehen. Eine Überprüfung beim Straßenverkehrsamt Essen ergab, dass auf die Brigitte tatsächlich vor Kurzem ein Scirocco zugelassen wurde. Das Kraftfahrtbundesamt Flensburg teilte mit, dass der drei Monate alte Scirocco bei einem Unfall in Olpe einen Totalschaden erlitten hatte. Der Fahrzeughalter in Olpe meldete den Pkw ab. Dennoch wurde der Totalschaden nur drei Tage später in Essen auf Brigitte zugelassen. Innerhalb dieser kurzen Zeit kann beim besten Willen ein derart beschädigtes Fahrzeug nicht wieder fahrbereit gemacht werden. In dem fraglichen Zeitraum wurden in Nordrhein-Westfalen zwei neuwertige VW Scirocco gestohlen. Es war davon auszugehen, dass einer davon der Pkw von Brigitte war. Das gestohlene Fahrzeug wurde offensichtlich mit Daten und Kfz-Brief des Unfallwagens wieder angemeldet. Die telefonische Befragung der bestohlenen Fahrzeughalter ergab, dass lediglich ein in Krefeld gestohlener Scirocco eine grüne Metalliclackierung hatte. Der Halter wurde nach speziellen Wiederkennungsmerkmalen des Pkw befragt. Obwohl das Auto erst zwei Monate alt war, berichtete der Halter, dass ein Freund, den er mitgenommen hatte, mit seiner Zigarettenglut einen Brandfleck mittig an der vorderen Kante des Beifahrersitzes hinterlassen hatte. Ihm war die Glut zwischen die Beine auf den Sitz gefallen. Logischerweise hat sich der Halter maßlos über dieses Missgeschick seines Freundes geärgert. Der hatte den Schaden auch schon seiner Haftpflichtversicherung gemeldet, bevor das Fahrzeug gestohlen wurde.

Nachdem ich alle Informationen hatte, suchte ich mit einem Polizeistudenten im Praktikum die Wohnung von Fred auf. Als wir vorfuhren, kam er zufällig gerade aus dem Haus. Wir stiegen aus und ich ging auf Fred zu. Ich begrüßte Fred per Handschlag, ließ dann jedoch den Griff nicht mehr los und hielt seine Hand fest. Fred reagierte natürlich verunsichert: „Hallo Merten, dass du mich spontan besuchst, freut mich. Aber warum hältst du meine Hand fest?" „Ja, Fred du musst mal mit uns zur Dienststelle kommen, wir müssen da was klären." „Merten pass auf, ich bin gerade auf dem Weg zu einem wichtigen Termin. Aber ich verspreche, dass ich anschließend sofort bei euch aufkreuze. Ehrlich!" „Nein, Fred das geht nicht, du musst jetzt mitkommen. Du, sagt dir eigentlich die Farbe unseres Dienstwagens zu?" „Ja, wieso?" Nun kam mein Lieblingsspruch für ähnliche Festnahmesituationen: „Fred, wenn dir die Farbe gefällt, dann steig doch einfach ein, du bist quasi festgenommen!"

Das klingt zunächst ungewöhnlich aber mit solchen Sprüchen, nicht unbedingt der Dienstordnung entsprechen, habe ich regelmäßig gute Erfahrungen gemacht. Sie entspannen die Situation und minimieren das Konfliktpotenzial. Fred folgte stark verunsichert meiner Aufforderung und wir fuhren zu unserer Dienststelle. Unterwegs fragte er immer wieder, worum es denn geht. Dabei wandte er sich mehrfach an den Studenten. Er erwartete wohl, dass dieser plaudert. Ich erwiderte, dass er das bei der Vernehmung in der Dienststelle erfährt. Dann kam von ihm eine entscheidende Frage, die mich zum einen belustigte, zum anderen aber auch nachdenklich stimmte:

„Merten, jetzt mal im Ernst habe ich dafür mehr als fünf Jahre zu erwarten oder weniger?"

Ich ließ ihn im Unklaren und verwies auf das kommende Gespräch in der Dienststelle. Dort angekommen führten wir dann das entscheidende Gespräch bei einem Kaffee. Ich eröffnete Fred, dass wir Informationen und Ermittlungsergebnisse haben, dass er seiner Brigitte einen Scirocco gekauft hat, der in Krefeld gestohlen wurden. Zu unserer Verwunderung kam dann seine spontane Antwort: „Gott sei Dank, ich habe schon gedacht es wäre was Schlimmes. Stimmt, ich habe Mist gebaut und Brigitte den geklauten Schlitten gekauft. Sie hat sich immer so einen Sportwagen gewünscht."

Ich habe Fred dann nach dem Schlimmen gefragt, was er erwartet hat und was ihm über fünf Jahre bringen könnte. Geschickt wie er ist, hat er ausweichend geantwortet. So nach dem Motto, man kann ja nie wissen, was so ein Informant von uns Bullen jemandem anhängen will. Und wir würden auch noch darauf abfahren. Für mich war sonnenklar, dass er in der Zwischenzeit mit einer Straftat in Verbindung stand, bei der er mit einer erheblichen Strafe hätte rechnen müssen. Alle späteren Recherchen in diese Richtung sind jedoch im Sande verlaufen. Nun mussten wir aber den Pkw-Diebstahl aufklären. Fred räumte ein, dass ein Hartmut ihm den geklauten und umfrisierten Wagen besorgt hatte. Mit umfrisiert meinte er, dass der gestohlene Pkw mit Fahrgestellnummer und KFZ-Brief eines gleichen Unfallfahrzeuges versehen wurde. Woher das Auto stammte, wusste er nicht. Er meinte, da stecke eine große Geschichte hinter aber er müsse sich erst einmal überlegen, was er dazu sagt. Schließlich habe er ja leichtsinnigerweise Brigitte mit reingezogen. Und Hartmut sei der Mann ihrer Freundin. Das sei auch der Grund, warum er uns noch nicht informiert habe. Er habe noch mit sich gerungen. Wir brachten Fred zunächst einmal im Polizeigewahrsam unter.

Zuvor händigte uns Fred den Zweitschlüssel des Pkw aus. Er erklärte, dass der Wagen auf dem Parkplatz vor dem Bordell in der Stahlstraße steht. Er bat uns den Pkw nicht, wie üblich, mit einem Abschleppwagen sicherzustellen, sondern ihn unauffällig zum Präsidium zu fahren. Ansonsten würde die Sicherstellung Aufsehen erregen und er könne uns dann mit Sicherheit nicht weiterhelfen. Wir verständigten uns aus taktischen Gründen auf diese unübliche Vorgehensweise, die natürlich wieder einmal gegen Dienstvorschriften verstieß. Aber auch das gehört zu unserem Geschäft, solange keine Gesetze verletzt werden, kann man, beziehungsweise muss man, schon mal über Dienstvorschriften hinwegsehen. Die Einhaltung der

Dienstordnung hätte in diesem Fall einen weiteren Ermittlungserfolg verhindert. Wir fuhren den Scirocco zu unserer Dienststelle. Der Beifahrersitz wies eindeutig den vom Geschädigten beschriebenen Brandfleck auf. Die Herkunft war also eindeutig. Nun stand die zweite Vernehmung von Fred an. Wie hatte er sich entschieden?

„Merten, ich habe lange nachgedacht, wie ich mich verhalten soll. Ich denke, ich kann dir voll vertrauen. Ich kann euch an eine Riesenautoschieberei heranbringen. Aber dazu müssen einige Bedingungen erfüllt sein. Da ist eine Bande am Werk, die bis vor vielen Jahren in großem Stil Mercedes geklaut hat. Die Leute sind dann aufgekippt, als eine Sonderkommission des Landeskriminalamtes in Düsseldorf gegen sie ermittelt hat. Aber der Chef dieser Kommission ist ein korrupter Bulle. Der hat angeblich das Verfahren gegen den Boss der Bande unter den Tisch fallen lassen. Wie er das gemacht hat, weiß ich nicht. Solltet ihr besser wissen. Auch soll er dafür gesorgt haben, dass dessen wichtigster Helfer, der die Autos umfrisierte, ebenfalls straflos davongekommen ist. Die haben sich nun neuformiert und klauen jetzt nur noch VW und Audi, weil das keine Luxusfahrzeuge sind und der Fahndungsdruck von euch Bullen nicht so hoch ist. Außerdem haben sie angeblich einen Trick, um an Schlüssel für die Fahrzeugtypen zu kommen. Da steckt offensichtlich Insiderwissen hinter."

„Fred, deine Geschichte klingt unglaublich und scheint aufgebauscht. Ich habe allen Ernstes den Verdacht, dass du damit versuchst eine Sonderbehandlung zu erlangen.

Was du da pauschal von dir gegeben hast, musst du schon belegen. Das geht nur mit Fakten und Namen."

„Merten, denk mal an die letzten Informationen, die ich geliefert habe. Hat sich alles bestätigt. Hey, das ist hier noch eine viel größere Nummer. Der Hartmut ist erst seit wenigen Jahren in der neuformierten Bande. Überprüft mal wie viele neuwertige VW und Audi in Nordrhein-Westfalen geklaut wurden. Die alten Mercedesgeschichten kennt der Hartmut auch nur vom Hörensagen. Er hat mir das alles bei einer Sauferei im Puff erzählt. Dann hat er mir auch spontan den Scirocco angeboten. Brigitte hat das mitgekriegt und ich konnte ihr die Sache nicht mehr ausreden. Die war heiß auf die Karre! Am nächsten Tag fuhr er bei uns mit dem Scirocco vor. Und denk mal darüber nach, ein geklautes Auto zieht man nicht mal eben aus dem Ärmel oder? Ich habe bei dem Auto im Suff zugestimmt und habe mit der Story zu euch kommen wollen. Dann sind mir aber Zweifel gekommen, ob ihr mir das glaubt, und ich habe Brigitte nicht mit hineinziehen wollen. Aber jetzt bin ich mehr oder weniger unfreiwillig hier. Jetzt zu deinen Zweifeln. Der Hartmut fährt selbst einen geklauten silberfarbenen Audi 100. Der muss aus Gladbeck oder Bottrop stammen. Wenn ihr seinen Audi unter irgendeinem Vorwand sicherstellt und ihn dann wieder laufen lasst, klaut der sich sofort wieder einen neuen. Glaub es mir, der muss damit seine Kinder zur Schule bringen und abholen, während seine Frau im Puff ackert. Die Typen fühlen sich eh absolut sicher. Ist jetzt ja schon wieder viele Jahre gut gegangen. Die Autos sind top gemacht. Das Straßenverkehrsamt merkt nichts, der TÜV kann nichts feststellen. Die schieben die geklauten Autos sogar als Gebrauchtwagen großen soliden VW-Händlern zum Weiterverkauf unter. Eh, mir fällt gerade ein, einen konkreten Tipp habe ich noch. Der Boss der Bande stammt aus Essen. Er war früher Gebrauchtwagenhändler. Er soll seit vielen Jahren mit Haftbefehl von euch gesucht werden. Ist angeblich der meistgesuchte Mann in Essen. Konnte einige Male bei groß angelegten Festnahmeversuchen wieder entwischen. Er fährt angeblich einen Rolls Royce Silvercloud. Der Vogel soll sich einen Spaß daraus machen, eurem zuständigen Fahnder in Essen regelmäßig Karten aus dem Urlaub, von Ibiza, Sizilien und Sardinien zu schicken. Ich kenne ihn aber nicht. Kenne auch nicht seinen Namen. Aber du müsstest diese Story doch kennen, wenn sie stimmt."

„Okay Fred, an deiner Schilderung mit dem meistgesuchten Mann von Essen ist was dran. Auch die Sache mit seinem Urlaubskartentick. Da lacht das gesamte Präsidium drüber. Ja es gibt einen ehemaligen Autohändler, der wirklich so dreist ist und seit vielen Jahren von unserer Fahndung gejagt wird. Immer wieder melden Hinweisgeber, ihn mit seinem Rolls Royce in Essen gesehen zu haben. Wenn die Kollegen von der Fahndung auftauchen, ist er von der Bildfläche verschwunden." Ich verschwieg Fred, dass das Ganze schon lange zum Himmel stank. Der musste einen Maulwurf bei uns haben! Jeder bei uns kennt den Namen, Dieter Borkenfeld. Seit Jahren meistgesuchter Mann von Essen. „Gut, dann setz ich jetzt noch einen drauf! Auch wenn ihr mir das jetzt nicht glaubt. Hartmut hat mir erzählt, dass der Typ eine Freundin mit einem schulpflichtigen Sohn hat. Er soll mit ihr und dem Kind in einer Villa im ländlichen Umfeld von Köln wohnen. Da für jedes Kind beim zuständigen Schulamt die besuchte Schule gemeldet sein muss, hatte er wegen seiner Flucht natürlich Probleme. Über das Kind hätte man seinen Aufenthalt ja feststellen können oder? Aber da gibt es einen hochrangigen Politiker, der in Düsseldorf eine Anwaltskanzlei haben soll. Der deckt ihn angeblich. Wegen seines hohen politischen Amtes soll der Anwalt die Beamten vom Schulamt so eingeschüchtert haben, dass sie sich mit einer eidesstattlichen Versicherung der Mutter begnügt haben, wonach der Junge eine Schule besucht. Konkret wurden weder der Ort, noch die Schule benannt. Diese Info kann euch auch weiterhelfen oder nicht?"

Fred, ich hoffe, nicht von dir vorgeführt zu werden. Das würdest du teuer bezahlen. Aber einiges von dem, was du berichtet hast, trifft ja zu. Könnte aber auch aus irgendwelchen Quellen stammen, etwa von geschwätzigen Kollegen. Möglich wäre es aber eher unwahrscheinlich. Da ist zudem ja noch das reale gestohlene Fahrzeug. Ich werde alles checken und dann mit meinen Kollegen besprechen. Welche Bedingungen müssen vorliegen, falls es zu einer möglichen gemeinsamen Arbeit in dieser Sache, kommt."
„So blöd sich das anhört, aber ich brauche das Auto. Wenn Brigitte das nicht mehr hat, werden ihre Freundin und der Hartmut misstrauisch. Außerdem muss ich natürlich wieder auf freiem Fuß sein."

„Fred, die kurze Unterbrechung unseres Gesprächs habe ich genutzt, um Rücksprache mit der Staatsanwaltschaft zu nehmen. Die muss das Vorgehen absichern. Zunächst werden wir deine vollständige Aussage aufnehmen. Sie bezieht sich nur auf diesen Scirocco und nicht auf alles andere. Anschließend erhältst du eine Vertraulichkeitszusage. Die allerdings voraussetzt, dass deine Aussage der Wahrheit entspricht. Danach wirst du aus dem Polizeigewahrsam entlassen." Was ich Fred verschwieg, war die Tatsache, dass ein Haftrichter ihn ohnehin mangels Haftgrund entlassen hätte. Das war auch Gegenstand der Absprache mit der Staatsanwaltschaft. „Fred, damit das klar ist, die Einleitung eines Verfahrens gegen dich wegen Hehlerei kann ich nicht verhindern. In deiner Vernehmung musst du den Hartmut identifizieren sowie seine Wohnanschrift, seinen Pkw und so weiter bestätigen. Um das Auto werden wir uns morgen kümmern. Zunächst ist alles Rechtliche mit dem Staatsanwalt und auch der betroffenen Versicherung abzuklären. Das Auto ist von Rechts wegen aktuell nicht einmal versichert. Aber da werden wir eine Lösung finden. Bis dahin erzählst du Brigitte, dass du dein Auto für zwei Tage in die Werkstatt bringen musstest und daher ihren Scirocco brauchst. Wir klären nun gemeinsam den Hartmut ab und nehmen deine Aussage auf. Nach deiner Entlassung treffen wir uns morgen Nachmittag im Café im Einkaufszentrum Mülheim."

Wieder mal hatte ich mich weit aus dem Fenster gelehnt, musste Fred vertrauen und hoffen, dass an der Sache was dran ist. Eine erste Voranfrage bei der Sachfahndung des Landeskriminalamtes NRW ergab, dass in den zurückliegenden fünf Jahren auffällig viele neuwertige VW und Audi in NRW gestohlen wurden. Der Scirocco stammte aus Krefeld-Gartenstadt, dort wurden in der fraglichen Zeit jede Menge neuwertiger VW und Audi gestohlen. Die Techniker unserer KTU bestätigten, dass der Pkw perfekt mit den Daten des Unfallwagens versehen wurde. Vieles sprach für die Aussagen von Fred. Nach den vorliegenden Informationen mussten wir uns auf ein umfangreiches und langwieriges Ermittlungsverfahren einstellen. Das Verfahren könnte unsere Dienststelle personell überfordern. Wir waren sechs Ermittler, genau genommen drei Teams im Alter zwischen zwanzig und vierzig Jahren und ein Dienstellenleiter Mitte fünfzig. Unser Dienstellenleiter setzte volles Vertrauen in meine bisherigen Ermittlungsergebnisse und Maßnahmen. Er berief spontan eine Dienstbesprechung ein, bei der ich alle Fakten vorstellte. Gemeinsam kamen wir zu dem Schluss, dass wir zunächst den Hartmut festnehmen, ihm das Fahrzeug entziehen und dazu vernehmen mussten. Mit hoher Wahrscheinlichkeit würde er die Aussage verweigern oder uns eine Story auftischen. Nach seiner Entlassung würden wir ihn durch das MEK oberservieren lassen. Ziel wäre es, ihn beim nächsten Pkw-Diebstahl auf frischer Tat festzunehmen. Aber es war klar, dass wir uns für den Erfolgsfall auf ein Großverfahren vorbereiten mussten. Unser Dienststellenleiter Dalli erklärte, dass er beim Innenministerium die Einrichtung einer Sonderkommission beantragen werde. Er würde mindestens drei erfahrene Spezialisten für die Identifizierung von Fahrzeugen aus dem KFZ-Kommissariat anfordern. Die Kriminaltechnische Untersuchungsstelle (KTU) müsste die Begutachtung der Pkw vornehmen. Ferner würde er von der Staatsanwaltschaft die Freistellung eines Staatsanwaltes für dieses Verfahren und die Überlassung von zwei Schreibkräften zur Unterstützung erbitten. An dieser Stelle muss mal mit dem Mythos aufgeräumt werden, dass die Staatsanwaltschaft die Ermittlungen führt. Rein rechtlich ist die Staatsanwaltschaft „Herr des Ermittlungsverfahrens" und die Polizei ihr unterstellt. Polizeibeamte sind „Hilfsbeamte der Staatsanwaltschaft". Faktisch ist es aber so, dass die Polizei absolut eigenständig ermittelt und später der Staatsanwaltschaft den Fall zur Anklage oder Verfahrenseinstellung vorlegt. Nur in speziellen oder umfangreichen Verfahren ist es sinnvoll, von Beginn an einen Entscheider der Staatsanwaltschaft mit im Boot zu haben. Das erleichtert vieles. Dalli entschied, dass ich die Kommission führen sollte und unser Kollege Werner sollte, wie es sich nach einem Vorfall eingebürgert hatte, die Aktenführung übernehmen. Darin war Werner unübertroffen, mit seiner unglaublichen Übersicht. Werner und ich arbeiteten schon in den Jahren zuvor beim Einbruchs- und Raubkommissariat erfolgreich als Team. Im Einsatzgeschehen hatte er sich eher als Risiko erwiesen. Etwa zwei Jahre zuvor führten wir in Mülheim die Festnahme von drei bewaffneten Einbrechern durch. Wir fuhren mit zwei Teams aus zwei Richtungen nachts auf deren Fahrzeug zu, um ihren Fluchtweg zu blockieren. Eines der

Dienstfahrzeuge habe ich gefahren und Werner saß mit gezogener und entsicherter Waffe auf dem Beifahrersitz. Als ich dann vor den Tätern abrupt abbremste, hatte er wohl den Zeigefinger am Abzug der entsicherten Waffe. Durch die Bewegung löste sich im Dienstwagen ein Schuss. Der fürchterliche Knall erschreckte uns beide. Das Geschoss wurde abgelenkt und surrte durchs Auto. Dann ging mir durch den Kopf, jetzt hat er dich getroffen. Ich hatte mal gelesen, dass man den Schmerz wegen des Adrenalinausstoßes erst nach einer gewissen Zeit spürt. Ich tastete mein rechtes Bein ab, weil es in Waffennähe war und Hitze vom Schuss abbekommen hatte. Aber wir waren beide glücklicherweise unverletzt. Nach der Schrecksekunde kümmerten wir uns erst einmal mit den anderen Kollegen um unsere Einbrecher und entwaffneten diese. Als ich nach der Festnahme Streifenwagen zum Abtransport der Täter über Funk hinzurufen wollte, musste ich feststellen, dass das Funkgerät nicht funktionierte. Wie sich später in unserer Kfz-Werkstatt herausstellte, hatte der Querschläger zufällig das Energiekabel des Funkgerätes durchschlagen. Der ganze Vorfall blieb natürlich unter uns. War ja glücklicherweise nichts passiert. Werner zog daraus sein persönliches Fazit. Er wollte nicht mehr draußen im Einsatzgeschehen mitmischen, sondern uns durch die Aktenführung den Rücken freihalten. Das machte er seither besser als jeder Aktenführer, den ich zuvor, zum Beispiel in Mordkommissionen, erlebt hatte. Werner und ich setzten uns noch am späten Abend bis in die Nacht zusammen um die Arbeit, die auf uns zukommen könnte, zu organisieren. Schon vor Verfahrensbeginn konnten wir einschätzen, dass die Bande bis zu zweitausend Pkw der Marken VW und Audi gestohlen haben könnte. Die bisherige Aktenführung bei der polizeilichen Ermittlungsarbeit bestand darin, dass man im Falle von zahlreichen Objekten oder Tätern Karteikarten führte. Aber der zu erwartende Umfang war unserer Auffassung nach nicht mehr in dieser Form zu bewältigen. Was war zu erwarten, wir hatten ca. zweitausend gestohlene Fahrzeuge dazu die entsprechenden Halterdaten, dann wiederum die gleiche Anzahl Unfallfahrzeuge und deren Halter aufzulisten. Auf deren Daten wurden ja offensichtlich die gestohlenen Fahrzeuge wieder zugelassen. Hinzu kamen natürlich auch die Daten der verkauften gestohlenen Pkw und deren aktuelle Halter. Wir hätten also sechs getrennte Karteien mit jeweils bis zu zweitausend Karten führen müssen. Für diesen Aufwand wären mindestens noch zwei bis drei zusätzliche Mitarbeiter erforderlich gewesen. Wir zweifelten an der Überschaubarkeit. Werner erinnerte mich spontan daran, dass wir vor wenigen Wochen ein Fernschreiben des LKA NRW erhalten hatten, wonach dort zwei Computer für spezielle Ermittlungsverfahren in den Polizeibehörden angeschafft wurden. Das war ein absolutes Novum. Das LKA bot hierzu begleitende Unterstützung an. Obwohl wir bis dato nie mit Computern gearbeitet hatten, es war das Jahr 1980, entschlossen wir uns ins kalte Wasser zu springen. Eigentlich hatten wir, wenn wir nicht kläglich scheitern wollten, keine andere Wahl. Angesichts des geplanten Aufwandes und der vielen Unwägbarkeiten hinsichtlich der Aussagen von Fred verbrachte ich eine unruhige Nacht. Klar war, es konnte unser bisher größter Erfolg oder meine absolute Bauchlandung werden. Um hier bei den persönlichen Empfindungen zu bleiben, muss ich gestehen, dass ich mich damals bei meinem siebenjährigen Sohn grob nach Computerarbeit erkundigt habe. Er hatte damals schon die Vorstellung Physiker zu werden und mit Computern zu arbeiten. Mein Sohn nahm mir sämtliche Ängste bzw. Unsicherheiten. Zwei Jahre später kauften wir ihm seinen ersten Computer. Heute lehrt er in Europa, USA sowie China als Professor der Informatik und berät statt meiner nun mehrere internationale Organisationen.

Die beiden zuständigen Kollegen des Landeskriminalamtes zeigten sich bei unserem Anruf am folgenden Morgen hocherfreut. Sie reisten am nächsten Tag mit einem der beiden PC an und informierten sich über unsere Vorstellungen für deren Einsatz. Sie erklärten, dass wir die ersten Ermittler in NRW sind, die in einem Ermittlungsverfahren Computer einsetzten wollen. Da es noch keine geeignete Netzstruktur gab, mussten wir offline arbeiten. Die beiden Kollegen des LKA erstellten in den Folgetagen sogenannte Masken nach unseren Anforderungen. Sie erklärten uns, dass ich am Ende für den Abschlussbericht in jeden einzelnen Fall die erforderlichen Masken in einem Format zusammenstellen und diese dann mit einem erklärenden Kurztext versehen könne. Das wäre natürlich die Entbürokratisierung schlechthin. Später erhielten Werner und ich eine Kurzanweisung nach dem Motto, Stecker rein, PC hochfahren, Maske aufrufen, füllen und abspeichern. Das war unser zweistündiger Computerlehr-gang an einem Spätabend. Unsere Dienststelle war nun auch noch Vorreiter für eine neue Epoche der kriminalpo-lizeilichen Ermittlungsarbeit in NRW. Vorbehalt war je-doch, dass wir tatsächlich über den Hartmut in die Bande eindringen konnten. Wir mussten alles vorbereiten, denn wenn es gelingen würde, dürften wir keine Zeit verlieren.

In der Zwischenzeit hatte ich nach Zustimmung durch die Staatsanwaltschaft mit dem Bundesverband der Sach-versicherer Kontakt aufgenommen. Die Geschäftsleitung, die ich grob über den Umfang der Schäden informierte, erklärte sich zu einer rechtlich abgesicherten Regulierung hinsichtlich des Scirocco von Brigitte bereit. Diese galt aber nur für die Zeit der Ermittlungen. Fred konnte den Pkw abholen und seiner arglosen Freundin übergeben. So war verhindert, dass ihre Freundin oder Hartmut Verdacht schöpften.

Es gab dann aber wieder mal ein Verwaltungsschar-mützel zwischen unserem Polizeipräsidenten und dem In-nenministerium. Weil die meisten Kollegen in der geplan-ten Ermittlungskommission einen höheren Dienstrang als ich hatten, weigerte man sich dort, mir die Leitung der Kommission zu übertragen. Die Argumente, dass nie-mand so umfassend mit dem Sachverhalt vertraut war wie ich und der Polizeipräsident nur mir eine erfolgreiche Verfahrensführung zutraute, ließen die Ministerialbeam-ten nicht gelten. Dalli sprach wütend von Sesselfurzern. Nach langen Verhandlungen, die eigentlich nur unsere Ar-beit behinderten, einigte man sich auf die Formel, dass unser Dienststellenleiter offiziell Kommissionsleiter ist, ich die Ermittlungen aber kommissarisch führe. Unser Dienststellenleiter stimmte dem erst zu, nachdem ich ihm ausdrücklich erklärte, dass mich das überhaupt nicht berührt, weil ich das Ganze nur lächerlich empfände. Zur Erläuterung meiner Einstellung zum Innenministerium sollte ich mal erwähnen, dass man mich 2005 im Vorfeld der WM 2006 gefragt hat, ob ich meine letzten Dienstjahre beim Innenministerium arbeiten würde. Ich hatte zur Vorbereitung auf die WM das EU-Projekt „Prevention of Violence in Football" mit der Polizei in Niederlanden und Großbritannien zur Prävention von Gewalt bei Fußballgroßereignissen entwickelt und geführt. Wegen dieser Fachkenntnisse wollte der zuständige Abteilungsleiter mich übernehmen. Ich habe vor versammelter Mannschaft mit dem Hinweis abgelehnt: „In diesem Ministerium möchte ich nicht einmal tot über dem Zaun hängen." Ich habe damals sehr drastisch meine Meinung über die Ministerialbürokratie zum Ausdruck bringen wollen. Nun gut, das ist meine persönliche Meinung. Wir fanden die Situation aktuell wieder mal typisch für die von uns sogenannten Verwaltungshengste. Jenseits des Gerangels waren Dalli und unserem Polizeipräsidenten bei der oft eher unbeweglichen Justiz ein kleiner Erfolg gelungen. Wegen des Umfangs des zu erwartenden Verfahrens benannte der Leitende Oberstaatsanwalt einen Oberstaatsanwalt, der das Verfahren auf Justizseite führte und stellte zugleich zwei Schreibkräfte für die Kommission ab. Wir hatten nun für alle Fälle einen Staatsanwalt als direkten Ansprechpartner und mussten uns nicht bei Anträgen für Durchsuchungsbeschlüsse oder Haftbefehle von einer Abteilung zur anderen verweisen lassen.

Fred hatte uns detailliert die Gewohnheiten von Hartmut beschrieben und wir testeten diese durch zeitweilige Beobachtungen. Wir kannten seine Tagesabläufe. Er brachte seine beiden Kinder morgens regelmäßig mit dem Auto zur Schule. Wie geplant, wurde er auf dem Rückweg unter einem Vorwand von einer eingewiesenen Funkstreife angehalten und überprüft. Während ein Beamter zum Schein die Fahrerlaubnis und Kfz-Schein überprüfte, machte sich der andere am Fahrzeug zu schaffen. Er öffnete die Motorhaube und behauptete, dass ihm die Fahrgestellnummer verdächtig vorkomme. Das Fahrzeug würde den Anschein erwecken, gestohlen zu sein. Das Fahrzeug wurde sichergestellt und eingeschleppt. Der Fahrer vorläufig festgenommen.

Unsere KTU hatten wir schon im Vorfeld bestellt. Sie untersuchten umgehend den Audi. Beim Audi 100 war die Fahrgestellnummer in das Blech der Rückwand des Motorraums eingeschlagen. Durch Abschleifen des Lackes stellte unsere Techniker fest, dass die ursprüngliche Fahrgestellnummer offensichtlich herausgetrennt und eine neue eingeschweißt und überlackiert wurde. Ferner stellte sich der Fahrzeugschlüssel als eine Nachfertigung heraus. Aufbruchspuren konnten die Kollegen nicht feststellen. Das Fahrzeug war also, wie von Fred geschildert, gestohlen und mit der Fahrgestellnummer eines Unfallfahrzeuge versehen worden. Mittels telefonischer Abfrage beim

Kraftfahrtbundesamt in Flensburg stellten wir den Vorhalter und das Datum der Fahrzeugabmeldung fest. Drei Tage später wurde der Audi von Hartmut zugelassen. Hilfreich war nun der Hinweis von Fred auf den möglichen Tatort. Tatsächlich wurde ein zwei Monate alter silberfarbener Audi 100 einen Tag vor der Zulassung in Gladbeck in der „Europasiedlung" entwendet. Wir stellten fest, dass dort auffallend viele neuwertige VW und Audi gestohlen wurden.

Für uns gab es nun zwei Alternativen. Entweder konnten wir ihn bei der ersten Vernehmung zu einem umfassenden Geständnis bewegen oder wir mussten ihn laufen lassen, observieren und ihn bei einem erneuten Pkw-Diebstahl festnehmen, um ihn dann zu möglicherweise zu überzeugen. Eine zweite Festnahme würde den Druck erhöhen.

Unser Dienststellenleiter und ich holten uns Hartmut zur Vernehmung aus dem Polizeigewahrsam. Es war vereinbart, dass ich mich im Vorgespräch zurückhalte und dem erfahrenen Kriminalisten die Gesprächsführung überlasse. Seine Vernehmungstaktik bestand aus purer Empathie. Er zeigte immer Verständnis für die Situation des Betroffenen und konnte auch sehr zielsicher seine Schwachpunkte aufdecken. Hartmut war einschlägig vorbestraft. Seine größte Angst bestand darin, dass seinen Kindern, im Falle einer längeren Inhaftierung, der Rückhalt fehlte. Seiner Frau, die aus eigenem Antrieb der Prostitution nachging, traute er offensichtlich eine verantwortungsvolle Erziehung nicht zu. Er wirkte im Vorgespräch sehr überzeugend und verdeutlichte seine familiäre und soziale Einstellung. An diesem Punkt angelangt, wollten wir fair mit dem Beschuldigten umgehen. Wir hielten ihm vor, dass wir ihm inzwischen konkret zwei gestohlene Pkw von erheblichem Wert nachweisen konnten. Zusagen oder Versprechungen zu einer möglichen Haftverschonung wollten wir ihm jedoch nicht machen. Wie zuvor abgesprochen baten wir den für dieses Verfahren bestimmten Oberstaatsanwalt hinzu. Dieser erklärte ihm, dass es in Deutschland keine Kronzeugenregelung gibt, wie insbesondere in angelsächsischen Staaten. Er aber in einem späteren Gerichtsverfahren das Strafmaß beantragen würde. Dabei könne er mildernd berücksichtigen, wenn jemand freiwillig in vollem Umfang bei der Aufklärung einer Vielzahl von Straftaten, in diesem Fall bandenmäßiger Diebstahl und gewerbsmäßige Hehlerei, entscheidend mitwirkt. Das würde er in seinem Fall angesichts seiner familiären Lage auch zusagen. Hartmut wirkte total überfordert und bat darum, sich diesbezüglich mit seinem Rechtsanwalt beraten zu können. Nach einem intensiven Gespräch mit einem hinzugerufenen Rechtsanwalt und dem Staatsanwalt erklärte Hartmut sich bereit, in vollem Umfang auszusagen. Es machte sogar den Anschein, als sei ein unheimlicher Druck von ihm genommen. Hartmut erklärte weinend, er habe wegen seiner Kinder schon immer das Bedürfnis gehabt auszusteigen, habe aber keine Möglichkeit gesehen.

Da es nun um Inhaltliches ging, führte ich ab hier die Vernehmung von Hartmut durch. Ich ließ ihn zunächst möglichst ohne Unterbrechung alles schildern: „Vor gut zwei Jahren habe ich einen Benno kennengelernt. Wir haben uns öfter getroffen und gut verstanden. Benno hat durchblicken lassen, dass er für wenig Arbeit gutes Geld verdienen würde. Er sei so etwas wie Geschäftsführer einer Autowerkstatt in Altenessen. Ich habe Benno erzählt, dass meine Alte zeitweise im Puff anschafft und ich auch schon vom Gericht verknackt wurde. Er fasste volles Vertrauen zu mir. Als Benno erfuhr, dass mir vor einigen Wochen mein Job als Lagerarbeiter gekündigt wurde, hat er mir vorgeschlagen, dass ich bei ihm einsteigen könne. Er brauche immer zuverlässige Leute, die Auto fahren könnten. Ich war neugierig und interessiert. Ich hoffte, gutes Geld verdienen zu können und eventuell sogar meine Frau von der Prostitution abzubringen. Danach habe ich Benno mal in der Autowerkstatt besucht. Er war allein dort. In der großen Halle standen einige total beschädigte Unfallwagen der Marken VW und Audi. Es lagen Motoren herum und Fahrzeugteile von Chassis. Davon hatte ich aber keine Ahnung. Als ich Benno danach gefragt habe, was er hier macht, hat er mich ins Büro geholt. Er hat mir dann einiges erklärt. Die Werkstatt würde einem Dieter Borkenfeld gehören. Der sei ehemaliger Autohändler und stinkreich. Der sei der Boss und er persönlich sei seine rechte Hand. Borkenfeld würde für kleines Geld bei großen VW- und Audi-Vertretungen in ganz Nordrhein-Westfalen und Hessen neuwertige Fahrzeuge aufkaufen, die bei einem Unfall einen Totalschaden erlitten hätten. Die Unfallfahrzeuge liefere entweder das Autohaus oder sie würden von einem Transporteur gebracht, den Borkenfeld beauftragte. Dann sei es sein Job passend zu diesen Unfallfahrzeugen, nach Marke, Modell und Farbe, Autos zu klauen. Komme beispielsweise als Unfallwagen ein weißer sechs Monate alter Golf GTI, müsse er dann einen vergleichbaren beschaffen. Dafür habe er im Moment einige Helfer. Wenn ich mit einsteigen würde, wären es fünf. Das wäre okay, denn mal kann der eine oder der andere nicht. Manchmal seien aber auch gleichzeitig fünf Autos zu holen. Dann könne er alle brauchen. Mit einem von ihnen würde er im weiteren Umkreis von Essen abends losfahren und in Autobahnnähe größere Wohnsiedlungen möglichst mit Hochhäusern aufsuchen. Die Autobahnnähe sei wegen der Fluchtmöglichkeiten wichtig. Hochhaussiedlungen würden zudem die Chance bieten, gleich mehrere passende Pkw zu den Unfallfahrzeugen zu finden. Er hat mich dann spontan aufgefordert, noch am gleichen Abend nach zehn Uhr zu ihm in die Werkstatt zu kommen und mit ihm auf Tour zu gehen. Ich habe ohne Überlegung zugestimmt, weil ich von dem Angebot total überrascht war. Dann ist mir eingefallen, dass meine Kinder um diese Zeit schon längst schlafen. Es passte also. Benno hat am Abend vor der Werkstatt in einem VW Passat mit Anhängerkupplung auf mich gewartet. Wir sind dann sofort in Richtung Mettmann losgefahren. Unterwegs hat Benno erklärt, dass er passende Pkw für drei Unfallwagen suche. In der Wohnsiedlung sollte ich nach einem grünmetallic Audi 80, nach einem silberfarbenen Passat und einem schwarzen Golf Cabrio mit Ausschau halten. Es ginge aber nur um allerneuste Modelle. Nach einiger Suche hatten wir einen passenden Audi 80 und zwei Straßen weiter einen Passat gefunden. Ein geeigneter Golf Cabrio war nicht zu finden. Unser Auto haben wir in einer Nachbarstraße abgestellt und sind gemeinsam in Richtung Audi gegangen. Benno forderte mich auf, die Umgebung zu beobachten. Quasi Schmiere zu stehen. Würde sich jemand nähern, sollte ich laut husten. Benno hat innerhalb weniger Sekunden die Fahrertür von dem Audi geöffnet, kurz daran hantiert und dann den Pkw wieder verschlossen. Er war nach zwei Minuten wieder bei mir. Dieser Ablauf hat sich dann beim Passat wiederholt. Wir sind zum Auto zurückgekehrt und haben noch eine weitere Wohnsiedlung nach einem Golf Cabrio abgesucht. Jedoch keinen Neuwertigen gefunden. Benno meinte das würde schwer. Der Arsch soll doch die Finger von solchen Exoten lassen, denn neue Golf Cabrio stehen in der Regel in Garagen. Wer stellt schon so ein Auto auf der Straße ab, höchsten eine alte Karre. Die Cabrios werden doch immer wieder von Pennern aufgeschnitten, um etwas aus den Autos zu klauen. Unterwegs hat Benno mir dann erklärt, was er gerade gemacht hatte. Bei VW und Audi sei es so, dass die Schlüsselnummern auf dem Türschloss eingraviert seien. Um sie zu sehen, müsse man das Schloss kurz abziehen. Er würde die ausgesuchten Pkw ohne Beschädigungen öffnen, die Türschlösser herausziehen, die Schlüsselnummer notieren und den Pkw wieder ordnungsgemäß verschließen. Sodass der Halter nichts bemerken würde. Borkenfeld habe ihm einen Schlüsselmacher vermittelt, der ihm innerhalb von 24 Stunden zwei neue Schlüssel anhand der Nummern fertigen würde. Aus den genannten Gründen habe Borkenfeld sich auf VW und Audi spezialisiert. Da die Pkw in einer Wohnsiedlung stehen würden, könne man davon ausgehen, dass sie in den nächsten Nächten in der gleichen Straße, fast an gleicher Stelle stehen. Nur in wenigen Ausnahmefälle habe man das Fahrzeug erst Tage später oder nicht mehr vorgefunden. Es habe sich dann möglicherweise um Besucher zur Nachtzeit gehandelt. Was an Wochentagen wohl nicht die Regel ist. Wieder in Essen angekommen hat Benno mir gesagt, dass ich zusammen mit ihm und einem zweiten Mann in der übernächsten Nacht die beiden Pkw aus Mettmann holen solle. Ich sollte gegen vier an der Werkstatt sein. Ich habe dann Bedenken geäußert, ob das alles nicht zu riskant sei. Schließlich hatte ich in dieser Nacht schon genug Schiss. Benno hat mich ausgelacht und gemeint ich soll mir da keinen Kopf machen. Das ist eine von Profis ausgeklügelte Arbeitsweise und er betreibe das Geschäft schon seit vielen Jahren. In dieser Zeit hätten sie weit über tausend Karren geklaut. Nie sei was passiert. Ich würde übernächste Nacht schon sehen, wie sicher alles sei. Also gab ich mein okay. Wir trafen uns zur abgesprochenen Zeit wieder vor der Werkstatt. In seinem Auto saß noch ein zweiter Mann. Er nannte sich Charly. Wir fuhren wieder nach Mettmann. Unterwegs fragte ich Benno, warum wir so spät in der Nacht losfahren. Er meinte, das ist ein wesentlicher Teil des gesamten Planes. Wir holen die Autos am frühen Morgen ab, bevor die Leute damit zur Arbeit fahren. Aber so spät, dass wir nicht nachts über leere Straßen mit den geklauten Kisten kurven, sondern morgens im beginnenden Berufsverkehr. Da werden schon wegen des hohen Verkehrsaufkommens keine Kontrollen durchgeführt. Außerdem haben die Bullen auch morgens um sieben Schichtwechsel. Und wieder kam seine Aussage, keine Sorgen und ganz cool bleiben. Das ist schon alles professionell geplant! Ihr beiden fahrt gleich die Autos in meine Werkstatt nach Essen und habt eure Kohle verdient. In der bekannten Wohnsiedlung angekommen, überprüften wir zunächst, ob die beiden ausgesuchten Pkw dort standen. Sie standen fast an den gleichen Stellen, wie in der vorletzten Nacht. Benno übergab mir einen Autoschlüssel und forderte mich auf, den Audi zur Werkstatt zu fahren. Ich ging zu dem Auto, schloss die Tür auf und fuhr dann los. Der Audi hatte weniger als zehntausend Kilometer auf dem Tacho und roch ganz neu. Inzwischen waren die Straßen schon weitaus belebter als auf unserer Hinfahrt. Als ich in Altenessen an der Werkstatt ankam, war schon das Tor auf. Ich fuhr den Pkw in die Halle. Kurz darauf traf auch Charly mit dem Passat ein. Während Charly sich sofort entfernte, wollte ich von Benno wissen, wie es weitergeht. Zunächst drückte er mir zwei Hunnis in die Hand, mit der Bemerkung hier deine erste Kohle. Als ich ihn fragte, wie es weitergeht mit den Autos, zögerte er zunächst. Dann meinte er, dass ich eh früher oder später alles mitkriegen würde. Nach seiner Schilderung begänne erst jetzt seine Arbeit. Er müsse die Autos umfrisieren. Weil ich das nicht verstand, erklärte er mir, dass er die Fahrgestellnummern der geklauten Karren ausschweißen und sie durch die von den Unfallkarren ersetzten müsse. Er zeigte mir das an dem Audi und noch an einem VW Golf. Ich wollte jetzt wissen, wie es dann weiter geht. Benno erklärte, dass er mittags die Autos fertig habe und Borkenfeld sich allein um den Verkauf kümmere. Der habe landesweit Kontakte. Die Autos gingen an verschiedene Gebrauchtwagenhändler, die sie dann verkauften. Sie würden dann mit dem Kfz-Brief des Unfallwagens an unwissende Kunden für gutes Geld verkauft, weil es sich um neuwertige Pkw handele. Er habe aber auch Gebrauchtwagenverkäufer bei seriösen großen Vertragshändlern für VW und Audi. Die würden immer wieder mal eine geklaute Karre unterschieben. Als ich dann fragte, was passiert, wenn die mit dem Auto zum Straßenverkehrsamt oder zum TÜV müssen, ob das da nicht aufkippt, konnte Benno sich vor Lachen nicht mehr einkriegen. Er meinte die seien von ihm so gut gemacht, dass bisher noch nicht ein Auto aufgeflogen sei. Er wollte mir wohl meine letzten Bedenken nehmen, als er mich weiter einweihte. Wir haben zusammen noch im Büro eine Flasche Bier getrunken. Benno sagte, ich habe dir doch gesagt, alles professionell. Hast du ja auch gesehen oder. Also den ganzen Ablauf hätten sich Borkenfeld und ein hoher Kriminalbeamter ausgedacht. Von dem stamme die Info mit den Schlüsselnummern auf dem Schloss und die gesamte Vorgehensweise. Der habe auch darauf gedrungen morgens im Berufsverkehr die Autos abzuholen. Alles Insiderwissen. Benno berichtete stolz, dass dieser Kriminalbeamte mal Chef einer Ermittlungskommission beim LKA war und gegen Borkenfeld, ihn und andere wegen Diebstahls von Mercedes ermittelt habe. Er habe ihnen über zweihundert geklaute Mercedes nachgewiesen. Aber dann habe der Bulle angeblich dafür gesorgt, dass die anderen verurteilt wurden, die Verfahren gegen Borkenfeld und ihn jedoch unter den Tisch gefallen seien. Also das kann ich mir aber nicht vorstellen. Ich denke, das geht nicht in Deutschland und Benno wollte sich wichtigtun. Aber verunsichert bin ich doch. Wieso kann ein Borkenfeld über Jahre in einer Villa wohnen, mit seinem protzigen Rolls herumfahren, überall Geschäfte betreiben, obwohl er mit Haftbefehl gesucht wird? Benno hat später mal angedeutet, dass sein Anwalt, gleichzeitig ein ranghoher Politiker in unserem Land sein soll. Ich weiß nicht, jedenfalls erschien mir die Masche als ziemlich sicher. Deshalb habe ich auch weiter mitgemacht. Je nachdem wie viel Unfallwagen und welche von Borkenfeld geliefert wurden, mussten wir entsprechend Autos klauen. Ich war in den gut zwei Jahren bei mehreren Hundert Autos dabei. Wir haben bis zu dreimal wöchentlich Autos geklaut. An einzelnen Tagen hat Benno uns zu viert mitgenommen und jeder von uns hat ein Auto zur Werkstatt gefahren. Wir waren in Wohnsiedlungen bei Mettmann, Krefeld-Gartenstadt, Europasiedlung in Gladbeck, wo auch mein Auto herstammte und ähnlichen Siedlungen in der Umgebung aktiv. Die umfrisierten Karren haben schon mal Benno oder seine Jungs weggebracht, in den meisten Fällen wurden sie aber von den Händlern abgeholt. Ich habe keine Autos zu Verkäufern gebracht. Ich kenne keine Verkäufer. In den ganzen Jahren hat es nie Probleme mit geklauten Autos gegeben. Benno wurde einmal die Woche von Borkenfeld aufgesucht und bekam sein Geld für seine Arbeit. Davon bezahlte er uns dann. Mit dem Geld war das immer korrekt. Ein kleines Problem gab es zuletzt. Der Benno hat wohl ein Alkoholproblem und die Bullen haben ihm vor einem Jahr die Fleppe abgenommen. Das hat ihn aber nicht gestört. Wer Autos klaut, kann auch ohne Fleppe fahren. Wenn Sie mich jetzt nach konkreten Autos befragen, die ich geholt habe, so werde ich versuchen mich daran zu erinnern. Übrigens, da fallen mir noch ein paar Details ein. Seit etwa einem Jahr hat Benno noch einen Helfer in der Werkstatt. Er hat mir erzählt, dass er bei größeren teureren Autos in letzter Zeit gelegentlich auch die Motoren von Unfallwagen in die geklauten umbauen soll, weil dann eine Identifizierung über Motornummern ausgeschlossen ist. Darauf soll der Bulle, der mit Borkenfeld arbeitet, Wert gelegt haben. Außerdem hat er Dächer abgeschnitten oder ersetzt, wenn die Fahrzeuge sich etwa durch Schiebe- oder Glasdach unterschieden. Benno hat auch, ohne Wissen von Borkenfeld in Einzelfällen geklaute Autos umlackiert, wenn wir keinen in der Lackierung des Unfallwagens fanden. Das durfte Borkenfeld aber nicht wissen. Der wollte jedes unnötige Risiko vermeiden."

Ich habe Hartmut noch einige Detailfragen gestellt. Im Wesentlichen hatte er jedoch schon alles ausführlich geschildert. Nachdem seine Vernehmung niedergeschrieben war, führten wir ihn, wie mit seinem Rechtsanwalt vereinbart, dem Haftrichter vor. Dieser erließ wegen Verdunkelungsgefahr Haftbefehl gegen ihn. Hartmut erhielt nochmals kurz die Gelegenheit, mit seiner Frau zu sprechen. Er gab ihr auf, mit niemanden über seine Festnahme zu sprechen. Sollte jemand fragen, so würde er wegen eines

Trauerfalls kurz seine Familie besuchen. Es musste sichergestellt werden, dass Benno und Borkenfeld nicht gewarnt werden, bevor wir unsere Maßnahmen getroffen hatten. Der Richter machte seinem Rechtsanwalt die Zusage, den Haftbefehl außer Vollzug zu setzten, sobald Benno und seine Helfer festgenommen sind.

Ab jetzt waren wir erheblich unter Zeitdruck. Es war nur gut, dass wir uns schon so weit auf das Verfahren vorbereitet hatten. Was mich vorher belastet hatte, führte nun nach dem unerwarteten Geständnis zu einer gewissen Erleichterung. Aber wir waren noch längst nicht am Ziel. In einer Besprechung legten wir gemeinsam folgende Prioritäten fest:

1. Komplettes Hochfahren der Kommission „Borkenfeld"
2. Festnahme von Borkenfeld und Durchsuchung seiner Wohn- und Geschäftsräume
3. Festnahme von Benno und Durchsuchung der Werkstatt in Altenessen
4. Ermittlung der Autohäuser, in denen Borkenfeld die Unfallwagen aufkaufte
5. Erwirken von Durchsuchungsbeschlüssen bei nicht beschuldigten Unbeteiligten, den betreffenden Autohäusern
6. Durchsuchungen bei den Autohäusern und Ermittlung der Daten möglichst vieler Unfallfahrzeuge
7. Abfragen beim Kraftfahrtbundesamt (KBA), welche Unfallfahrzeuge wieder zugelassen wurden und deren Halter

8. Aufbau von direkten Ermittlungskontakten zu VW in Wolfsburg und zum Kraftfahrtbundesamt in Flensburg

Unser Dienststellenleiter sprach unseren Kollegen Hans an. Er meinte, dass Hans die größten Erfahrungen und Erfolge als Fahnder hätte. Das, was die gesamte Fahndungsdienststelle in mehr als sieben Jahren nicht geschafft hatte, Borkenfeld dingfest zu machen, erwarte er von ihm. Er gab sich absolut zuversichtlich, dass Hans uns innerhalb von 24 Stunden seinen Aufenthaltsort nennen kann. Hans nahm die aktive Fahndung allein auf. Wir alle kannten sein Fahndungsgespür. Für die von Benno geführte Werkstatt beantragte unser Staatsanwalt einen Durchsuchungsbeschluss. Aus taktischen Gründen mussten wir diese Maßnahme jedoch zurückstellen, bis wir Borkenfeld hatten, wir mussten verhindern, dass er aufgeschreckt wird. Weil uns dessen Wohnanschrift aktuell unbekannt war, konnte kein Durchsuchungsbeschluss beantragt werden.

Noch am gleichen Tag meldete sich Fred telefonisch: „Hey, Merten ich habe noch mal über alles nachgedacht. Mir ist jetzt noch eingefallen, dass Hartmut immer wieder von dem großen Borkenfeld geschwärmt hat. Der soll der Oberschlaue sein. Hartmut hat mir erzählt, dass er sich von keinem seiner Leute in die Karten schauen lässt. Die wissen nicht, wo er die Unfallkisten kauft. Er hat einen an der Hand, der für ihn mit einem Autotransporter die Karossen zum Benno nach Essen bringt, damit der Fahrgestellnummern und Motoren verwerten kann. Nur Borkenfeld verfügt also über die Unterlagen zu den Aufkäufen. Hartmut hat mal was gefaselt, dass die bei Borkenfeld sicher im Tresor seien. Ich weiß nicht, ob euch das weiterhilft. Aber wo der Typ steckt, da habe ich keine Ahnung. Soll wie ein Phantom immer mal wieder mit seinem Rolls aufkreuzen und dann schon wieder verschwunden sein. Irgendwer bei euch soll seine schützende Hand über ihn halten."

Freds Hinweis zu dem Tresor verdeutlichte, wie wichtig es war Borkenfeld festzunehmen. Unmittelbar nach dem Anruf von Fred rauschte Hans strahlend herein. „Hey, Leute wir kriegen ihn. Ich weiß, wo er steckt. Er wohnt in einem kleinen Kaff im Siebengebirge." Unsere Begeisterung war groß, denn von der Festnahme des Kopfes der Bande hing eventuell der Erfolg der Ermittlungskommission ab. Ein Borkenfeld auf freiem Fuß könnte Beweismittel beseitigen und seine Mittäter beeinflussen. Außerdem mussten wir an seine Unterlagen über die Aufkäufe der Unfallwagen kommen. Hans berichtete weiter: „Wie Fred geschildert hat, lebt er mit einer Frau aus Dortmund zusammen. Der Name der Frau ging aus seiner Kriminalakte hervor. Die Frau hat einen schulpflichtigen Jungen aus einer geschiedenen Ehe. Da die Schulämter die Schulpflicht überwachen, habe ich den zuständigen Sachbearbeiter beim Schulamt in Dortmund aufgesucht. Dieser erklärte zunächst, dass er mir nicht helfen könne. Ihm liege von einem Rechtsanwalt in Düsseldorf, der gleichzeitig eines der höchsten politischen Ämter unseres Landes bekleidet, eine eidesstattliche Versicherung vor, wonach der Junge regelmäßig eine staatliche Grundschule besucht, ohne jedoch die Schule oder den Ort konkret zu benennen. Diese Maßnahme habe der Anwalt und Politiker in einem persönlichen Gespräch damit begründet, dass die Mutter des Jungen von ihrem geschiedenen Mann bedroht und verfolgt würde. Ihre und die Sicherheit des Kindes seien gefährdet. Eine solche Maßnahme sei unvermeidlich. Dem Schulamt müsse in diesem Ausnahmefall seine eidesstattliche Versicherung ausreichen. Ich wollte mich nicht mit dieser Aussage des Sachbearbeiters zufriedengeben und drohte damit, sofort einen richterlichen Beschluss zur Herausgabe aller Schulakten zu erwirken. Ich wies ihn entschieden darauf hin, dass es sich bei dem Lebenspartner der Frau um Borkenfeld handelt, der ein seit Jahren mit Haftbefehl gesuchter Straftäter ist. Genaugenommen ist Borkenfeld gefährdet, von der Justiz eingesperrt zu werden. Die rechtswidrige Maßnahme dient lediglich, dies zu verhindern. Ich legte dem Sachbearbeiter Haftbefehl und Dokumente über die jahrelange Flucht vor und bezeichnete die Gesamtumstände als Organisierte Kriminalität. Die erschreckte Reaktion des Sachbearbeiters war dann auch prompt. Er hat gesagt, dass sich in der Akte in einem verklebten Umschlag eine Notiz befinden würde. Ihm habe die Angelegenheit, als gründlichem deutschem Beamten, keine Ruhe gelassen. Schließlich sei das Ganze nicht offiziell über eine Behörde gekommen und verstoße auch seiner Meinung nach gegen das Schulrecht. Daher habe er persönlich recherchiert und die Schule des Jungen ermittelt. Er ist schließlich ja in einer Schule in NRW inclusive Wohnanschrift gelistet. Der Schulamtsmitarbeiter hat mich dann inständig gebeten, einen Eklat zu vermeiden. Möglicherweise würde er das später persönlich alles ausbaden müssen. Die Politik sei da nicht sehr zimperlich. Wir einigten uns dann auf die Version, wonach ich ohne seine Zustimmung die Akte einfach ergriffen und den Zettel mit der Anschrift im Umschlag gefunden hätte. Ich hätte diesen Fund unterschlagen und den Sachbearbeiter nicht informiert. Ich habe ihm für seine Korrektheit und seinen Einsatz gedankt und versprochen ihn so vor ungerechtfertigten Angriffen schützen."

Aus rechtlichen Gründen verzichte ich hier darauf, das Amt des Politikers konkret zu benennen, weil damit seine Person zwangsläufig offenbart wäre. Da gegen den Politiker nie offiziell ein Verfahren eröffnet wurde, müsste ich an dieser Stelle mit Klagen rechnen. Aus kriminalistischer Sicht waren in diesem Verfahren nahezu alle Kriterien der Organisierten Kriminalität, wie hoher Organisationsgrad, Internationalität, Eindringen in Verwaltung, Strafverfolgungsbehörden, Politik oder Wirtschaft erfüllt.

Wir machten uns noch am gleichen Nachmittag mit zwei Teams auf dem Weg zu der Ortschaft und der benannten Adresse. Es handelte sich um eine ziemlich abgelegene herrschaftliche Villa. In einem Raum war Licht. Man konnte jedoch nicht ausmachen, ob jemand im Haus war und ob Borkenfeld überhaupt anwesend war. Pkw waren nicht zu sehen. Zu dem Haus gehörten jedoch zwei verschlossene Garagen. Da Borkenfeld über Jahre der

Fahndung entkommen konnte, hatte Dalli darauf bestanden auf Nummer Sicher zugehen und einen Zugriff erst dann durchführen, wenn wir ihn sehen und sicher sind, dass er nicht flüchten kann. Das bedeutete, dass wir über Nacht vor dem Haus warteten, bis wir ihn kommen sehen oder er das Haus verlässt. Glücklicherweise war es eine angenehme Frühjahrsnacht. Vereinbart war, dass wir am Morgen von zwei Ersatzteams abgelöst würden. Wegen verständlicher Zweifel an deren Zuverlässigkeit haben wir dabei nicht auf Unterstützung durch unsere Fahndung gesetzt. Unser Dienststellenleiter, der über Nacht im Büro als Ansprechpartner verblieb, hielt die Aktion innerhalb des Polizeipräsidiums absolut geheim. Im Laufe des Morgens sollte nötigenfalls unsere Ablösung durch das MEK erfolgen. Dazu kam es aber nicht mehr. Als mein Kollege gerade austreten war, öffnete sich kurz vor acht Uhr die Haustür. Heraus kamen ein Junge mit Schulranzen und Borkenfeld. Beide gingen in Richtung Garage. Ich winkte aufgeregt meinem Kollegen zu, der auch sofort ins Auto sprang. Offensichtlich wollte Borkenfeld den Jungen zur Schule fahren. Das Garagentor wurde geöffnet und Borkenfeld fuhr mit einem silberfarbenen Rolls Royce Silvercloud heraus. Der Junge stieg ein. Wir vereinbarten per Funk mit dem anderen Team, dass dies zur Schule vorfährt und dort wartet. Wir wollten in der verkehrsarmen Umgebung eine Verfolgung mit zwei Fahrzeugen vermeiden. Den Zugriff vereinbarten wir für den Augenblick, wenn der Junge in Richtung Schule das Auto verlassen hatte und Borkenfeld wieder abfuhr. Das Kind sollte möglichst die Aktion nicht miterleben müssen. Borkenfeld setzte den Jungen auch tatsächlich an der Schule ab und drehte, offensichtlich um wieder nach Hause zu fahren. Nach kurzer Fahrt keilten wir seinen Wagen so ein, dass er keinerlei Fluchtmöglichkeiten hatte. Borkenfeld ließ sich widerstandslos festnehmen. Als wir ihm Handfesseln anlegten, ahnte er offensichtlich nichts von unseren bisherigen Ermittlungen. Aus seinen Fragen war zu entnehmen, dass er davon ausging, dass wir ihn wegen des bestehenden Haftbefehls festgenommen hätten. Wir fuhren umgehend mit ihm zu seinem Haus, das er angemietet hatte. Dort trafen wir auch seine Lebensgefährtin an. Wir erklärten Borkenfeld nun, dass wir das Haus durchsuchen werden, wenn er abtransportiert ist. Immer noch im Glauben, es ginge nur um den Haftbefehl, sprach er uns das Recht dazu ab. Wir erläuterten ihm nun, dass wir gegen ihn wegen bandenmäßigen Kfz-Diebstahls und wegen gewerbsmäßiger Hehlerei ermitteln. Da er seinen Aufenthalt verschleiert hatte, hätten wir auch keinen Durchsuchungsbeschluss im Vorfeld erwirken können. Da nun die Gefahr bestünde, dass mögliche Beweismittel beseitigt würden, bestände „Gefahr im Verzuge" und wir würden auch ohne richterlichen Beschluss durchsuchen. Im Büro schauten wir uns noch während der Anwesenheit von Borkenfeld um und fanden einen Wandtresor vor. Borkenfeld weigerte sich, diesen Tresor zu öffnen. Wir erklärten ihm, dass wir entweder bei seiner persönlichen Durchsuchung oder ansonsten bei der anschließenden Durchsuchung des gesamten Hauses den Tresorschlüssel vermutlich finden würden. Sollte das jedoch nicht der Fall sein, würden wir umgehend eine Fachfirma mit dem gewaltsamen Öffnen des Tresors beauftragen. Borkenfeld erkannte seine ausweglose Lage und erklärte, dass der Schlüssel auf dem Schreibtisch in einem Behälter unter Büroklammern liegt. Nachdem wir den Tresor geöffnet hatten, ließen wir Borkenfeld durch eine Streifenwagenbesatzung nach Essen in das Polizeigewahrsam transportieren. In dem Tresor und zum Teil auch auf dem Schreibtisch fanden wir die Adressen von über hundert VW/Audi-Vertretungen in Nordrhein-Westfalen und im angrenzenden Bereich von Hessen. Es lagen zu diesen Autohäusern auch eine große Menge von Kaufverträgen über Pkw-Totalschäden vor. In der Regel bewegten sich die Kaufsummen zwischen achthundert und eintausendfünfhundert Mark. Für diese Beträge kaufte er neuwertige Totalschäden, die nicht länger als ein Jahr zugelassen waren. Während unser zweites Team die komplette Durchsuchung durchführte, fuhr ich mit meinem Kollegen umgehend zurück nach Essen. Ich fertigte anhand der Unterlagen eine Liste der Autohäuser und erstellte einen Antrag an die Staatsanwaltschaft zur Durchsuchung der Geschäftsräume der Autohäuser mit dem Ziel der Feststellung aller Aufkäufe von Totalschäden durch Borkenfeld. Bei den Inhabern der Autohäuser handelte es sich zunächst nicht um Tatverdächtige, sondern um Unbeteiligte. Das blieben sie, solange wir Ihnen nicht nachweisen konnten, dass sie definitiv Kenntnis davon hatten, dass es darum ging gestohlene Pkw mit den Daten dieser Unfallfahrzeuge zu versehen. Das wird Borkenfeld ihnen auch mit Sicherheit nicht auf die Nase gebunden haben. Auf Basis der Unterlagen und meines Berichtes stellte unseren Oberstaatsanwalt umgehend einen Antrag auf richterliche Beschlüsse zur Durchsuchung bei anderen Personen. So lautet die rechtliche Bewertung. Mit diesen über hundert Anträgen suchte ich am frühen Nachmittag im Landgericht Essen verzweifelt nach einem noch anwesenden Richter. Leider traf ich nur einen Richter an, von dem ich wusste, dass er zu den wenigen gehörte, die nachmittags noch im Büro sind. Richter haben keine festgelegten Arbeitszeiten, da sie viel in Heimarbeit, neudeutsch Homeoffice, erledigen. Ich legte ihm die Anträge der Staatsanwaltschaft vor und bat um den sofortigen Erlass von Durchsuchungsbeschlüssen, weil die Gefahr bestand, dass jemand von unserer Aktion Wind bekommen und alle Betroffenen warnen könnte. Der Richter lehnte mit der Begründung ab, dass er nicht zuständig sei, bloß weil alle anderen Richter schon frühzeitig nach Hause gegangen seien. Ich wisse sehr wohl, dass er immer nachmittags als einer der wenigen erreichbar sei. Er sehe nicht ein, dafür regelmäßig bestraft zu werden. Ich erklärte ihm, dass ich zwar Verständnis für seine Argumente hätte, aber die Sache keinen Aufschub dulden würde. Er schlug nun vor, ich solle mich an den Landgerichtspräsidenten wenden. Ich kam seinem Vorschlag umgehend nach. Durch die Vorzimmerdame ließ ich mich nicht aufhalten. Im Büro des Landgerichtspräsidenten bat ich diesen, weil er schließlich gleichzeitig auch Richter war, die Durchsuchungsbeschlüsse zu erlassen. Er war zunächst vollkommen konsterniert. Er ließ deutlich erkennen, dass er mein unangemeldetes Eindringen als unangemessen empfand. Ich spürte jedoch Unsicherheit. Als Präsident war er vermutlich schon lange weit von der Praxis entfernt und fürchtete Überforderung. Er bat mich dennoch, ihm die Situation zu schildern. Ich versicherte ihm hierbei mein Verständnis für seinen Mitarbeiter, den ich selbst in der Vergangenheit häufig genug als Einzigen angetroffen hätte. Der Landgerichtspräsident bat telefonisch den Richter zu dem Gespräch hinzu. Der Landgerichtspräsident sicherte uns zu, dass er für die Zukunft dafür sorgen würde, dass täglich ein bestimmter Richter als Eildienst für dringliche Beschlüsse benannt würde und dieser dann während der gesamten Bürodienstzeit präsent sein müsse. Gleichzeitig bat er seinen Mitarbeiter, ausnahmsweise umgehend die erforderlichen Durchsuchungsbeschlüsse zu erlassen. Nach zwei Stunden konnte ich erfreulicherweise alle Durchsuchungsbeschlüsse abholen. Übrigens stand der Landgerichtspräsident zu seinem Wort. Wenige Tage später erließ er eine Verfügung, die den Eildienst der Richter am Landgericht Essen regelte. Er überbrachte diese Nachricht persönlich unserem Polizeipräsidenten. Die Qualität der Zusammenarbeit zwischen Polizei und Justiz war so wieder einen kleinen Schritt vorangekommen. Die leidige Suche für uns Kriminalbeamte nach einem zuständigen Richter fand nun ein Ende. Wir Ermittler hatten dabei teils schlimme Erfahrungen gemacht. Auch im Nachhinein gab es gelegentlich mit einzelnen Richtern Probleme. Die Spitze leistete sich später ein Eildienstrichter, dem ich telefonisch mein Erscheinen mit einem Durchsuchungsantrag ankündigte, der sich dann jedoch laut seiner Angestellten umgehend auf dem Weg nach Hause machte. Es blieb jedoch die unrühmliche

Ausnahme. Inzwischen hat die Kommunikationstechnik dieses Problem dank Diensthandy beseitigt.

Aufgrund der anstehenden vielen Durchsuchungen mussten wir uns neu organisieren und Verstärkung anfordern. Unser Chef, Werner und ich übernahmen diesen Part. Für den Folgetag erhielten wir Unterstützung von Kolleginnen und Kollegen vom Kfz- und Betrugskommissariat. Unser Kollege Wolfgang war für die Koordination der Durchsuchungen bei den unverdächtigen Autohändlern zuständig. Für die größten und wichtigsten Autohäuser teilte er unsere Verstärkungskräfte als Zweierteams ein. Restliche Durchsuchungen veranlasste er telefonisch durch die örtlichen Kripodienststellen, denen er die Durchsuchungsbeschlüsse per Telebildsender übermittelte. Er selbst verblieb als direkter Ansprechpartner für die Durchsuchungskräfte in der Dienststelle.

Nun war der taktische Zeitpunkt für die Durchsuchung der von Benno geführten Werkstatt und seiner Festnahme gekommen. Diese wichtige Maßnahme führten wir als Ermittlungskommission selbst durch. Es machten sich zwei Durchsuchungsteams zusammen mit zwei Kriminaltechnikern und einer Fotografin auf den Weg. Glücklicherweise trafen sie Benno morgens allein in der Werkstatt an. Bei seiner Festnahme leistete er keine Gegenwehr, sondern lachte die Kollegen aus. Er meinte, dass sie ihn spätestens am nächsten Tag laufen lassen müssten. Nachdem Benno abtransportiert wurde, durchsuchten die Kollegen Werkstatt und Büro. Auf dem Gelände und in der

Halle waren die Karossen von ca. 20 – 30 Unfallfahrzeugen von VW/Audi und etwa die gleiche Anzahl von Motoren gelagert. Die Fahrgestellnummern der Karossen waren herausgetrennt. Unterlagen über die Aufkäufe der benötigten frischen Unfallfahrzeuge waren nicht aufzufinden. Ebenso verfügte Benno nicht über Verkaufsunterlagen. Die Kollegen von der KTU waren zwei Tage in der Werkstatt beschäftigt. Die Identifizierung der Pkw-Karossen wurde entsprechend aufwendig und musste dokumentiert werden. Sie konnte über Motornummern oder auch über eine sogenannte Produktions-Kennnummer erfolgen. Der Hersteller nannte sie PKN. Hierzu mussten die Stammwerke in Wolfsburg und Ingolstadt um Unterstützung gebeten werden. Diese Aufgabe übernahmen später Werner und ich. Bei dieser Gelegenheit bauten wir den Kontakt zum Fahrzeughersteller auf, den wir im Verlauf der Ermittlungen noch intensivierten. Es stellte sich heraus, dass die Daten sowohl für die VW- als auch für die Audifahrzeuge zentral bei der IT in Wolfsburg geführt wurden, was unsere Arbeit erleichterte. Zur damaligen Zeit war die PKN die Grundlage der Produktion eines jeden Autos. Aus ihr waren sämtliche Produktionsdaten, Fahrzeugdaten und Ausstattungsmerkmale zu entnehmen.

Der festgenommene Benno wurde, noch während der laufenden Durchsuchung, durch eine Streifenwagenbesatzung dem Polizeigewahrsam zugeführt. Nach seiner Rückkehr berichtete das Durchsuchungsteam über die Ergebnisse.

Während die Kollegen die Ergebnisse der Durchsuchung der Werkstatt zusammenstellten, vernahmen Dalli und ich den Benno. Dieser verweigerte jedoch jede Aussage. Er erklärte dazu: „Passt mal auf ihr armen kleinen Bullen, in den nächsten Tagen läuft hier ein Anwalt auf, der ist in der Politik eine ganz große Nummer. Der macht eurem Haftrichter eine ganz klare Ansage, die sich gewaschen hat, und ich bin wieder draußen. Da könnt ihr euch drauf verlassen."

Wir beendeten den Vernehmungsversuch und ich fertigte später einen Vorführbericht mit dem Hinweis auf Flucht- und Verdunkelungsgefahr. Zur richterlichen Vorführung erschien ein junger Anwalt aus besagter Düsseldorfer Anwaltskanzlei. Der Haftrichter erließ am folgenden Tag einen entsprechenden Haftbefehl.

Nun war die Zeit gekommen, sich mit dem Chef der Bande zu befassen. Aus dem Polizeigewahrsam geholt, beschwerte Borkenfeld sich über die unzumutbaren Zustände in unserem Polizeigewahrsam und den mangelnden Respekt der Beamten. Er machte auch sofort deutlich, dass er keine Aussagen machen werde und seinen Rechtsanwalt anrufen wolle. Gleichzeitig drohte er uns Dienstaufsichtsbeschwerden und Strafverfahren an. Die Drohungen gipfelten darin, dass er seine Verbindungen in höchste politische Kreise spielen lasse. Außerdem verwies er auf einen ranghohen Kriminalbeamten aus Köln, dessen Namen er aber nicht erwähnte. Solche verbalen Attacken waren für uns natürlich nicht neu. Ich bot ihm ironischerweise eine Zelle in der oberen Etage an, von der er möglicherweise einen ausgezeichneten Blick auf den Baldeneysee hätte. Das hob jedoch nicht seine Stimmung. Wir überließen ihm das Telefon und er forderte barsch von erwähnter Kanzlei in Düsseldorf die sofortige Entsendung eines Anwaltes. Dessen Erscheinen wurde für mittags angekündigt. Da die Vernehmung nur aus der Aufnahme der Personalien bestand, konnte ich mich umgehend um den Vorführbericht für Borkenfeld kümmern. Ziel des Berichtes war ein Antrag auf Antritt der Strafverbüßung aufgrund des Haftbefehls und die Anordnung einer Untersuchungshaft wegen Flucht- und Verdunkelungsgefahr. Beides war schnell begründet.

Doch ich hatte nicht mit dem Widerstand unseres Oberstaatsanwaltes gerechnet. Dieser weigerte sich, in seinem Antrag den Tatbestand des bandenmäßigen Diebstahls aufzunehmen. Aus seiner Sicht käme für Borkenfeld nur die gewerbsmäßige Hehlerei als Tatvorwurf in Betracht. Er begründete das mit einem Urteil des Bundesgerichtshofes aus den 50er-Jahren. Danach wäre keine unmittelbare Gefährdung durch Borkenfeld gegeben, weil er sich, im Gegensatz zu seinen Leuten, nie vor Ort befunden hätte. Aus dieser Sicht sei Borkenfeld kein Mittäter des Bandendiebstahl. Er sei maximal als Anstifter zu betrachten. Ich argumentierte entgegengesetzt. Borkenfeld hat den Gesamtplan der Ausführung entwickelt und durch Art und Zeitpunkt der Aufkäufe der Unfallwagen schon Art und Umfang der Bandendiebstähle vorbestimmt, in Auftrag gegeben, kontrolliert und auch abschließend bezahlt. Als Hehler könne er nicht bezeichnet werden, weil er die gestohlenen Fahrzeuge nicht von unabhängigen Tätern käuflich erwarb. Da wir uns nicht einigen konnten, wurde die Diskussion im Büro des Leitenden Oberstaatsanwaltes fortgeführt. Hier habe ich gefordert, dass ein offensichtlich völlig überholtes Urteil des BGH durch aktive Verfahrensführung der realen Kriminalitätsentwicklung angepasst werden sollte. Ich wies darauf hin, dass ich mit unserem Haftrichter im Vorfeld schon über meine Rechtsauffassung geredet hatte und er diese teilte. Zu ihm unterhielt ich inzwischen auch private Kontakte. Neben seiner Richtertätigkeit war er Jura-Dozent an der UNI Münster und Vorsitzender des Richterbundes. In der Hitze des Gefechtes habe ich dann auch durchblicken lassen, dass ich bereit wäre, diese Diskussion auch über die Medien zu führen. Der Leitende Oberstaatsanwalt wies schließlich seinen Mitarbeiter an, den Tatbestand des Bandendiebstahls mit in den Haftbefehlsantrag aufzunehmen. Die letzte Entscheidung darüber habe schließlich das Gericht zu treffen. In dieser Sache habe ich mich mit dem Oberstaatsanwalt angelegt, weil ich der Meinung war, dass man nicht schon vorauseilend, ausgerechnet für den Haupttäter, auf den schwerwiegendsten Tatbestand verzichten sollte. Diese Diskussion hat die spätere Zusammenarbeit mit dem Oberstaatsanwalt jedoch nicht belastet. Am Nachmittag erließ der Haftrichter im Beisein seines Rechtsanwaltes die Haftanordnung und den beantragten Haftbefehl inclusive Bandendiebstahls gegen Borkenfeld.

Werner und ich setzten uns zu dieser Zeit mit unserem Dienststellenleiter zusammen, um die weitere Verfahrensstrategie zu besprechen. Wir mussten davon ausgehen, dass die Durchsuchungen bei den Autohäusern zu einem Wust von Kfz-Daten führten. Werner übernahm die Eingabe der Fahrzeug- und Halterdaten der Unfallfahrzeuge in die Dateien des PC. Hierbei sollte er von den Schreibkräften unterstützt werden. Wir mussten nun vollkommen neue Wege für die Identifizierung der gestohlenen Pkw finden. Ziel war es zukünftig unsere Ermittlungsteams so mit Arbeitsmaterial auszustatten, dass eine schnelle und sichere Überprüfung aller Fahrzeuge gewährleistet war. Nochmals gingen Werner und ich bis in die Nacht alle Alternativen und Eventualitäten durch. Uns gelang es, ein für die damalige Zeit einmaliges Ermittlungsmodell zu entwickeln, welches folgende Schritte vorsah:

- Vom Kraftfahrtbundesamt (KBA) benötigten wir eine Auflistung der Wiederzulassung aller von uns ermittelten Unfallfahrzeuge.
- Das Landeskriminalamt NRW (LKA) sollte uns eine Liste sämtlicher vorhandener Daten aller in den letzten acht Jahren in NRW gestohlener VW und Audi erstellen.
- Von der IT des VW-Werkes, die auch die Daten von Audi verwaltete, erwarteten wir zu den Listen von KBA (Unfallfahrzeuge)und LKA (gestohlene Pkw) sämtliche relevanten Fahrzeugdaten zu erhalten. Gemeint waren getrennte Listen mit den jeweils dazu gehörenden Produktions-Kennnummern (PKN) und Motornummern.

Diese Listen forderten wir als Papierlisten in mehrfacher Ausfertigung für unsere Teams und auf Datenträgern an. Hier noch ein Hinweis auf den damaligen Stand der Technik. Es gab inzwischen bei den Behörden und Unternehmen die Datenerfassung mit Computern. An einen Datenversand, wie heute üblich, war noch nicht zu denken. Ferner waren die gespeicherten Daten nicht kompatibel. Noch hatte jeder sein eigenes IT-System. Am gleichen Abend konnten wir die Auflistung der gestohlenen PKW durch einen Fahrer beim LKA abholen lassen.

In den folgenden zwei Tagen wurden alle Durchsuchungen bei den Autohäusern durchgeführt. Borkenfeld war in allen Unternehmen als seriöser Aufkäufer von Totalschäden mit Kfz-Briefen bekannt. Die Verkäufer gingen von einer fachgerechten Verwertung der Autoteile aus. Die Kollegen wurden überall fündig. Am Ende wurde von uns eine Liste von etwa eintausenddreihundert aufgekauften Unfallfahrzeugen zusammengestellt. Nach intensiven Telefongesprächen, die ich mit einer Abteilungsleiterin des KBA geführt hatte, konnte ein Ermittler mit den Daten der Unfallfahrzeuge nach Flensburg fahren und erhielt dort volle Unterstützung. So gelangten wir in den Besitz von Auflistungen der bisherigen Halter der Unfallfahrzeuge und der Halter nach erneuter Zulassung.

Auf dem Rückweg von Flensburg trafen der Kollege mit den Listen des KBA und ich uns in Wolfsburg. Dort wurden wir sogar vom VW-Vorstand empfangen. Der sagte uns die volle Unterstützung des Hauses für die Ermittlungen. Die Mitarbeiter der Datenabteilung bei VW zeigten sich äußerst entgegenkommend. Lange erörterten wir, welche Ermittlungshilfen uns VW/Audi liefern konnte. Schließlich stellte man uns zu allen Fahrgestellnummern der Unfallwagen und der gestohlenen PKW getrennte Listen mit Motornummern und Produktionskennnummern (PKN)zur Verfügung. Vor Ort wurde wir intensiv über die Aussagekraft der PKN informiert und erhielten zusätzlich begleitende Anleitungen. Auf Basis dieser Zahlen erfolgt die komplette Zusammenstellung des Fahrzeuges. Daraus ließen sich u. a. Fahrzeugmodell, Motor, Produktionszeit, Ausstattung, Farbe usw. ablesen. Ferner ließen Daten an Windschutzscheiben, Sitzen, Sicherheitsgurten und Reifen Rückschlüsse auf das Produktionsdatum zu. Diese zusätzlichen Daten ermöglichten unseren Ermittlern Unstimmigkeiten bei überprüften Pkw zu erkennen.

Unser Planungsziel war erreicht. Wir hatten ein praxisorientiertes Fahrzeugidentifizierungssystem entwickelt und umgesetzt. Unsere Ermittlungsteams und die KTU wurden von Werner und mir über alle Möglichkeiten der Fahrzeugidentifizierung informiert und mit Kopien der Listen und Unterlagen ausgestattet. Wir konnten nun unsere Ermittlungsteams zu den neuen Fahrzeughaltern schicken, die vermutlich unwissend ein gestohlenes Auto erworben hatten. Das war meist schon an den Abmelde-, Ankaufs- und Wiederzulassungszeiten zu erkennen. Es war zum Beispiel höchst unwahrscheinlich, dass ein total beschädigtes Auto, also eigentlich Schrott, wenige Tage nach dem Aufkauf durch Borkenfeld komplett wieder hergestellt und zugelassen wurde. Das war rein technisch schon unmöglich. Wirtschaftlich war es ebenfalls nicht realisierbar. Demzufolge konnte es sich eigentlich nur um einen gestohlenen Pkw handeln, der mit Fahrgestellnummer und KFZ-Brief des Unfallwagens versehen wurde. Bei der Überprüfung der Pkw konnten die Kollegen anhand von Motornummer und PKN sichere Rückschlüsse auf die Herkunft ziehen. Die anschließende kriminaltechnische Untersuchung der Fahrgestellnummern durch unsere Techniker brachte dann den abschließenden Nachweis, dass sie nachträglich in das Fahrzeug eingebracht wurden. Bei vielen Modellen war die Fahrgestellnummer im hinteren abschließenden Spritzblech des Motorraums eingeschlagen. Sie wurde bei den gestohlenen Fahrzeugen in der Werkstatt in Essen durch Benno mit einer Flex herausgeschnitten. Dann wurde die herausgetrennte Fahrgestellnummer des Unfallwagens eingeschweißt. Die Nahtstellen wurden perfekt plangeschliffen und nachlackiert. Bei den Golftypen war die Nummer vorne rechts in die Federbeinaufnahme eingeschlagen. Es handelte sich dabei um ein topfähnliches Blech. Dieses war werkseitig von unten mit Nieten befestigt. Die Nieten wurden durch Benno bei den gestohlenen Pkw fachmännisch herausgebohrt. Die Federbeinaufnahme wurde dann durch die der Unfallwagen ersetzt und neu genietet. Anschließend wurden die Nieten nachlackiert. Bei allen Fahrzeugen wurden zusätzlich natürlich die genieteten Typenschilder gewechselt. Auf denen befinden sich auch Fahrgestellnummer und PKN. Das sogenannte „Umfrisieren" wurde von Benno professionell ausgeführt. Später hat er ausgesagt, dass er an einem Tag bis zu fünf gestohlene Pkw umfrisieren konnte. Aus den genannten Gründen war ein derart bearbeitetes Fahrzeug von Fachleuten in Werkstätten, bei der Zulassungsstelle oder beim TÜV nicht als gestohlen zu erkennen. Für Laien war das ohnehin schon völlig unmöglich. Aus diesem Grunde war bis zu dem Zeitpunkt unserer Ermittlungen auch keiner der gestohlenen Pkw aufgefallen. Das System war nach außen hin sicher. Doch wir hatten jetzt die Ansätze zur einfachen Identifizierung, über PKN und Motornummer.

In den nächsten Monaten suchten unsere Ermittlungsteams einen Neuhalter nach dem anderen auf, überprüften die Fahrzeuge und stellten sie sicher, wenn sie als gestohlen identifiziert waren. An diesem Punkt wurde das ganze Ermittlungsergebnis tragisch und zur psychischen Belastung für uns alle. Die meisten Fahrzeughalter hatten in gutem Glauben neuwertige, entsprechend teure VW und Audi überwiegend bei Gebrauchtwagenhändlern erworben. Diese Händler wussten natürlich, dass es sich um gestohlene Pkw handelte. Borkenfeld hatte sich ein Netz solcher Gebrauchtwagenhändler aufgebaut. In einem Fall wurden sogar die gestohlenen Pkw über einen der größten Vertragshändler von VW/Audi in NRW verkauft. Der Verkaufsleiter der Gebrauchtwagenabteilung schob regelmäßig gestohlene Pkw, die Borkenfeld lieferte, dem Gebrauchtwagenpark unter. Die Käufer hatten dafür zum Teil ihr gesamtes Vermögen aufgebraucht oder auch Kredite für die Autos aufgenommen. Fast alle waren gutgläubig und keine Hehler. Sie wurden von den Verkäufern getäuscht. Sie machten sich zwar nicht nach dem Gesetz strafbar, aber dennoch wurden sie alle sehr hart bestraft.

Das Bürgerliche Gesetzbuch (BGB) sieht in § 935 vor, dass „gutgläubiger Erwerb nicht eintritt, wenn eine Sache gestohlen ist". Das bedeutete, dass die Käufer allesamt ihre Fahrzeuge abgeben mussten und das gezahlte Geld verloren war. Jeder kann sich vorstellen, wie tragisch das für die Betroffenen insbesondere auch ganze Familien war. Da die Versicherungen inzwischen die früheren Eigentümer abgefunden hatten, gingen die Fahrzeuge in den Besitz der Versicherungen über. Einige Versicherungen boten mit zunehmender Anzahl von Fahrzeugen, den gutgläubigen Erwerbern die Fahrzeuge zu günstigen Konditionen zum erneuten Kauf an. Aber selbst diese Menschen mussten quasi ihren Pkw doppelt bezahlen. Ihnen fehlte jedes Verständnis für diese Rechtslage. Das alles führte zu absurden Reaktionen einzelner Betroffener. Sie versuchten mit allen Mitteln sich gegen die Tatsache, dass ihr Fahrzeug gestohlen war, zu wehren.

Ein extremes Beispiel war ein Lehrer aus Essen. Er versuchte, gegen die Identifizierung seines Golfs anzugehen. Er bestritt die Feststellungen der KTU. Das führte dazu, dass der bestohlene Vorhalter telefonisch zu besonderen Merkmalen seines Fahrzeugs befragt wurde. Dieser erklärte, dass er mal die Motorhaube runtergedrückt habe und dabei ein Werkzeug auf einem Aggregat liegen ließ. Durch den Druck sei eine leichte Beule in der Mitte der Motorhaube entstanden. Auf der Rücksitzbank habe seine Tochter einen Flecken mit Schokolade hinterlassen. Der linke Außenspiegel habe bei einer Einfahrt einen Kratzer erhalten. Mit diesen Hinweisen wurde der Golf des Lehrers erneut gemeinsam mit ihm besichtigt. Alle geschilderten

Merkmale waren vorhanden. Der Lehrer blieb jedoch von der Summe der Merkmale unbeeindruckt und behauptete nun: „Na gut, dann wurden bei der Reparatur des Unfallwagens eben gestohlene Teile verwendet. Ich bin daher bereit die Rücksitzbank, die Motorhaube und den linken Außenspiegel herauszugeben. Aber das Fahrzeug bleibt in meinem Besitz!"

Dem konnten die Kollegen natürlich nicht zustimmen und mussten das Auto richterlich beschlagnahmen lassen. Wir hatten unendliches Mitleid mit den betroffenen und betrogenen Menschen, die in vielen Fällen das Schicksal weinend hinnahmen. Das Schlimme war, dass sie keinerlei Schuld traf. Um ehrlich zu sein, konnte keiner von uns diese Gesetzesregelung nachvollziehen und schon gar nicht als gerecht erkennen. Wir mussten zur damaligen Zeit damit leben, dass das Eigentum der Täter geschützt blieb und die Opfer quasi enteignet wurden. Im Gegensatz zu heute gab es damals keine rechtliche Handhabe den Besitz der Täter zu beschlagnahmen. So zum Beispiel den Rolls Royce. Wir waren sicher, dass Borkenfeld über ein riesiges Vermögen verfügen musste. Lediglich die Steuerfahndung konnte hier Abhilfe schaffen. Deren Maßnahmen waren jedoch ebenfalls stark eingeschränkt, weil Borkenfeld kein Gewerbe angemeldet hatte. Die Werkstatt war auf Benno registriert.

Nur in einem Fall konnte einer unserer Ermittler in einem intensiven Gespräch mit dem über siebzigjährigen größten VW-Händler im Ruhrgebiet etwa Positives bewirken. Dieser erklärte, dass er ein seriöses Autohaus führe und diesen Ruf erhalten wolle. Dass ein Gebrauchtwagen-verkäufer seines Hauses den Kunden gestohlene Pkw untergeschoben habe, dürfe nicht deren Schaden sein. Er übernahm in den etwa dreißig Fällen den gesamten Schaden, sodass die Käufer ihre Fahrzeuge behalten konnten. Das blieb jedoch leider die löbliche Ausnahme.

In den ersten Ermittlungswochen hatten wir schon eine größere Menge an gestohlenen Pkw identifiziert und sichergestellt. Speziell hatten wir uns zunächst auf die Fahrzeuge konzentriert, deren Unfallkarossen wir noch in der Werkstatt aufgefunden hatten. Wir mussten die direkte Verbindung zu unseren Tätern herstellen. Das ist uns dann in mehr als zehn Fällen auf Anhieb gelungen. Die Jungs unserer Kriminaltechnischen Untersuchungsstelle arbeiteten zunehmend professioneller. Der Haftbefehl von Hartmut war unmittelbar nach der Festnahme der Haupttäter außer Vollzug gesetzt worden. Er wurde aus der U-Haft entlassen und stand uns täglich zur Vernehmung zur Verfügung. Er konnte zu den einzelnen Diebstählen sehr konkrete Aussagen machen, weil die Erinnerung einigermaßen frisch war.

Die Ermittlungsarbeit wurde immer aufwendiger. Die Menge der von den Ermittlungsteams überprüften und sicherstellten Fahrzeuge nahm zu. Täglich mussten wir neue Diebstahlsanzeigen aus ganz NRW anfordern und in das Verfahren einbauen. Wir arbeiteten am Limit und kamen je Kommissionsmitglied auf achtzig bis einhundert Überstunden im Monat. Die Anzahl der sichergestellten Fahrzeuge, die bei den einzelnen Abschleppunternehmen untergestellt waren, wurde nahezu unüberschaubar. Für mich, als Verantwortlichen, ergab sich das Risiko, möglicherweise das ein oder andere sichergestellte Fahrzeug bei einem Unternehmen zu übersehen, sodass unnötige hohe Abstellgebühren entstanden. Dieses Risiko musste ich dann mit einer Diensthaftpflichtversicherung abdecken.

Die Anwälte von Benno und Borkenfeld hatten inzwischen Haftprüfungen durch den zuständigen Richter beantragt. Dieser hob jedoch die Haftbefehle nicht auf. Beide blieben in Untersuchungshaft.

Der Rechtsanwalt von Benno verkündete nun, dass sein Mandant in vollem Umfang aussagebereit sei. Er hoffe, dass seine Bereitschaft, die über das bisher Bekannte weit hinausgehen würde, später im Urteil berücksichtigt würde. Also holten mein Chef und ich den Benno im Rahmen von täglichen richterlich angeordneten „Ausantwortungen", das war der Rechtsbegriff dafür, einen Inhaftierten von der Justizvollzugsanstalt ins Polizeipräsidium zu Vernehmungen zu holen. Seine erste Aussage verschlug uns die Sprache:

„Okay Leute, ihr habt mich, ihr habt mich auch überführt, aber am Ende werde ich, wie schon einmal, nicht verurteilt! Deshalb kann ich hier ruhig zugeben, dass ich dabei mitgeholfen habe, im Laufe der letzten acht bis neun Jahre bestimmt an die zweitausend VW und Audi im Auftrag von Borkenfeld geklaut zu haben. Borkenfeld hat die Unfallfahrzeuge mit Fahrgestellnummer, Typenschild und KFZ-Brief besorgt und wir haben in seinem Auftrag dazu passend die Fahrzeuge geklaut. Manchmal hat er mir, bevor die Schrottkarren kamen schon, telefonisch die Fahrzeugtypen und Farben durchgegeben, damit wir schon mal geeignete Kisten suchen konnten. Ich führte die Werkstatt in Essen und stellte die Teams für das Klauen zusammen. Dazu gehörten einige Leute, die ich noch benennen werde. Die könnt ihr euch dann holen. Wir haben im Umkreis von etwa achtzig Kilometern von Essen in Wohnsiedlungen passende Autos gesucht und die Schlüsselnummern notiert. Ich habe dann über einen Schlüsseldienst, den Typ könnt ihr auch gleich einsacken, jeweils zwei Nachschlüssel für die Autos anfertigen lassen. Die Autos haben wir dann mit den Schlüsseln in den frühen Morgenstunden abgeholt. Borkenfeld hat über mich alle Mittäter für die Diebstähle bezahlt und die geklauten Autos verscheuert. Er hat einen Riesengewinn eingesteckt. Ich kann mich natürlich nicht an jedes Auto erinnern aber, wenn ihr mir konkrete Fälle vorhaltet, werde ich eigentlich immer etwa dazu sagen können. Das war schließlich mein Job."

Ich unterbrach die Aussage von Benno und machte ihm nachfolgenden Vorhalt: „Also an den konkreten Einzelfällen und Fahrzeugen haben wir noch Monate zu arbeiten. Identifiziert sind aktuell weit über hundert gestohlene Pkw. Aber das ist nur der Anfang. Auf diese Fälle können wir später eingehen. Was uns jetzt interessiert sind die Hintergründe. Was war mit dem damaligen Mercedesverfahren und der Ermittlungskommission beim LKA? Wurden Sie als Täter angeklagt und verurteilt? In den Strafregisterauszügen von Borkenfeld und Ihnen sind keine

Verurteilung festzustellen. Wer hat die gesamte Diebstahlsstrategie entwickelt? Über wen sind die Zahlungen gelaufen? Wie war es möglich, dass Borkenfeld sich über Jahre der Festnahme entziehen konnte? Können Sie sich bei den Diebstählen an besondere Ereignisse erinnern? Das alles wollen wir jetzt von Ihnen hören!"

„Okay fangen wir mal mit der letzten Frage an. Die Masche funktionierte lange perfekt. Weil wir im Berufsverkehr ungestört mit den geklauten Kisten fahren konnten. Sogar ich ohne Fleppe. Es gab immer mal nachts beim Klauen Störungen durch Spaziergänger oder Leute, die ihre Hunde ausführten. Darauf konnten wir uns einstellen. Aber nur ein einziges Mal bin ich überraschend in eine Kontrolle geraten. Ich weiß noch genau, wann das war. Das war die Nacht, nach dem Auffinden, des von der RAF entführten und ermordeten Schleyer. Ich kam morgens gegen fünf mit einem geklauten grünen VW-Golf aus Hagen. In Essen fuhr ich dann auf die B 224. Unmittelbar hinter der Abfahrt hatte die Polizei eine große Kontrollstelle aufgebaut. Die Straße war in beiden Fahrtrichtungen gesperrt. Es waren bestimmt zwanzig Polizeibeamte vor Ort. Einige sicherten mit Maschinenpistolen andere kontrollierten den gesamten Verkehr. Ich war zunächst total in Panik. Glücklicherweise hatte der geklaute Golf ein Automatikgetriebe. Wenn man die Automatik auf -D- gestellt lässt, tuckert die Karre auch ohne, dass man Gas gibt, im Standgas langsam weiter. Diesen Umstand nutzte ich für mich. Ich stoppte fünfzig Meter vor der Kontrollstelle ab und sprang aus dem Fahrzeug. Der Golf rollte dann, ohne mein weiteres Eingreifen, fahrerlos auf die

Kontrollstelle zu. Ich nutzte die Überraschung und Hektik der Polizeibeamten über dieses führerlose Fahrzeug und flüchtete in das dortige Industriegelände. Ob es in der Kontrollstelle zu einem Unfall kam oder wie die Beamten reagierten, habe ich leider nicht mehr beobachten können. Ich musste flüchten. Ich war fürchterlich sauer und habe Borkenfeld angerufen und ihm gesagt, dass sein toller Bulle bestimmt Kenntnis hatte, dass ab dem Zeitpunkt rund um die Uhr kontrolliert wird. Er hätte uns warnen müssen. Später hat Borkenfeld mal gesagt, dass der Typ zu der Zeit in Urlaub gewesen sei und uns nicht warnen konnte.

Also der Kripomann von dem ich spreche heißt Schwarz und kommt aus Köln. Er ist jetzt dort Leiter des Kommissariats für Kfz-Diebstahl. Ihr werdet wahrscheinlich noch feststellen, dass da auch geklaute Kisten hingegangen sind. Also einige seiner Leute fahren meines Wissens geklaute Autos. Die wissen auch, dass die Kisten nicht sauber sind. Das hat Borkenfeld mal anklingen lassen. Schwarz war Anfang um 1972 Leiter einer Sonderkommission beim LKA in Düsseldorf. Die haben gegen uns ermittelt und nachgewiesen, dass wir über zweihundert Mercedes geklaut und umfrisiert hatten. Wir waren insgesamt sieben Leute, die verhaftet wurden. Alle, auch Borkenfeld und ich, haben Geständnisse abgelegt. Für mich vollkommen überraschend wurden Borkenfeld und ich dann nach wenigen Wochen aus der U-Haft entlassen. Euer ehemaliger kurz vor der Pensionierung stehender Haftrichter soll dabei nicht zu kurz gekommen sein. Hat sich ja auch kurz danach einen Bungalow in einem Badeort an der Ostsee gekauft. Seither habe ich von der Sache nichts mehr gehört. Es gab keine Anklage und auch keine Gerichtsverhandlung. Borkenfeld hat mir gesagt, ich solle das nicht an die große Glocke hängen, der Schwarz habe alles geregelt. Die anderen fünf sollen aber verknackt worden sein.

Schwarz ist in Köln so was wie eine große Nummer, der ist stadtbekannt. Borkenfeld hat erzählt, dass in der Zeit, als wir noch die Mercedes klauten, in Köln eine ganz miese Geschichte gelaufen ist. Eine bekannte Schokoladenfabrik soll Pleite gegangen sein. Dann sei von dem Inhaber ein warmer Abbruch geplant worden. Damit sei ein Mitglied des Kölner Dreigestirns, ihr wisst schon Kölsche Jeck, beauftragt worden. Der soll die Fabrik angezündet haben und dabei selbst ums Leben gekommen sein. Euer Kollege Schwarz soll zur Tatzeit in der Kneipe gegenüber auf die Rückkehr des Täters gewartet haben. Er soll den Auftrag auch vermittelt haben. Ob die Story stimmt, weiß ich nicht. Ich weiß jedoch, dass Borkenfeld um diesen Zeitpunkt unter der Hand Lkw-Ladungen mit Schokolade vertickt hat. Eine Ladung ist damals auch in unserer damaligen Werkstatt in Essen-Frintrop gelandet. Wir haben an alle Schokolade verschenkt. Ich erzähl euch das nur, damit ihr wisst, welcher Sumpf auf euch wartet.

Borkenfeld hat unmittelbar nach unserer Freilassung eine neue Werkstatt in Altenessen angemietet und wir sind in das Geschäft mit VW und Audi eingestiegen. Er hat gesagt, dass das Risiko bei Mittelklassefahrzeugen geringer sei. Die neue Arbeitsweise, Schlüsselnummer notieren, Nachschlüssel fertigen und insbesondere die Abholfahrten morgens im Berufsverkehr sei eine Idee von Schwarz, der ist ja schließlich Fachmann für so was. Also mit dem Ankauf der Unfallfahrzeuge und dem Verkauf der umfrisierten Kisten hatte ich nichts zu tun. Das machte alles Borkenfeld. Weil er auf der Flucht war, lief alles Geschäftliche über eine Anwaltskanzlei in Düsseldorf. Darüber erfolgten meines Wissens die Zahlungen für die Unfallwagen, die Werkstattmiete und alles andere. Der Chef der Kanzlei ist gleichzeitig ein hochrangiger Politiker.

Was die Flucht von Borkenfeld betrifft, der muss noch einen Informanten bei euch in Essen haben. Der hat ihn mehrfach rechtzeitig gewarnt, damit er abhauen kann. Darüber weiß ich aber nichts Konkretes. Ich weiß noch nicht einmal, wo Borkenfeld gewohnt hat. Hatte nur seine Telefonnummer. War auch eine Geheimnummer."

An diesem Punkt brachen wir die Vernehmung ab. Benno sollte weiter gehört werden, wenn wir ihm eine Vielzahl konkreter Autos vorhalten konnten oder neue Fragen hatten. Wir waren total überrascht von dem unglaublichen Inhalt seiner Aussagen. Eigentlich konnten und wollten wir die Beschuldigungen gegen Schwarz kaum glauben. Wir mussten uns da umgehend Klarheit verschaffen.

Inzwischen hatte Hans die Aussage von Benno hinsichtlich des Vorfalls an der RAF-Kontrollstelle geprüft. Arbeitgeberpräsident Martin Schleyer wurde von der RAF und entführt und nach Geiselhaft am 19.10.1977 erschossen im Kofferraum eines Pkw aufgefunden. Darauf folgten bundesweite Verkehrskontrollen rund um die Uhr. Hans konnte den Leiter der Kontrollstelle ermitteln und befragen. Dieser bestätigte den unvergesslichen Vorfall mit dem gestohlenen und schon damals selbstfahrenden VW Golf. Er erzählte, dass es ein fürchterliches Chaos gegeben habe. Mit einem derartigen Vorfall habe niemand rechnen können. Der fahrerlose Wagen konnte von den Sicherungsposten nicht gestoppt werden und sei auf einen in der Kontrollstelle befindlichen Pkw aufgefahren. Dabei seien der Fahrer diese Pkw und ein Kollege leicht verletzt worden. Er sei froh gewesen, dass in der Aufregung keiner der Beamten, in der Annahme, dass sich ein Attentäter in dem Fahrzeug befand, von der Maschinenpistole Gebrauch gemacht hat. Bei dem ganzen Stress habe man von der Flucht des Kfz-Diebes nichts mitbekommen. Logischerweise wurde das sichergestellte Fahrzeug intensiv auf Spuren hin untersucht. Die Ermittlungsergebnisse kenne er nicht. Hans konnte bei unseren Daktyloskopen aber noch die damals gesicherten Fingerspuren aus dem Fahrzeug auffinden. Ein nun durchgeführter Spurenvergleich ergab, dass Benno der Spurenleger war. Heutzutage führt eine Datenbank regelmäßige derartige Abgleiche durch.

In diesem Punkt war die Aussage von Benno schon einmal bestätigt und wurde dadurch deutlich glaubwürdiger. Einer der Kollegen vom Kfz-Kommissariat, der in unsere Kommission berufen wurde, kam am Abend spät von seinen Fahrzeugüberprüfungen zurück. Als wir über Bennos

Aussagen sprachen, konnte er sich an die damalige Sonderkommission beim LKA erinnern. Er kannte zwei ältere Kollegen seiner Dienststelle, die als Team in der damaligen Kommission gearbeitet hatten. Beide seien eigentlich durch ihre vorherigen Ermittlungsergebnisse die Auslöser für die Sonderkommission gewesen. Wir haben die beiden Kollegen umgehend als Zeugen vernommen. Sie berichteten, dass sie 1972 in die Ermittlungskommission „Mercedes" des LKA berufen wurden. Die Leitung übernahm Kriminalhauptkommissar Schwarz aus Köln. Zu diesem Zeitpunkt seien schon sieben Täter unter anderem auch Borkenfeld in Haft gewesen. Schwarz habe die Vernehmungen und Akten geführt und Ermittlungsteams gebildet, die landesweit verdächtige Mercedesfahrzeuge überprüften. Sie beide hätten ein Team gebildet und hätten sich ausschließlich mit der Identifizierung von gestohlenen Mercedes befasst. Innerhalb von etwa zwei Monaten hätten sie allein rund sechzig Mercedes als gestohlen identifiziert und sichergestellt. Die Akten zu den Fahrzeugen seien dann an Schwarz gegangen. Vollkommen überraschend hätte sie dann im Münsterland die Nachricht ereilt, die Ermittlungsarbeit abzubrechen und zurückzukommen. Im LKA hätte Schwarz sich für ihre Unterstützung bedankt und erklärt, dass die Kommission aufgelöst sei. Er würde die gesamten Ermittlungsakten mit in seine Dienststelle nach Köln nehmen und dort das Verfahren abschließen. Dieses Vorgehen war natürlich total unüblich und widersprach allen kriminalistischen Verfahrensweisen. Beide Kollegen wollten natürlich nun die Gründe unserer Ermittlungen erfahren. Wir konnten zu diesem Zeitpunkt unsere Informationen nicht preisgegeben. Übereinstimmend erklärten die Kollegen jedoch, dass ihnen schon damals die Abläufe sehr verwunderlich vorgekommen seien. Das plötzlich Kommissionsende. Ferner die Tatsache, dass sich ein Halter eines verdächtigen Mercedes später bei ihnen meldete und sich nach dem weiteren Prozedere erkundigte. Er war immer noch im Besitz des gestohlenen Fahrzeugs. Noch mehr erstaunt seien sie darüber gewesen, dass sie nur einmal zu einem Gerichtsverfahren gegen fünf Mittäter wegen Bandendiebstahls als Zeugen vor Gericht geladen wurden. Unter den Angeklagten hätten sich zu ihrer Verwunderung weder Borkenfeld noch seine rechte Hand Benno befunden. Zu einem Gerichtsverfahren gegen die beiden seien sie nie vorgeladen worden. Von diesem Zeitpunkt an war für uns klar, dass hier der dringende Verdacht gegen den Kriminalbeamten Schwarz wegen Strafvereitelung im Amt und Beihilfe zum Bandendiebstahl bestand.

Zwischenzeitlich hatte sich unser Oberstaatsanwalt, den wir vorab informierten, intensiv um die Verfahrensakten bei der Staatsanwaltschaft Köln bemüht und diese per Kurier erhalten. Er teilte uns mit, dass es tatsächlich gegen Borkenfeld und Benno kein ordentliches Strafverfahren gegeben habe. Schwarz habe in Köln die Ermittlungen abschließend geführt. Die beteiligten Staatsanwaltschaften Essen und Köln hätten mehrfach schriftlich über den Leiter der Kripo Köln diesbezüglich Anfragen an Schwarz gestellt. Dieser habe die Staatsanwaltschaften dahingehend getäuscht, dass er bei Anfragen über seinen

Leiter der Kripo immer auf das Verfahren gegen die fünf anderen Angeklagten verwies. Er habe die staatsanwaltschaftlichen Anfragen über mehrere Jahre auf diese Weise abgeblockt. Niemand habe sich bei den Staatsanwaltschaften bewogen gefühlt, zu überprüfen, ob die beiden Haupttäter tatsächlich zu den fünf Angeklagten gehörten oder gesondert in Köln bzw. Essen angeklagt wurden.

Neben dem Verfahren wegen der Kfz-Diebstähle konnten wir diese Straftaten nicht auch noch aufklären und bearbeiten. Dafür waren wir personell zu schwach besetzt. Unsere Behördenleitung entschied, dass wir diese Ermittlungen an das LKA herantragen sollten. Mit diesem Auftrag nahmen der stellvertretende Leiter der Kripo, mein Dienststellenleiter und ich am folgenden Tag an einer kurzfristig angesetzten Besprechung beim LKA teil. Unsere Gesprächspartner waren der Leiter des LKA, sein Vertreter und ein Abteilungsleiter, der diese Ermittlungen übernehmen sollte. Zu unserer Überraschung erklärte der Leiter des LKA, dass er Schwarz gut kenne und dieser in Köln einen guten Ruf genießen würde. Zu dem betreffenden Zeitpunkt sei er selbst Leiter der Kripo Köln gewesen. Er konnte sich sogar an die hartnäckigen Anfragen der Staatsanwaltschaften in dieser Sache erinnern. Zum Scherz meinte er dann: „Wenn wir das Verfahren als LKA übernähmen, würde ich ja dann quasi gegen mich selbst ermitteln, weil ich damals die Dienstaufsicht hatte." Nach dieser Aussage pflichtete ich dem Leiter LKA bei. Das brachte mir das Missfallen aller Beteiligten ein, abgesehen von Dalli, der zustimmend lächelte. Ich brachte zum Ausdruck, dass ich mich persönlich besser dabei fühlen würde, wenn wir selbst auch diese Ermittlungen weiterführen würden. Die Gesprächsteilnehmer überstimmten mich und das LKA übernahm dieses Ermittlungsverfahren gegen Schwarz und gegen den verdächtigen Politiker mit der Anwaltskanzlei. Bei dem Politiker bestand aus unserer Sicht zumindest der Verdacht der Strafvereitelung und der Beihilfe. Inwieweit seine Handlungen von einem anwaltlichen Mandat gedeckt wurden, war zu prüfen. Wie wir später erfuhren, wurde der Kriminalhauptkommissar Schwarz kurz vor seiner Pensionierung vom Dienst suspendiert und später zu einer Freiheitsstrafe von zwei Jahren verurteilt, die zur Bewährung ausgesetzt wurde. Ihm wurden seine sämtlichen Pensionsrechte aberkannt. Der ranghohe Politiker ist unmittelbar nach Aufnahme der Ermittlungen aus gesundheitlichen Gründen von seinem politischen Amt zurückgetreten. Von einem Strafverfahren gegen ihn wurde uns nichts bekannt. Eigentlich wollten wir alle nichts mehr davon wissen. Dieses leidige Thema möchte ich hier auch nicht weiter kommentieren. Ich habe da so meine eigenen Gedanken.

Wir konnten uns nun jedenfalls weiter intensiv um die Ermittlungen der Pkw-Diebstähle kümmern. Wie von Benno angekündigt, stellten wir dann auch fest, dass ein verdächtiges Fahrzeug auf einen Kriminalbeamten aus dem KFZ-Kommissariat von Schwarz bei der Kripo Köln zugelassen war. Unser Ermittlungsteam suchte den Kriminalbeamten in Köln in der Dienststelle auf und überprüfte noch auf dem Behördenparkplatz das Fahrzeug. Es konnte einwandfrei als gestohlen identifiziert werden. Der

Beamte behauptete in seiner Vernehmung als Beschuldigter, das Fahrzeug in gutem Glauben von einem Gebrauchtwagenhändler im Kölner Umland erworben zu haben. Sein Chef, Schwarz, habe ihn dorthin vermittelt. Da der Mann vom Fach war, war für uns seine Aussage nicht glaubhaft. Wir konnten ihm leider nicht das Gegenteil beweisen. Nicht zuletzt, weil die Umfrisierung perfekt war. Der Gebrauchtwagenhändler war uns schon als einer der Verkäufer gestohlener Pkw bekannt. Er gab in seiner Vernehmung die Hehlereien im Auftrag von Borkenfeld zu, behauptete jedoch, dass der Kriminalbeamte davon keine Kenntnis hatte.

In der Folgezeit sind wir auf mehr als zehn gestohlene Pkw gestoßen, die auf Kölner Kriminalbeamte zugelassen waren. Unser Ermittlungsteam war dem Pförtner im Polizeipräsidium Köln inzwischen derart bekannt, dass er nur noch fragte, welcher von den Beamten zu seinem Auto kommen müsse. Übereinstimmend bestritten alle Kriminalbeamten gewusst zu haben, dass es sich um gestohlene Fahrzeuge handelte. Verkäufer war in allen Fällen der gleiche Gebrauchtwagenhändler, der natürlich alle Beamten voll entlastete. Für uns war klar, ein Schelm, der Böses dabei denkt.

Am Ende hatten wir über eintausend gestohlene VW und Audi sichergestellt. Die Ermittlungsakte umfasste inzwischen an die zwanzig Aktenordner. Nach mehr als einem Jahr Ermittlungsarbeit konnten Werner und ich gemeinsam den über vierhundert Seiten starken Abschlussbericht erstellen. Dabei erleichterten mir die ausgedruckten Computermasken zu den einzelnen Fahrzeugen erheblich die Arbeit. Das galt entsprechend für die Staatsanwaltschaft und das Landgericht, denn alle acht Täter, bis auf Borkenfeld, waren geständig. Sie wurden zu Freiheitsstrafen zwischen zwei und sechs Jahren verurteilt. Borkenfeld erhielt die höchste Strafe und wurde vom Landgericht tatsächlich wegen Bandendiebstahls verurteilt. Die Hehler wurden gesondert angeklagt und verurteilt.

Üblicherweise erstellt der Sachbearbeiter nach Abschluss des Ermittlungsverfahrens auch die Unterlagen für die Kriminalstatistik, denn nur er ist befugt zu entscheiden, ob ein Fall als geklärt oder ungeklärt anzusehen ist. Die kriminalstatistische Feststellung „geklärt" bedeutet in keinem Fall, dass es auch zur Anklage oder Verurteilung kommen muss. Daher weichen im Ergebnis die Aussagen von polizeilicher Kriminalstatistik und Verurteilten-Statistik der Justiz deutlich voneinander ab. In unserem Fall bot sich, wegen des großen Umfangs und Aufwandes, der Verantwortliche Kriminalhauptkommissar für die Kriminalstatistik in Essen an. Er wollte das für mich übernehmen und von seinen Leuten erledigen lassen. Mir war es recht. Nun ist zu erwähnen, dass zweitausend Fälle geklärter Komplettdiebstahl von Pkw eine außerordentlich hohe Anzahl ist. Die Aufklärungsquote, auf die Politiker und Behördenleitungen ständig schielen, würde bei Pkw-Diebstahl drastisch verändert. Landesweit wurden damals, ohne den siebzehnprozentigen Anteil der erfolglosen Versuche, jährlich zwischen fünf- bis sechstausend

Pkw-Diebstähle ausgeführt. Die Aufklärungsquote bewegte sich um die zwanzig Prozent. Es wurden also jährlich in NRW davon rund eintausenddreihundert Pkw-Diebstähle aufgeklärt. Die Statistik für dieses Verfahren hätte landesweit fast zu einer Verdreifachung der Aufklärungsquote geführt. Daher griff unser Statistiker zu einem regelwidrigen Trick und teilte die geklärten Fälle auf zwei Jahre auf. Für die beiden Jahre stieg die Aufklärungsquote jeweils von zwanzig auf fast vierzig Prozent. Wir haben uns nicht weiter darum gekümmert, weil die Kriminalstatistik für uns einen untergeordneten Wert hat. Anders sieht das jedoch in der Politik aus. Das wurde dann auch etwa ein halbes Jahr später klar. Unser Statistikmann wurde von der Politik für das Bundesverdienstkreuz vorgeschlagen und damit ausgezeichnet. Ich kenne keinen Kriminalbeamten des gehobenen Dienstes, der in der Form für seine Arbeit ausgezeichnet wurde. Diese Personenwahl, er hat für uns lediglich die Belege ausfüllen lassen, hat nicht nur bei den Kollegen der Ermittlungskommission für Verblüffung und gewissen Unmut gesorgt. Einhellige Meinung im Präsidium war: „Euer Dalli hätte es verdient".

Nach erfolgreichem Abschluss des Verfahrens haben Werner und ich das beschriebene Ermittlungsmodell dem LKA NRW als Standardmaßnahme vorgeschlagen. Leider hatte man dort für unsere standardisierten Ermittlungsschritte keinen Bedarf. Ohne Begründung wurde das Modell abgelehnt. Uns beiden war klar warum. Wir hatten nicht die gewünschte Reputation. Wir waren keine Beamten des höheren Dienstes! Folglich konnte unser Modell nicht relevant sein. Als ich 15 Jahre später an einem Lehrgang teilnahm, stellte ein junger Bundespolizist des höheren Dienstes als Gastreferent genau unser Modell vor. Es fehlte nur die später von uns eingefügte Variante zu den getauschten Motoren. In einem anschließenden Gespräch erklärte er mir, dass er als junger Beamter der Bundespolizei Bayern beim LKA NRW in der Ausbildung zum höheren Dienst war. Zu dieser Zeit wurde unser Modell dort von einem Praktikanten zum anderen weitergereicht, um es zu bewerten. Das ist nicht ungewöhnlich, so beschäftigte man Praktikanten und hielt sich diese vom Hals. Niemand habe die Potenziale erkennen wollen oder können. Eigentlich wurde auch nicht explizit danach gefragt. Er habe von unserem guten Modell Kenntnis genommen und es später in Bayern bei der Bundespolizei und beim Zoll eingeführt. Inzwischen reiste der Kollege durch das gesamte Bundesgebiet inclusive NRW und stellte unser Ermittlungsmodell als die bayrische Verfahrensweise zur Identifizierung von gestohlenen Kraftfahrzeugen vor. Nicht, dass wir uns mit dem Titel schmücken wollten, aber ein altes Sprichwort sagt: „Der Prophet gilt nichts im eigenen Land."

Grenzgänger

„Hallo Merten, gut dass du dir nach meinem Anruf die Zeit genommen hast, mich zu treffen. Also um es kurz zu machen, ich bin ja immer noch im Zockermilieu unterwegs. Da ist ein illegaler Zock in Kleve, wo sehr solvente Leute verkehren. Das Ganze hat richtig Stil. Da habe ich einen Typen kennengelernt, der mit mir Geschäfte machen wollte. Na also die Geschäfte sollten dich nicht interessieren. Echt rein privat. Aber dieser Geschäftsmann, den ich da kennengelernt habe, könnte für euch interessant sein. Er ist etwa fünfzig Jahre alt und der typische Vertreterfuzzy. Der Mensch handelt mit Reinigungsmitteln. Also er hat einen kleinen offenen Lastwagen, auf dem er die Reinigungsmittel transportiert und damit seine Kunden besucht. Kunden sind Tankstellen, Autowerkstätten und Firmen, die mit Öl arbeiten. Was ihn interessant macht, ist die Tatsache, dass er nicht nur im deutschen Umfeld von Kleve seine Kunden hat, sondern auch auf der niederländischen Seite. So wechselt er mit seinem Kleinlaster oft mehrmals täglich über die Grenze in die Niederlande und wieder nach Deutschland zurück. Das macht er schon seit Jahren. Jeder Zöllner kennt ihn und grüßt ihn auch. Der ist der absolute Normalo, unauffällig freundlich, Typ Handelsvertreter. Natürlich wird dieser Mann überhaupt nicht mehr kontrolliert. Das ist die ideale Voraussetzung für Schmuggel und Drogenhandel. Während einiger Nächte im Zock habe ich mitbekommen, dass er im großen Stil mit Haschisch und Gras macht, das er aus Holland rüberbringt. Er hat sich beim Zock mit Holländern unterhalten, die absolut sicher der Drogenmafia dort angehören. Ein anderes Mal habe ich mitbekommen, wie er mit einem deutschen Rockertypen über eine Lieferung von zehn Kilo gesprochen hat. Es wurde auch ein Preis genannt. Der Summe nach kann es sich nur um Haschisch handeln. Er hat Interessenten aber auch klar gesagt, dass er selbst mit den Holländer verhandeln muss. Wenn du Interesse hast, kann ich euch an den Typen heranführen."

„Grundsätzlich bin ich interessiert Fred. Wir könnten da einsteigen und dich für das Verfahren mit einer Vertraulichkeitszusage ausstatten. Dann müssten wir später im Falle eines Gerichtsverfahrens deine Person nicht preisgeben und könnten zu deiner Person die Aussage verweigern. Du solltest deinem Mann folgende Story anbieten. Du kennst zwei Leute, die mehrere Rockerklubs mit Haschisch und Koks versorgen. Die hätten derzeit einen unzuverlässigen Lieferanten und würden jemanden suchen, der Haschisch ab dreißig Kilo und Koks ab einem Kilo liefern kann. Wenn der dann darauf anspringt, müssten wir weitersehen. Dein Mann ist vermutlich nur Kurier. Er wird uns bei der Größenordnung bestenfalls an die Hintermänner verweisen können. Fred, meinen Begleiter Siggi kennst du noch nicht. Gemeinsam werden wir die Sache durchziehen und sind beide deine Ansprechpartner. Versuch, den Menschen zu kontaktieren. Dann sollten wir uns wieder hier treffen."

„Hallo Merten, hallo Siggi, hat ja schnell geklappt mit unserem Treffen. Ich habe in letzter Zeit mehrfach den Zock in Kleve aufgesucht, bis ich den Dealer oder Kurier wieder antraf. Nach ein paar Spielchen, die für uns beide nicht gut liefen, haben wir gemeinsam Kaffee getrunken. Viktor, so nannte sich mein Gesprächspartner, beklagte, dass seine legalen Geschäfte im Moment nicht besonders gut laufen würden. Viele Kunden würden ihre Reinigungsmittel im Großhandel kaufen. Mit der Metro könne er nicht konkurrieren. Um ihn weiter zu locken, erzählte ich ihm, dass ich gelegentlich Goldbarren verhökere, die man als heiße Ware bezeichnen könnte. Viktor meinte, dass er dafür kein Geld habe. Er sei froh, wenn er nebenher mal für die Holländer was rüberbringen könne. Er sei der Einzige, der regelmäßig unkontrolliert die Grenzen passieren könne. Ich fragte ihn direkt, ob er Stoff rüber schafft. Er bejahte und fragte, ob ich Interesse hätte. Ich meinte, dass ich persönlich dafür keine Verwendung hätte und mir das Geschäft zu heiß sei. Aber zwei Kunden von mir seien auf der Suche nach einem zuverlässigen Lieferanten. Ich habe die verabredete Story ausgemalt und sprach auch über die vereinbarten Mengen. Viktor behauptete, dass er mal ein Kilo Haschisch so rüberbringen könne, aber bei großen Mengen würden nur die Holländer entscheiden. Ich fragte, wie das gehen soll. Er antwortete, dass das ganz einfach sei. Die Leute bringen die Kohle mit, begleiten ihn auf die andere Seite nach Holland. Er bringe sie mit den Dealern zusammen. Der Boss von denen sei ein Jo. Die Interessenten zeigen die Kohle vor. Sollte Jo und seine Leute dann zustimmen, könnten die Käufer wieder zurück nach Kleve fahren und auf ihn warten. Er werde sie dann etwa eine Stunde später mit der vereinbarten Menge gegen cash beliefern. So einfach sei das. Auf meine Frage, wo er das Zeug versteckt, antwortete Viktor lachend, dass das ja der Trick sei, er transportiere alles neben seinen Reinigungsmitteln offen auf seinem Kleinlaster. Größere Mengen Haschisch zum Beispiel in einem Kohlensack. Klar, das war natürlich unverdächtig. Ich erklärte, dass ich meine Bekannten ansprechen würde. Ich wolle aber irgendwie an dem Geschäft beteiligt sein. Viktor sagte mir eine Provision zu, wenn die Holländer zustimmen sollten. Er schrieb mir seine Telefonnummer vom Büro auf. Wir vereinbarten, dass ich ihn anrufen würde, wenn meine Kunden Interesse hätten. Abschließend wies er mich noch darauf hin, dass Jo und seine Leute harte Jungs seien. Die würden sich nicht verarschen lassen. Das sollte ich meinen Leuten unbedingt ausrichten."

„Fred, wir haben diesen Reinigungsmittelhändler abgeklopft. Er heißt tatsächlich mit Vornamen Viktor, ist aber für uns ein vollkommen unbeschriebenes Blatt. Keine Vorstrafen oder Ermittlungen. Nicht zuletzt wegen der Zockerei ist er als Familienvater und Reihenhausbesitzer offensichtlich in finanziellen Schwierigkeiten und hat im Milieu eine Einnahmequelle gefunden. Siggi hat mit unseren niederländischen Kollegen an der Grenze zu Kleve telefoniert. Dort gibt es auf dem Land eine Gang, die kräftig dealt. Aber die Holländer nehmen das bei Haschisch nicht so genau. Da müsste schon eine große Menge im Gespräch sein oder mehr als ein Kilo Kokain. Der Anführer ist ein Jo, der vor zwei Jahren in Duisburg wegen Verstoßes gegen das Betäubungsmittelgesetz zu einer Freiheitsstrafe von fünf Jahren verurteilt wurde. Der konnte nach der Urteilsverkündung flüchten, wurde aber nicht international zur Fahndung ausgeschrieben. Offensichtlich hatten seine Freunde im Landgericht für einen Tumult gesorgt und ihm ist die Flucht gelungen. Der wird daher wohl keinen Fuß mehr auf deutschen Boden setzen. Als Holländer kann er aber nicht nach Deutschland ausgeliefert werden. Für die holländische Justiz gibt es aber auch keinen Anklagegrund, weil es sich in dem Verfahren ausschließlich um Haschisch handelte. Das wird der Grund sein, warum die Dealer sich den Kurier angelacht haben. Sie können ihr Geschäft nahezu ohne Risiko betreiben. Die niederländischen Kollegen erklärten, dass die dortige Staatsanwaltschaft die Einleitung eines Verfahrens gegen sie prüfen würde, wenn wir ihnen die Lieferung von mehr als zehn Kilo Haschisch und einigen hundert Gramm Kokain nachweisen könnten. Das heißt aber auch nur prüfen. Das ist also keineswegs eine Zusage. Würden wir ihren Kurier in Kleve schnappen, ginge der allein in Haft und das Geschäftsmodell wäre erst mal dahin. Sie müssten sich um einen neuen Kurier bemühen. Aber wir werden dennoch da einsteigen. Wir könnten mindestens vorübergehend die Einfuhr stören. Als Einstiegsgeschäft schlagen wir zwanzig Kilo Haschisch und ein halbes Kilo Koks vor. Wenn Viktor grünes Licht gibt, werden Siggi und ich uns ein entsprechendes Auto mieten und mit dem Geld nach Kleve kommen. Du könntest Viktor anrufen und ihm das übermitteln. Der müsste seine Hintermänner kontaktieren und dann erst zusagen können. Dann soll Viktor dir Termin und Ort nennen, wo wir ihn in Kleve treffen könnten. Nach der Zusage von Viktor bist du dann raus und solltest dich vorübergehend nicht mehr in Kleve sehen lassen. Auch nicht dort beim Zock." Fred bestätige auf eingehende Befragung, dass er alles verstanden habe. Wir haben ihm anschließend die Vertraulichkeitszusage vorgelegt, die wir drei unterschrieben. Ich machte nochmals klar, dass das Dokument seiner Sicherheit dient und uns davon entbindet später über ihn vor Gericht aussagen zu müssen. Das weiter Vorgehen war vereinbart. Fred sollte sich wieder melden.

„Hallo Merten, gut dass ich dich erreiche, ich habe Viktor eure Vorstellungen übermittelt. Er wollte das mit den Holländern besprechen. Wie vereinbart habe ich ihn gestern wieder im Büro erreicht. Die Holländer wollen euch mit der Kohle sehen. Dann entscheiden sie. Ihr könnt Viktor morgen um elf Uhr im Markt Café in Kleve treffen. Ich bin jetzt wie verabredet raus. Macht was draus."

Wir hatten jetzt reichlich Zeitdruck um alle erforderlichen Anträge an die Behördenleitung für Vorzeigegeld, SEK-Einsatz, Auslandsdienstreise und Leihwagen zu stellen und alles zu beschaffen. Die Genehmigungen erteilte uns der Leiter der Kripo umgehend. Beim Vorzeigegeld wurde es kurios. Hierzu musste der Leiter unserer Verwaltung, gleichzeitig stellvertretender Polizeipräsident, zustimmen. Als einer unserer Studenten gegen Mittag sein Vorzimmer aufsuchte, wurde er von der Vorzimmerdame mit den Worten abgewiesen: „Das geht jetzt nicht, Herr Lehmann ruht gerade." Sie erklärte ihm, dass dieser mittags immer eine Stunde in seinem Büro ruht und keinesfalls gestört werden darf. Unser Praktikant kam mit dieser Nachricht zurück. Ich muss hier, sagen, dass wir unter Zeitdruck standen und nahezu explodierten. Siggi nahm sich der Sache an, marschierte an der protestierenden Vorzimmerdame vorbei und weckte den Herrn unsanft. Trotz seiner Proteste erhielt er die Unterschrift. Nun kamen wir endlich weiter und holten sechzigtausend Mark Vorzeigegeld für die zwanzig Kilogramm Haschisch sowie vierzigtausend Mark für das halbe Kilo Koks von der Landeszentralbank in Gelsenkirchen ab. Um den Schein zu wahren, wollten wir bei den Verhandlungen mit Jo den Preis noch drücken. Aber wir mussten zeigen, dass wir flüssig sind und die Lieferung nach Kleve gesichert ist. Bei Vorzeigegeld ist nicht auszuschließen, dass irgendwas schief geht und wir die Kontrolle darüber verlieren. So könnten uns Jo und seine Leute bei den Verhandlungen mit Waffen bedrohen und das Geld rauben. Doch eigentlich ist so etwas eher unwahrscheinlich, denn die handeln mit Drogen und wollen im Geschäft bleiben. Sie würden nicht nur uns als Kunden, sondern auch ihren Ruf verlieren. Außerdem wäre das Raub und würde wiederum in den Niederlanden hart bestraft. Aus Sicherheitsgründen notieren wir grundsätzlich bei Vorzeigegeld die Nummern aller Banknoten. Der Einfachheit halber legen wir sie auf den Kopierer. Die Kopien werden mit dem Antrag auf Vorzeigegeld bei unserer Verwaltung hinterlegt. Streng rechtlich genommen erfüllt das Kopieren schon ein Tatbestandsmerkmal der Geldfälschung gemäß § 146 Strafgesetzbuch. In unserem Fall fehlt jedoch der Vorsatz, die Kopien als echt in den Verkehr zu bringen. Ist auch aufgrund der Schwarz-weiß-Kopien faktisch sinnlos.

Für eine mögliche Kontrolle durch den Zoll und Fragen zu dem Bargeld beschafften wir uns Angebote und Prospekte für den Erwerb einer Immobilie auf der niederländischen Seite. So wollten wir im Bedarfsfall die hohe mitgeführte Bargeldsumme erklären.

Am folgenden Morgen holten Siggi und ich den Leihwagen, einen richtigen Protzschlitten, ab und fuhren unbewaffnet damit nach Kleve. Waffen dürfen wir gemäß Erlass im Ausland nicht führen. Es war nicht das erste Mal, dass wir Drogen aus den Niederlanden abfingen. Unterwegs erinnerten wir uns noch an einen kuriosen Fall an der grünen Grenze bei Venlo. Da hatte unser SEK bei einem Dealer eine normale Polizeikontrolle vorgetäuscht, um dann eine Festnahme durchzuführen. Als er abends mit seinem Wagen angehalten wurde, warnte uns ein begleitender ortskundiger niederländischer Kriminalbeamter, dass der gewählte Anhalteort sich noch etwa zehn Meter vor der Grenze auf niederländischem Hoheitsgebiet befand. Die kontrollierenden Kollegen reagierten nach unserem Hinweis über Funk blitzschnell. Sie forderten den Dealer auf, wegen der besseren Ausleuchtung, noch ein Stück bis zur nächsten Laterne vorzufahren. So konnten wir die Festnahme auf deutschen Boden durchführen und hatten die erforderliche Einfuhr von Drogen. Solch ein Lapsus konnte diesmal nicht passieren, aber es kann auch immer wieder andere Pannen geben. Daher hatte ich für Einsätze stets einen Plan B parat.

Zwei Stunden vor dem vereinbarten Treffen erreichten wir den Markt in Kleve. Wir wollten uns gemeinsam mit dem getrennt angereisten Kommandoführer des SEK zunächst ein Bild von der gesamten Umgebung machen. Eigentlich treffen wir diese Vorbereitungsmaßnahme schon Tage vor dem Einsatz. Das war diesmal nicht möglich. Wichtig war für uns, mehrere alternative Orte für Drogenübergabe und Zugriff durch das SEK zu finden. Die Wahl des Übergabeortes durften wir nicht Viktor überlassen. Nachdem wir uns auf einige Orte geeinigt hatten, trennten wir uns mit der Maßgabe, dass ich mich nach dem Gespräch mit Viktor mit dem SEK-Mann in der Toilette treffe, um Übergabeort und –zeit zu übermitteln. Das Treffen war unvermeidlich, denn unser Leihwagen hatte keinen Funk. Handy gab es noch nicht. Es war vereinbart, dass das SEK uns erst nach unserer Rückkehr aus den Niederlanden, innerhalb der Wartezeit auf Viktors Lieferung, mit mobilen verdeckten Funkgeräten und unseren Waffen ausstattet. So konnten wir die Zugriffsituation steuern und sichern.

Nachdem alles geklärt war, begaben wir uns ins Markt Café und warteten beim Frühstück auf Viktor. Er kam dann kurz vor der Zeit und setzte sich hinzu. Fred hatte ihm eine Beschreibung von uns gegeben. Nach einem kurzen vertrauensbildenden Gespräch brachte ich Sicherheitsbedenken vor. Ich erklärte Viktor, dass wir wegen der Grenzkontrollen unbewaffnet mit einer Menge Geld unterwegs seien. Wir würden natürlich jenseits der Grenze nicht ausgeraubt werden wollen. Deshalb schlug Siggi dann folgenden Ablauf vor. Viktor fährt bis in die Nähe des Zielortes vor und stoppt dann. Er musste ja allein fahren, um beim Zoll keinen Verdacht zu erregen. Wir folgen mit unserem Fahrzeug. Ich bleibe dann mit unserem Auto an einem geeigneten Ort stehen und warte dort mit dem Geld. Siggi fährt mit Viktor in seinem Kleinlaster zu dem Treff mit den holländischen Dealern und führt dort allein die Verhandlungen. In dieser Zeit verstecke ich in der Umgebung des Fahrzeugs das Geld. Wenn Siggi sich mit Jo geeinigt haben sollte, fährt Viktor Siggi und Jo zu unserem Auto. Beide steigen ein und warten im Fahrzeug. Ich hole das Geld aus dem Versteck und zeige es dem Jo durch das Fenster unseres verschlossenen Pkw vor. Ich machte Viktor klar, das sei unser erster Deal mit denen, und man müsse Vertrauen aufbauen. Aus diesem Grunde könne dieser Deal nur so ablaufen und nicht anders. Viktor verstand und meinte, dass er diesen Ablauf dem Jo vor Ort erklären könne. Der werde für unsere Vorsicht Verständnis haben. Viktor versicherte, dass er unsere Bedenken verstehe, die andere Seite jedoch Geschäftsleute und keine Abzocker seien. Nun war noch der Übergabeort in Kleve zu klären. Siggi schlug vor, dass wir mit unserem Auto auf dem Parkplatz hinter dem Café auf Viktor warten. Wir hatten diese Stelle ausgesucht, weil dort für unser SEK nur eine Zufahrt zu sperren galt. Viktor forderte mehr Öffentlichkeit. Er bestand auf dem teilweise als Parkplatz genutzten Marktplatz. Er wollte mit den Drogen auf der offenen Ladefläche vorfahren und wir sollten uns dann neben oder hinter ihn stellen. Danach sollte ich ihm das Bargeld erneut zeigen und dann übergeben. Siggi könnte zeitgleich den Kohlensack mit den Drogen von der Ladefläche holen und in unseren Kofferraum laden. Wir stimmten dem Übergabeort und dem Ablauf zu. Er war zuvor auch Teil unserer Erwägungen. Die SEK-Fahrzeuge konnten leicht den Kleinlaster einkeilen und es war mit Viktor nur eine Person festzunehmen, die vermutlich sogar unbewaffnet war. Es bestand eigentlich keine Gefahr für Unbeteiligte die sich auf dem Marktplatz bewegten.

Ich suchte nach der Einigung die Toilette auf, um den Kommandoführer des SEK zu instruieren. Die anschließende Fahrt über die nahe Grenze verlief problemlos. Wir wurden nicht kontrolliert. Viktor verließ nach zehn Kilometern die Hauptstraße und stoppte hinter einem kleinen Örtchen. Er meinte, dass es nur noch ein Kilometer bis zu dem Treff sei. Ich schaute mich um und fand auf den ersten Blick schon ein Versteck. In unmittelbarer Nähe befand sich ein Fußweg mit einer Bank, die von Sträuchern umgeben war. Ich konnte den verlassenen Ort vom Pkw gut überwachen. Wie verabredet, stieg Siggi zu Viktor in den Kleinlaster und beiden fuhren los. Ich versteckte den Umschlag mit dem Geld unter den Sträuchern bei der Parkbank und wartete dann am Auto.

Auf unserer gemeinsamen späteren Rückfahrt zum Markt in Kleve schilderte Siggi sein Erlebnis mit Jo und seinen Leuten: „Also ist klar, dass mir flau im Magen war. Ich war bei den Verhandlungen ganz allein auf mich gestellt und wusste, dass mich da harte Jungs erwarten. Viktor verließ an einem Feldweg die Nebenstraße und fuhr auf eine Art Scheune zu. Dazu gehörte noch ein Nebengebäude. Das Gelände war von einem hohen Holzzaun umgeben und nicht einzusehen. Viktor hielt vor dem Tor.

Als wir ausstiegen, wurde es von zwei Rockertypen geöffnet. Wir betraten das Gelände. Neben dem Anbau, der wohl quasi als Büro diente, standen drei Kräder. Eins davon war ein alte Moto Guzzi, die ich schon immer Klasse fand. Als ich gerade die beiden fragte, wem die gehört, kam ein eher kleiner, hagerer Typ mit Vollbart aus dem Anbau. Einer der beiden zeigte auf ihn und sagte, dass es Jo sei, dem das Krad gehört. Ich begrüßte ihn kurz per Handschlag und zeigte mich dann erst mal mehr an dem Krad interessiert. Den handgenähten Ledersattel fand ich beeindruckend. Jo, der gut deutsch sprach, war stolz auf seine Moto Guzzi und beantwortete mir sofort meine Fragen zu dem Krad. Als ich ihn fragte, wo man so was günstig bekommen kann, meinte er, dass wir da später noch mal drüber reden könnten. Zwischen uns beiden war das Eis gebrochen. Ich konnte mich zurückhalten und zuhören, wie Viktor etwas unsicher unsere Bedenken und Sicherheitsvorstellungen erläuterte. Nebenbei zeigte ich Jo gleichzeitig, dass ich unbewaffnet bin. Jo lachte und zeigte mir seinen Revolver im Schulterhalfter. Als Viktor mit seinen Erklärungen fertig war, forderte ich, dass Jo für den Fall einer Einigung unbewaffnet zur Geldvorlage kommt. Er stimmte eher mürrisch zu. Das Tragen der Waffe hatte für ihn anscheinend auch was mit Ehre zu tun.

Während die beiden Rocker und Viktor draußen warteten, führte mich Jo in die Scheune. Das war wohl der Treff der Drogenbande. Es gab eine Theke, ein Regal mit Schnapsflaschen, Hocker und Tische und Stühle. Auf Drogen wies hier nichts hin. Einfach ein Rockertreff. Jo ging hinter die Theke und wies uns an, uns auf die Hocker zu setzten. Dann schenkte er uns einen großen Whisky ein. Jo meinte, dass die Drogen nicht seine seien und sich auch nicht hier auf dem Gelände befänden. Er sei auch nur Vermittler. Bei Bedarf auch noch der Mann fürs Grobe. Er meinte, dass wir ins Geschäft kommen können, sollten wir aber linken, dann würde er uns killen. Ich versicherte nochmals, dass wir an langfristigen Geschäften mit zuverlässigen Lieferanten interessiert seien. Die jetzige Menge solle auch nur ein Einstieg sein. Ich verlangte nun Proben. Jo wies mich an zu warten und verließ die Scheune. Mir war schon mulmig, was jetzt kommen würde. Nach etwa einer Minute, die mir endlos lang vorkam, kam er zurück. Er legte eine Haschischplatte, bester schwarzer Afghan, auf die Theke. Ich nahm eine Nagelprobe und zeigte mich zufrieden. Dann holte Jo unter der Theke einen Spiegel und ein dünnes Glasröhrchen hervor. Er gab eine kleine Menge weißes Pulver darauf. Mit einem Handzeichen forderte er mich auf, zu probieren. Eigentlich hatte ich das noch nie gemacht und wollte es auch vermeiden, aber jetzt konnte ich nicht zurück. Ich zog mir eine kleine Probe in die Nase und erklärte, dass ich nur wenig zum Test nehmen würde, weil ich fit bleiben wolle. Wir tranken dann in Ruhe noch den Whisky. Mit den Fingern zerrieb ich den Rest der Probe und roch daran. Übrigens, mit dem Finger testen und ablecken kommt ja nur in schlechten Krimis vor. Ich bezeichnete den Stoff als gut. Jo behauptete es sei beste Qualität. Darauf könnten sich alle seine Kunden verlassen. Ich fragte nun nach dem Preis und meinte, dass wir auch nur Vermittler sind und ebenfalls

dabei verdienen wollen. Es kam nicht zu großen Verhandlungen. Jo erklärte, dass wir jetzt einen Einstiegspreis
zahlen müssten. Zukünftig könne man dann bei größeren
Mengen noch verhandeln. Er forderte achtundzwanzig
Mille für die zwanzig Kilo Haschisch und siebenunddreißig
Mille für das halbe Kilo Koks. Ab einem Kilo könne er später für fünfzig Mille liefern. Ich erklärte, dass es okay sei,
heute sei eh nur ein Test. In zwei Wochen würden wir uns
wieder melden. Wir tranken unseren Whisky aus und verließen gemeinsam die Scheune. Draußen zog Jo den Revolver aus dem Halfter und hielt ihn zunächst grinsend in
meine Richtung, dann übergab er ihn einem seiner Leute.
Der Whisky, das Kokain und nun der Schreck mit dem
Revolver hätten mich fast umgehauen. Aber ich habe versucht mir nichts anmerken zu lassen. Gemeinsam fuhren
Jo und ich dann im Laster des Viktor zu unserem Auto."

Na, ich wartete gespannt auf das Eintreffen und begrüßte Jo per Handschlag. Siggi wies daraufhin, dass ich
sein Partner sei. Siggi erklärte mir, auf welchen Preis man
sich geeinigt hätte und ich sollte nun die Kohle vorzeigen.
Ich suchte das Gebüsch auf und entnahm dem Umschlag
das überzählige Bargeld. Ich schob es unter mein Hemd.
Das machte ich auf dem Weg zum Auto so auffällig, dass
Jo das mitbekommen musste. Wir wollten nicht zu professionell erscheinen. Weil Siggi mir versicherte, dass Jo
unbewaffnet sei, wichen wir von unserem Plan ab. Ich
übergab Siggi den Umschlag mit dem vereinbarten Betrag. Siggi ließ Jo das Geld prüfen und nachzählen. Der
zeigte sich zufrieden, gab Siggi den Umschlag zurück und
erklärte, dass Viktor in etwa einer Stunde am Markt mit

der Lieferung eintreffen würde. Er wies Viktor nun sehr barsch an, dass er vor Herausgabe der Lieferung nochmals gründlich nachzählen sollte. Siggi meinte, dass das okay sei. Wir wollten schließlich alle nur ein sauberes Geschäft. Jo meinte, dass er das für uns hoffe, sonst... Er brach ab und forderte Viktor auf, ihn zurückzufahren.

Wir bestiegen unseren Wagen und fuhren nach Kleve zurück. Während der Rückfahrt wurden wir nicht verfolgt. Uns war klar, die trauen sich nicht mehr nach Deutschland rein. Wahrscheinlich waren die beiden Jungs von Jo auch an der Randale im Duisburger Gericht beteiligt, die ihm zur Flucht verholfen hatte. Anscheinend hatten wir für heute den schwierigsten Part überstanden. Siggi klagte über leichte Ausfallerscheinungen. Er fühle sich, als hätte er zehn Whiskys getrunken. An einem vereinbarten Treffpunkt außerhalb von Kleve trafen wir den Kommandoführer des SEK. Er und sein Begleiter statteten uns mit verdeckten Sprechfunkgeräten und unseren Waffen für den Zugriff aus. Wir informierten ihn darüber, dass wir am Übergabeort nur Viktor erwarten würden, dennoch sollte er zwei Sicherungsteams für alle Fälle bereithalten. Der Kommandoführer erklärte, dass er in einem Gebäude am Markt einen Mann in guter Sicht positioniert habe, der schon seit einer Stunde den Markt auf verdächtige Bewegungen hin observiert. Es sei aber alles clean.

Siggi und ich begaben uns mit unserem Auto auf den nicht voll besetzten Marktplatz und warteten auf die Lieferung. Nach gut einer Stunde fuhr Viktor, wie verabredet, mit seinem Kleinlaster auf den Marktplatz. Er fand in unserer Nähe eine Parkmöglichkeit. Wir gingen beide zu ihm rüber. Viktor stieg aus und ich übergab ihm den Umschlag mit dem Geld. Er begann zu zählen. Siggi fragte ihn nach dem Stoff. Er meinte, dass er die Klappe runter machen solle, der Stoff stehe ganz hinten in dem Kohlensack. Siggi öffnete die Klappe und konnte von unten aus den Sack ergreifen. Er schaute kurz hinein und rief zu mir rüber: „Alles da, alles okay!" Das wurde natürlich über Funk übertragen und war für das SEK das Zeichen für den Zugriff. Als sichtbares Zugriffszeichen nahm ich, wie vereinbart noch meine Mütze ab. Dieses zusätzliche Zeichen diente der Sicherheit, wir hatten schon mal eine Panne beim Zugriff, weil der Funkkontakt unbemerkt unterbrochen war. Nur mit viel Glück konnten wir damals die Situation retten. Seither fuhren wir zweigleisig. Innerhalb weniger Sekunden rauschten drei Fahrzeuge heran. Die SEK-Leute sprangen heraus und nahmen Viktor fest. Er wurde umgehend zur Dienststelle in Kleve transportiert. Der Einsatz war in wenigen Sekunden erledigt. Wir fertigten von dem Kleinlaster, dem Kohlensack mit den Drogen noch einige Beweisfotos. Bargeld und Drogen nahmen wir an uns. Der Lkw wurde als Tatfahrzeug sichergestellt. Kaum jemand hat großartig von der Aktion Notiz genommen.

Nach gut zwei Stunden holten Siggi und ich uns Viktor zur Vernehmung. Der war am Boden zerstört. Als wir ihm in einem Vorgespräch vorwarfen, dass er seit mehreren Jahren illegale Drogen in großen Mengen nach Deutschland einschleust hat, begann er zu heulen. Er räumte ein, dass er sich an miesen Drogengeschäften beteiligt hat. Er verwies dann auf seine finanzielle Notlage und dass er seine Familie, Frau und Kind, durchbringen müsse. Er räumte ein, dass er seit Jahren an dem Drogenhandel beteiligt sei, dazu aber niemals eine Aussage machen werde. Wenn er aussagen würde, wäre seine Familie nicht mehr sicher. Er meinte, wir könnten ihn für Jahre einsperren. Aber von ihm käme keine Aussage zu den Hintermännern. Ab sofort würde er schweigen.

Wir ließen ihn die Erklärung unterschreiben, dass er von seinem Aussageverweigerungsrecht Gebrauch macht. Irgendwie war es für uns unbefriedigend, dass wir keine Aussagen gegen die Dealer Bande hatten. Aber uns war auch klar, dass Viktor im Falle einer Aussage sich und seine Familie gefährden würde. Blieb die Frage, was die niederländische Justiz mit unserer Sicherstellung und unseren Aussagen über die Bande machen würde.

Wir ließen uns von den Kollegen in Kleve Hotelzimmer besorgen. Dann stellten wir noch am Abend und am folgenden Morgen die Beweisakte für die richterliche Vorführung von Viktor zusammen. Gleichzeitig erstellten wir eine Kopie, die sich die niederländischen Kollegen am folgenden Tag abholten.

Entgegen den Gepflogenheiten in Essen bat uns, der Haftrichter vom Landgericht Kleve persönlich an der Vorführung teilzunehmen. Viktor wurde durch einen soliden älteren Rechtsanwalt vertreten. Dieser ließ Viktor nicht mehr reden, sondern schilderte für ihn, dass er alles bereue aber aus Rücksicht auf seine Familie keine Aussagen machen könne. Der Richter erkannte wegen der hohen zu erwartenden Strafe für die fortgesetzte Einfuhr von und Handel mit illegalen Drogen auf Fluchtgefahr und erließ einen Haftbefehl.

Der Einsatz war erledigt und es war alles nach unseren Vorstellungen gelaufen. Abgesehen davon, dass wir auf eine belastende Aussage durch den Kurier gehofft hatten. Jetzt stand nur noch in einigen Monaten der Prozess vor dem Landgericht Kleve an. Das dürfte wohl eher Routine sein, dachten Siggi und ich jedenfalls. Doch es kam völlig anders.

Etwa drei Monate nach der Festnahme wurden Siggi und ich als Zeugen zur Hauptverhandlung gegen Viktor beim Landgericht Kleve vorgeladen. Schon bei der allgemeinen Zeugenbelehrung konnte ich einen interessanten Eindruck gewinnen. Im Zuschauerraum befanden sich einige Rocker und Personen, die man optisch dem Drogenmilieu zuordnen konnte. Es waren mehr als zehn Männer im Alter von etwa 30 bis 50 Jahren, allesamt offensichtlich Holländer, was an einigen Aufschriften bei den Kuttenträgern erkennbar war. Es schien, als hätte man hier im Gerichtssaal ein Drohszenario aufgebaut. Die holländischen Drogendealer wollten anscheinend den Eindruck der Bedrohung für Viktor erhöhen. Viktor saß total eingeschüchtert, eingefallen und kreidebleich auf der Anklagebank. Die zweite Überraschung für uns war, dass der ältere Rechtsanwalt, der Viktor bei der richterlichen Vorführung vertreten hatte, nicht anwesend war. Links und rechts von ihm saßen ein junger und ein älterer Anwalt. Wie sich später in der Verhandlung ergab, hatte Viktor seinem vorherigen Anwalt das Mandat entzogen und ließ sich nun von diesen beiden vertreten. Klar war, dass Viktor sich zwei solche, salopp ausgedrückt, „Ganovenanwälte" nicht leisten konnte. Die Dealer werden ihm diese aus Sicherheitsgründen zur Seite gestellt haben.

Nach der allgemeinen Belehrung als Zeugen wurden Siggi und ich hinausgeschickt. Zuerst wurde ich dann als Zeuge aufgerufen. Der Vorsitzende bat mich, den Sachverhalt aus meiner Sicht zu schildern. Ich begann damit, dass wir durch einen Vertrauensmann über Viktors Drogeneinfuhr informiert wurden und dieser uns dann auch an Viktor heranführte. Ich schilderte weiter den gesamten Ablauf bis zur Festnahme. Am Ende meiner Schilderung fragte mich der Vorsitzende ausdrücklich, ob eine Vertraulichkeitszusage erfolgt sei. Ich bejahte dies.

Der Vorsitzende bot nun den beiden Rechtsanwälten an, Fragen an mich zu richten. Der Ältere von beiden, warf mir vor, dass wir als Kriminalbeamte ihren Mandanten zur Einfuhr von Drogen nicht nur angestiftet, sondern genötigt hätten. Ich wies diesen Vorwurf zurück und verwies auf meine Aussage und alle Aktenvermerke. Der Rechtsanwalt wurde nun deutlich aggressiver und forderte die Namensnennung unseres V-Mannes. Dieser hätte sich der Anstiftung strafbar gemacht. Die Benennung des V-Mannes verweigerte ich mit Hinweis auf die schriftlich erfolgte Vertraulichkeitszusage. Nun meldete sich der jüngere der beiden Anwälte und erklärte: „Wir haben ihre Falschaussagen zur Kenntnis genommen und werden Ihnen im Laufe des Verfahrens hier vor Gericht Ihren V-Mann präsentieren." Ich war zunächst total geschockt. Einen derartigen gezielten Vorstoß auf einen V-Mann hatte ich bisher noch nicht erlebt. Sind die Anwälte durch eine Panne an die Personalien von Fred gekommen? Hat der einen Fehler gemacht? Wie verhalte ich mich, wenn er mir gleich gegenübergestellt wird? Mir blieb zunächst nichts anderes über, als zu erklären, dass ich zu der V-Mann-Angelegenheit keine weiteren Aussagen machen werde.

Der Vorsitzende bat mich, im Gerichtssaal auf der Zeugenbank Platz zu nehmen, und rief Siggi als Zeugen auf. Mir ging durch den Kopf, dass Siggi erst seit einem Jahr unserer Dienststelle angehörte und mit Gerichten und Anwälten bisher eher unerfahren war. Ich konnte nur hoffen, dass er diesen nicht unüblichen Attacken standhielt. Meine Vermutung war, dass die Dealer dem Viktor diese Anwälte und deren Verfahrensweise aufgezwungen hatten. Sie wollten jede belastende Aussage gegen sich verhindern. Möglichst sollten die Anwälte noch das Verfahren kippen. Bei seinem Hereinkommen signalisierte ich Siggi per Handzeichen ruhig zu bleiben. Siggi ließ sich zum Glück bei seiner Aussage nicht verunsichern und schilderte den Sachverhalt. Er ließ sich auch durch die beiden Anwälte nicht provozieren. Bei dem Vorhalt, dass uns unser V-Mann in der nächsten Verhandlung vor Gericht gegenübergestellt wird, drehte er sich vollkommen irritiert zu mir um. Ich konnte nur mit den Schultern zucken. Siggi und ich wurden unvereidigt als Zeugen entlassen.

Auf der Rückfahrt fragten wir uns immer wieder, was schiefgelaufen ist. Hat Fred Mist gebaut? Von der Dienststelle aus nahmen wir umgehend mit Fred Kontakt auf. Wir befragten ihn eingehend, ob er mit jemanden über das Verfahren gesprochen hätte. Ob er vom Gericht oder Anwälten kontaktiert wurde. Er verneinte alles. Er meinte, dass er sich das alles nicht erklären könnte. Also um ehrlich zu sein, ganz waren meine Zweifel nicht ausgeräumt. Wir mussten ihm aber vertrauen.

Wenige Tage später erhielten wir eine erneute Vorladung vom LG Kleve. Fred bestätigte uns auf Anfrage, dass er keine Vorladung erhalten hatte. Das war schon mal beruhigend.

Ich wurde erneut als Erster vernommen. Der vorsitzende Richter erklärte, dass die Rechtsanwälte von Viktor unseren V-Mann identifiziert hätten und er nun im Gerichtssaal wäre. Er wies auf einen mir völlig unbekannten etwa vierzigjährigen gepflegten Mann hin, der auf der Zeugenbank saß. Der Vorsitzende forderte den Mann auf sich zu erheben und richtete die Frage an mich, ob die Person unser V-Mann sei. Ich war vollkommen erleichtert und konnte die Frage nur lächelnd verneinen und erklären, dass ich die Person zum ersten Mal sehen würde. Der jüngere Anwalt bezichtigte mich daraufhin der Falschaussage und forderte meine Vereidigung. Nach dieser Reaktion konnte ich mir ein breites Grinsen nicht verkneifen, denn ich wusste, dass ein Gericht keinen Zeugen vereidigen darf, wenn der Wahrheitsgehalt seiner Aussage angezweifelt wird. Der Vorsitzende reagierte auch sofort entsprechend und wies den Anwalt auf diese Rechtslage hin. Natürlich war das dem Anwalt nicht neu, aber das war Teil des Schaugeschäfts für die Tribüne mit den Dealern. Die wollten schließlich was für ihr Geld sehen. Ich wurde gebeten, neben unserem vermeintlichen V-Mann Platz zu nehmen.

Siggi wurde hereingerufen und seine Zeugenvernehmung nahm den gleichen Verlauf. Beim Betreten des Gerichtssaales hatte er aber schon mein schadenfrohes Grinsen wahrgenommen. Die beiden Rechtsanwälte hatten offensichtlich aus der Szene eine absolute Falschinformation erhalten. Wie diese zustande gekommen ist, haben wir nie erfahren. Wir haben uns auch bewusst nicht mit dem vermeintlichen V-Mann unterhalten. Es bleibt zu vermuten, dass auch er mal von Viktor beliefert wurde oder zumindest mit ihm über Drogen gesprochen hatte.

Nach unserer Vernehmung und der Pleite behauptete der ältere Anwalt, dass Viktor durch unseren V-Mann zu der Drogeneinfuhr genötigt wurde. Aus diesem Grunde müsse das Gericht bei dem Innenministerium NRW, unserem Dienstherrn, die Aufhebung der Vertraulichkeitszusage für unseren Vertrauensmann beantragen. Sodass wir die Person in der nächsten Hauptverhandlung namentlich benennen müssten und die V-Person als Zeugen zu dem Vorwurf der Nötigung vernommen werden könnte. Das Gericht zog sich zur Beratung zurück. Anschließend verkündete der Vorsitzende, dass das Gericht die Aufhebung der Vertraulichkeitszusage beim Innenminister NRW beantragen würde. Die Verhandlung wurde bis zur Entscheidung des IM vertagt.

Wenige Tage später wurden unser Chef, Siggi und ich von unserer Kripo-Leitung zu einer Besprechung zitiert. Der Leiter und sein Vertreter eröffneten uns, dass dem IM ein entsprechender Antrag des LG Kleve vorliegen würde. Der Vertreter des IM habe schriftlich Zweifel an der Korrektheit der Vertraulichkeit angemeldet und gehe davon aus, diese aufzuheben zu müssen. Dalli führte für uns die Argumentation. Siggi und ich hielten uns dabei zurück. Er legte zunächst die Dokumente zur Vertraulichkeitserklärung vor und stellte fest, dass alles rechtlich gesichert sei. Zur Argumentation des Gerichtes schilderte er die Verteidigerpanne mit dem angeblichen V-Mann und kam dann zu dem Antrag der Anwälte. Die Behauptung, dass unser V-Mann den Beschuldigten genötigt habe, konnte er insofern widerlegen, als dass dieser nie mit Viktor über die Drogeneinfuhr verhandelt hatte. Ausschließlich wir hatten die Verhandlungen geführt und das letztlich sogar nicht einmal mit Viktor, sondern mit Jo, dem Boss. Es sei offensichtlich, dass die niederländischen Drogendealer die neuen Rechtsanwälte in das Verfahren gebracht hätten, um unseren V-Mann zu enttarnen und möglichst das Verfahren zu kippen. Unsere Leitung erklärte, dass sie in unserem Sinne dem IM Bericht erstatten werde.

Wenige Tage später erhielten wir eine erneute Vorladung vom LG Kleve. Wir wurden wieder nacheinander hereingerufen und zu unserem Vertrauensmann befragt.

Wir verweigerten die Aussage. Der Vorsitzende erklärte, dass eine Entscheidung des IM noch nicht vorliegen würde. Aus formalen Gründen wegen der Gerichtsfristen hätte man heute jedoch verhandeln müssen. Die Verhandlung wurde wieder vertagt.

Nach unserer Rückkehr forderten wir unsere Leitung dazu auf, erneut mit dem zuständigen Vertreter des IM Kontakt aufzunehmen. Dalli erklärte, dass eine Aufhebung der Vertraulichkeit unsere Arbeit für Jahrzehnte beschädigen würde. Es würde sich wie ein Lauffeuer herumsprechen und niemand aus der Szene würde noch mit uns oder einer anderen Dienstelle vertraulich zusammenarbeiten. Das würde für das gesamte Land gelten. Aufgrund der zögerlichen Haltung des IM war ich inzwischen absolut aufgebracht. Ich erklärte, dass ich die Vertrauensperson seit langem führe. Dass der V-Mann sich in dieser Sache eindeutig an unsere Anweisungen gehalten habe. Ich forderte zu Protokoll zu nehmen, dass ich persönlich die Vertraulichkeit zugesagt habe und der V-Mann ein Anrecht auf mein Wort habe. Meine Zusage könne für meine Begriffe auch kein Innenministerium aufheben, wenn kein nachweisbarer Rechtsverstoß vorliegt. Dies sei in diesem Falle nicht gegeben. Ich würde meine Zusage halten, selbst wenn das IM die Vertraulichkeit aufheben würde. Siggi erklärte, dass er das ebenso handhaben würde und wir dann eben die Konsequenzen tragen werden. Der Leiter der Kripo erklärte, dass er unsere Reaktion keinesfalls dem IM vortragen könne. Wir seien an deren Entscheidung gebunden. Außerdem müssten wir dann seitens des

Landgerichtes mit Zwangsgeld und Erzwingungshaft rechnen. Daraufhin machte Dalli deutlich, dass er, wenn die Leitung das Kreuz nicht habe, persönlich dem IM entsprechend berichten würde. Sollte eine Aufhebung tatsächlich erfolgen, würde er umgehend sein Amt als Dienstellenleiter der ersten OK-Dienststelle in NRW niederlegen. Der Leiter der Kripo verdeutlichte nochmals, dass er derartige Aussagen nicht schriftlich einreichen könne. Er habe schon mit dem Polizeipräsidenten, einem Juristen, darüber gesprochen. Auch er könne der Forderung des LG Kleve nicht folgen. Der Polizeipräsident sei deshalb bereit, gemeinsam mit ihm in Düsseldorf beim IM ein klärendes Gespräch zu führen.

Inzwischen hatte uns eine erneute Vorladung zur Zeugenvernehmung durch das LG Kleve erreicht. Wir waren bis dato lediglich informiert, dass das angekündigte Gespräch beim IM stattgefunden hätte. Bis zu unserer Abfahrt konnten wir keine Informationen über die Entscheidung des IM erhalten. Der Stress war riesengroß. Was würde passieren, wenn der IM die Vertraulichkeitserklärung aufgehoben hatte. Siggi und ich waren uns einig, dass wir dennoch die Aussage verweigern. Auf der Fahrt nach Kleve spielten wir alle möglichen Zwangsmaßnahmen des Landgerichtes durch. Das Gericht konnte Zwangsgelder in unbestimmter Höhe gegen uns verhängen, die uns existenziell belasten würden. Wir beide hatten Familie mit je zwei Kinder zu versorgen. Aber da war noch die Beugehaft, mit der man uns zur Aussage zwingen könnte. Wir vereinbarten dann scherzhaft: „Okay, leihen wir uns ein paar Bücher und gehen für einige Zeit in den Knast. Wir sind Beamte. Das Gehalt läuft weiter." Aber eigentlich war uns nicht nach Spaßen zumute. Wir waren total wütend. Wir halten für diesen sch... Staat die Birne hin, arbeiten erfolgreich und korrekt. Was macht der Staat mit uns, er setzt uns unter Druck und behandelt uns wie Kriminelle. Ich für meinen Teil war erstmalig an dem Punkt, dass ich den Job hinschmeißen wollte.

Vom Gericht wurde ich wieder als Erster aufgerufen. Ich war noch nie so wütend auf die Gesellschaft und gleichzeitig hatte ich das Gefühl, dass mir jetzt alles den Ar... runter geht. Der Vorsitzende machte es auch noch schön spannend, indem er genüsslich in aller Ruhe die zwei Seiten lange Entscheidung des IM verlas. Irgendwie hatte ich das Gefühl, dass er die Situation auskostete. Fazit war, der IM lehnte den Antrag auf Aufhebung der Vertraulichkeitszusage ab. Ich war erleichtert, dennoch absolut sauer über das Prozedere. Heute sehe ich das mit etwas anderen Augen, weil ich in den letzten fünf Jahren Schöffe am Landgericht Essen in der Großen Strafkammer war. Für die Gerichte ist es ein hohes Ziel Revisionen seitens der Verteidigung zu vermeiden. Dennoch finde ich auch im Nachhinein, das Prozedere eher unglücklich.

Als Nächster wurde Siggi hineingerufen. Ihm teilte der Vorsitzende Richter nur das Ergebnis mit. Die Große Strafkammer des LG Kleve führte noch an diesem Tage die Verhandlung zu Ende und verurteilte den Beschuldigten zu einer Freiheitsstrafe von fünf Jahren.

Nach der Urteilsverkündung bat mich der Vorsitzende auf dem Flur um ein persönliches Gespräch. Was ihn dazu bewog, ist mir bis heute schleierhaft. Im Sitzungszimmer meinte er, dass es ihn persönlich interessieren würde, wie ich reagiert hätte, wenn das IM die Vertraulichkeitszusage aufgehoben hätte. Ich erklärte ihm, dass es sich dabei um einen wichtigen Bestandteil unserer Ermittlungstätigkeit handeln würde. Ferner hätte ich persönlich meinem langjährigen V-Mann mein Wort gegeben. Ich hätte auch weiterhin zu seiner Person die Aussage verweigert. Meine Antwort traf bei ihm auf völliges Unverständnis. Er glaubte, mir noch erklären zu müssen, dass er dann gezwungen gewesen wäre Zwangsgeld oder Beugehaft anzuordnen. Ich war nun leicht ungehalten über die Arroganz und habe ihm erklärt, dass ich rechtlich einigermaßen vorgebildet sei. Gegen Zwangsgeld hätte ich wegen der sozialen Belastung meiner Familie Widerspruch eingelegt. Was die Beugehaft betrifft, hätte ich mir schon Bücher, Kleidung und alle nötigen Utensilien für einen Haftantritt zum Verhandlungstermin mitgebracht. Mein Gehalt würde ja schließlich weiterlaufen. Das habe ich dann auch von meinem Kollegen behauptet. Das Gespräch war abrupt beendet.

Über eine mögliche Strafverfolgung der holländischen Dealer, des Jo und seiner Leute, kann ich hier keine Angaben machen. Mir ist nichts darüber bekannt, ob die niederländischen Strafverfolgungsbehörden überhaupt aktiv wurden.

Das Prozedere um die Vertraulichkeitserklärung hat am Ende weit mehr Nerven gekostet, als die gesamten vorherigen Ermittlungen. Aber im Innenministerium haben wir für die Zukunft Pflöcke eingeschlagen. Außerdem ist es nahezu in jedem Ermittlungsverfahren so, dass die Schwierigkeiten mit den eigenen Behörden und der Justiz oft mehr Aufwand erfordern, als der Umgang mit den Kriminellen. Zumindest ist dieser Teil der Arbeit wesentlich aufreibender und frustrierender. Das ist wohl auch der Grund, warum wir einen zunehmenden Anteil an Kriminalbeamten haben. Man kann zermürbt und lethargisch werden. Ich habe das Gefühl, dass gerade bei der Polizei diese Probleme ständig zunehmen, statt gelöst zu werden. Inzwischen vermeide ich seit meiner Pensionierung jedes Gespräch mit aktiven Ermittlern. Der Frust ist größer denn je und steigt mit jeder Neuorganisation. Ich habe in meiner aktiven Zeit nur drei davon miterleben müssen. Die Neuorganisationen waren nie zielführend, sondern lediglich an der Beschaffung neuer Führungsfunktionen ausgerichtet.

Aber weiter zu unserem Fall. Am Ende der Geschichte haben Siggi und ich uns nochmals intensiv mit Fred über die Tätigkeit als Vertrauensmann besprochen. Wir haben ihm erklärt, dass wir nicht kontrollieren können, und wollen, was er so nebenher treibt. Das liege allein in seiner Verantwortung. Aber wenn er von uns in einem Fall konkret verpflichtet wird, kann jeder Alleingang für ihn schlimme Folgen haben. Fred war klar, dass er in der zurückliegenden Sache, im Falle eines Versagens, die Drogendealer am Hals gehabt hätte. Die wären möglicherweise noch anders mit ihm umgesprungen, als damals die beklauten Luden.

Knalleffekt und Branchenwechsel

Bei diesem Fall kommen wir zu einem „Dauerkunden" unserer Dienststelle. Eigentlich sind es zwei unterschiedliche Verfahren in erheblichem zeitlichem Abstand, den Justitia erzwungen hat. Wegen des einen Haupttäters, namens Paul Lange, schildere ich beide Fälle im Zusammenhang. Über viele Jahre haben wir immer wieder gegen ihn ermittelt und ihn auch einiger Straftaten überführt. Zum Zeitpunkt dieser Ermittlungen war er 54 Jahre alt. Man kann ihn als absoluten Berufsverbrecher bezeichnen. Er lebte sehr unauffällig mit einer Lebensgefährtin. Paul machte den Eindruck des bürgerlichen Biedermanns. Er verließ morgens die Wohnung und fuhr mit seinem Mercedes Kombi los. Mittags hat er regelmäßig am Hauptbahnhof Essen in der Personalkantine der Deutschen Bahn gegessen. Alle hielten ihn dort für einen leitenden Bahnbeschäftigten. Nachmittags kehrte er, wie die meisten Arbeitnehmer, nach Hause zurück. Die Nachbarn mussten in ihm den soliden Bürger sehen. Seine Lebensgefährtin wusste ebenfalls nichts Konkretes über seinen Aktivitäten. Also eigentlich wollte sie wohl nichts davon wissen. Er bewegte sich auch nur äußerst selten im Milieu und trank grundsätzlich keinen Alkohol.

Paul war es gelungen, auf Dauer einen gediegenen Lebenswandel vorzutäuschen. Mit der Zeit hatte er sich neben seinem Mercedeskombi noch ein kleines Ferienhaus in Holland zugelegt. Dies blieb von seiner Umgebung unbemerkt. Wenn er mit seiner Lebensgefährtin dort das Wochenende verbrachte, benutzte er auch sein teures

Motorrad und sein Motorboot. Was ihn als Täter auszeichnete war seine absolut gründliche Planung der Taten und die Auswahl perfekter Mittäter. Hinzu kamen seine fahrerischen Fähigkeiten als Autofahrer. Für seine Tatausführungen stahl er immer wieder nur ein bestimmtes Fahrzeugmodell. Er benutzte ausschließlich VW Golf GTI, weil sie schnell und wendig waren. Einige Jahre zuvor hatten wir versucht, ihn in Essen-Steele mit Diebesgut zu stellen. Ihm war es dabei jedoch durch waghalsige Fahrmanöver gelungen mehr als zehn Streifenwagen abzuhängen und zu fliehen. Bei dem Einsatz wurden vier Verfolgerfahrzeuge zum Teil erheblich beschädigt. Weil er einige Zeit im Ausland unterwegs war, hatten wir ihn mal wieder aus den Augen verloren. Doch dann meldete sich Fred bei mir.

„Hallo Merten, ich habe da was Neues von einem euerer Dauerkunden. Na, wie ich den Kontakt zu ihm bekommen habe, sollte dich nichts angehen. Diesen Part werde ich dir nicht auf die Nase binden. Solltest du auch weiter nicht hinterfragen. Einer meiner Kunden ist ein bekannter Hehler. Zu seiner Person werde ich aber keine Angaben machen, wenn du verstehst." Ich hatte schon verstanden. Wir haben aus der Szene etwas von Freds ominösen Goldbarrengeschäften gehört. Konkretes hat sich jedoch nie ergeben. Niemand hat Anzeige erstattet. Also gab es dazu nichts Beweisbares. Daher ließ ich Fred weiter berichten: „Dieser Typ vermittelte mir seinen besten Kunden. Der wollte Geld anlegen und mit mir ins Geschäft kommen. Aber das spielt ja hier und heute keine Rolle. Jedenfalls brachte er uns zusammen. Der Mann nannte sich Paul. Er wollte angeblich eine große Summe anlegen. In der Folge kam es zu mehreren Treffen, bei denen er von einem etwa gleichaltrigen Mann begleitet wurde, den er jedoch wie einen Lakaien behandelte. Der schien auch nicht besonders helle zu sein. Das Geschäft kam aber nicht zustande. Irgendwie schien der Paul mir nicht zu trauen. Ich habe die Verbindung schließlich abgebrochen. Zufällig traf ich später seinen damaligen Begleiter und wir kamen ins Gespräch.

Also der Begleiter von Paul, er nannte sich Günter, war mächtig sauer auf ihn, weil er ihn aus dem Geschäft gedrängt hätte. Günter beklagte sich. Paul habe ihm seinen Lebenswandel, Alkohol und Zocken, vorgeworfen. Er würde für Paul nur noch ein Risiko bedeuten. Außerdem müsse er ja demnächst eine längere Haftstrafe antreten. Für seinen Job habe er jetzt einen jüngeren und kräftigeren Partner. Günter schilderte wütend, dass er zig Jahre Pauls „Hammermann" war und der sich nun so einen blöden Bodybuilder holt. Günter gab zu, der sei stärker und schneller aber er eben erfahrener. Das würde Paul nicht begreifen. Als ich Günter fragte, was er mit „Hammermann" meint, zeigte er sich überrascht. Er glaubte offensichtlich, dass ich den Job von Paul kannte. Wir hatten zwar über Schmuck und Uhren gesprochen aber nicht konkret über die Herkunft. Jedenfalls erläuterte Günter mir, dass er derjenige war, der bei den Juwelieren die Scheiben zertrümmert und den Schmuck gerafft hat. Der Paul mache es sich leicht, er würde nur fahren. Na ja, er habe auch ausgekundschaftet, die geklauten Autos besorgt und sich um den Absatz des Schmucks gekümmert. Günter redete sich immer mehr in Rage, weil er jetzt lange in den Knast müsse und eigentlich sei es Pauls Schuld. Er meinte, dass er Paul am liebsten zusammen mit seinem neuen Partner von den Bullen hopsnehmen lassen würde. Ihn mache wütend, dass die Kohle machen würden, während er im Knast schmort. Aber er könne ja nicht zu den Bullen gehen und sagen, sperrt die beiden mal ein. Ich gab ihm da recht. Paul und er seien schließlich über einen langen Zeitraum Partner gewesen und er müsste dann mit einer Retourkutsche rechnen. Ich bot Günter an, den Paul für ihn rein zu singen. Er sprang sofort darauf an und meinte, dass er ja dann nichts damit zu tun hätte. Ich hätte die Kontakte, müsste aber Details kennen. So ohne Weiteres können die Bullen auch nichts machen. Günter meinte nur, dass der Dalli eh heiß auf den Paul wäre, mit dem müsste ich Kontakt aufnehmen. Günter plauderte nun über die gemeinsamen Juweliereinbrüche. Paul habe immer die teuren Juweliere in Deutschland, Österreich und der Schweiz ausgemacht. Meist hätten die über Nacht ein Gitter mit Zeitschaltung vor dem Schaufenster. Sie hätten Sonntagmorgens abgepasst, wenn die Gitterrollos automatisch hochgegangen waren und in der Innenstadt kaum Betrieb war. Paul habe aus Prinzip immer einen geklauten Golf GTI für den Bruch benutzt. Beim Juwelier vorgefahren, sei Günter raus und habe mit dem Vorschlaghammer die Schaufensterscheibe zertrümmert. Natürlich habe er die Stelle ausgesucht, wo der wertvollste Schmuck lag, die dicken Rolex oder Klunker. Hätten sie vorher ausgekundschaftet. Dann habe er möglichst viel Schmuck zusammengerafft. Das seien Sekunden gewesen, wieder ins Auto und weg. Günter beharrte darauf, dass er immer noch die Kraft habe, mit dem Vorschlaghammer das Panzerglas zu zertrümmern. Da brauche man schon einen Bums. Ja, er hatte ja auch die Idee eine Spitze an den Hammer zu schweißen, damit der wie durch Butter durch die Scheibe geht. Sie seien dann mit dem Golf GTI geflüchtet. Aber nur eine kurze Strecke, wegen der Bullen und deren Ringfahndung. Kenne man ja alles. Nach der kurzen Flucht hätte Paul den Golf in der Nähe eines Parks abgestellt. Dann seien sie durch den Park gegangen. An einer vorbereiteten Stelle im Park hätte Paul den Schmuck verbuddelte. Sie seien dann auf der anderen Seite des Parks mit dem Mercedes von Paul davongefahren. So hätten sie vermieden, mit Schmuck in eine Kontrolle zu geraten. Erst am nächsten Tag sei der Schmuck abgeholt worden. Wenn die Bullen das Tatfahrzeug mit Hammer, Overalls, Handschuhen und Sturmhauben nicht aufgefunden hätten, sei auch dieses Arbeitsmaterial im Berufsverkehr wieder abgeholt worden. Paul habe sich damit einen neuen Autodiebstahl, neue Klamotten und den Hammer erspart. Ich habe Günter gesagt, dass wir davon ausgehen können, dass die Jungs vom Dalli seine Arbeitsweise mehr oder weniger kennen werden. Wichtig sei aber, was Paul aktuell mit seinem neuen Partner plant. Günter wusste, dass Paul in Leverkusen auf einem Firmengelände einen geklauten Golf GTI ohne Kennzeichen stehen hat. Den hätten sie jetzt schon bei zwei Brüchen benutzt. Natürlich mit den angebrachten geklauten Kennzeichen. Ich bin mit Günter nach Leverkusen gefahren. Er hat mir das Firmengelände gezeigt, wo der geklaute Golf GTI steht. Den braucht ihr eigentlich nur noch sonntagmorgens zu observieren. Ich weiß natürlich nicht an welchem Sonntag und wo die beiden wieder zuschlagen werden. Aber das ist ja jetzt euer Ding. Übrigens, für die sichergestellte Sore muss die Versicherung eine Belohnung locker machen, ist ja wohl selbstverständlich."

Die Arbeitsweise von Paul kannten wir natürlich schon, wir hatten Paul und Günter vor Jahren wegen zweier sogenannter „Blitzeinbrüche" in Genf und Baden-Baden überführt. Wir konnten Teile des Schmucks noch sicherstellen und ihnen die beiden Taten nachweisen, weil sie unmittelbar nach der Tat bei der Flucht jeweils in Tatortnähe von einer stationären Radaranlage geblitzt wurden. Ihre Gesichter waren gut zu erkennen. Von Fred kamen noch zwei wichtige Informationen. Paul hatte daraus gelernt. Beide Täter tarnten sich nun mit Sturmhauben. Weil beide damals auch anhand von Faserspuren überführt wurden, benutzte Paul jetzt Overalls bei der Tatausführung. Gemeinsam fuhren Fred und ich nach Leverkusen zu dem verlassenen Firmengelände. Dort stand tatsächlich ein verschlossener silberfarbener Golf GTI ohne Kennzeichen. Auf dem hinteren Kennzeichenträger hatten sich der erste Buchstabe des Ursprungskennzeichens B und die Ziffer 2 erkennbar abgedrückt. Wir beließen den Golf am Abstellort. Um später feststellen zu können, ob das Fahrzeug bewegt wurde, habe ich einen Reifen unten mit einem Kuli gekennzeichnet und die Kontaktstelle auf der Fahrbahn markiert. Fred erhielt die Anweisung keinen

Kontakt mehr zu Günter und Paul aufzunehmen. Fahndungsabfragen nach einem aktuell noch gestohlen gemeldeten silbernen Golf GTI führten zu einem Treffer in Bochum. Das B stand also für Bochum und das Ursprungskennzeichen beinhaltete zudem die Ziffer Zwei. Der Golf war dort drei Monaten zuvor entwendet worden.

Jetzt stellte sich die Frage, observieren wir rund um die Uhr oder setzten wir, wegen des hohen Aufwandes auf Lücke und lassen den Golf nur sonntags observieren. Paul war bekannt dafür, seine Arbeitsweise konsequent einzuhalten. Zwei Unwägbarkeiten gab es. Paul könnte den Abstellplatz wechseln aber aus welchem Grund? Oder es könnte jemand anderer den Pkw stehlen aber ohne Kennzeichen? Beide Varianten waren eher unwahrscheinlich. Bliebe da noch die Gefahr einer Aktion durch das Straßenverkehrsamt. Die schleppen abgemeldete Pkw jedoch zunächst nicht ab, sondern hinterlassen eine entsprechende Aufforderung. Dalli und ich entschieden uns für die Observation am Sonntag. An Wochentagen überprüfte lediglich ein Beamter des MEK, ob das Tatfahrzeug noch vor Ort abgestellt war und ob es bewegt wurde. Einen Sender am Fahrzeug anzubringen machte keinen Sinn, weil zur damaligen Zeit dessen Energieversorgung nicht langfristig zu gewährleisten war. Am zweiten Sonntagmorgen meldete das Observationsteam Bewegungen auf dem Firmengelände. Wir befanden uns zu diesem Zeitpunkt mit zwei Ermittlungsteams unserer Dienststelle in unmittelbarer Nähe. Wie immer hielten wir uns aus dem operativen Einsatz heraus. Diese Aktivitäten überließen wir den Spezialeinheiten. Wir übernahmen die Einsatzleitung vor

Ort und waren Ansprechpartner für besondere Lagen. Das MEK meldete, dass der Partner von Paul die Kennzeichen befestigte und den Golf bestieg. Paul bestieg seinen Mercedes. Während Paul vorfuhr, folgte ihm sein Partner. Die Observation wurde aufgenommen. Die Fahrt ging über die A3 Richtung Süden, dann über Bonn nach Bad Godesberg. Die Verfolgungsfahrzeuge mussten ständig die Positionen wechseln, weil die Verkehrsdichte um diese Zeit sehr gering war. Unser Vorteil war, dass dem gerissenen Paul durch den Golf die Sicht nach hinten versperrt war. Wir zogen als Einsatzleitung in großem Sicherheitsabstand hinterher. In Bad Godesberg suchte Paul gezielt die Straße Am Kurpark auf und stellte dort den Mercedes ab. Dann stieg er zu seinem Partner in den Golf GTI und übernahm das Steuer. Er fuhr zunächst auf einen leeren abgelegenen Parkplatz. Hier zogen beide graue Arbeitsoveralls und Handschuhe an. Der Partner holte aus dem Kofferraum einen Vorschlaghammer, den er dann im Fußraum des Golfs ablegte. Nun war klar, dass ein Blitzeinbruch unmittelbar bevorstand. Jetzt war alle Konzentration gefordert. Nur keinen Fehler machen. Wir kannten den Tatort nicht, wussten aber, wo beide Täter in den Mercedes von Paul umsteigen würden. Die Observationskräfte waren dahingehend instruiert, dass sie bis zum Tatobjekt, einem Juwelier in der Innenstadt, möglicherweise sogar in der Fußgängerzone, nur mit großem Abstand observieren sollten. Wichtig war, die Rückkehr zum Park abzupassen, um feststellen zu können, wo die beiden die Beute versteckten. Aus diesem Grunde setzte das

MEK eine Kollegin und einen Kollegen im Park ab. Wir waren im Vorteil, weil wir durch Fred im Detail über die Arbeitsweise informiert waren. Nach dem Umkleiden fuhren Paul und sein Partner mit dem Golf in Richtung Innenstadt. Sie trugen jetzt auch die Sturmhauben und Sonnenbrillen. Wie vermutet, befuhren sie dann die nahezu leere Fußgängerzone. Es war ein diesiger Sonntagmorgen und die Fußgängerzone war kurz nach zehn Uhr wie ausgestorben. Etwas weiter entfernt ging ein älterer Mann in die andere Richtung. Das erste Observationsfahrzeug parkte so, dass die Kollegen die Fußgängerzone einsehen konnten. Paul stoppte vor einem Juweliergeschäft. Sein Hammermann sprang mit dem Vorschlaghammer aus dem Fahrzeug, lief die wenigen Schritte auf das Schaufenster zu und schlug auf die Schaufensterscheibe ein. Der ältere Mann drehte sich kurz erschrocken um und entfernte sich dann aber so schnell es ging. Die Panzerglasscheibe platzte bei dem ersten Schlag. Erst bei dem dritten Schlag zerbarst die Scheibe und es entstand eine Öffnung mit einem Durchmesser von etwa einem halben Meter. Das reichte, um die dort platzierten vermutlich wertvollsten Schmuckstücke zu ergreifen. Paul hatte natürlich die Lage des Schmucks im Schaufenster ausgekundschaftet und seinen Partner instruiert, wo er zuschlagen soll. Der Hammermann raffte allen Schmuck zusammen, den er erreichen konnte, und stopfte ihn in einen mitgebrachten Plastikbeutel. Dann rannte er mit dem Beutel und dem Hammer zu dem mit laufendem Motor wartenden Golf und sprang hinein. Paul raste nun mit quietschenden Reifen los. Die Tat entsprach wirklich unserem Fachjargon „Blitzeinbruch", denn die Ausführung vor Ort dauerte maximal eine halbe Minute. Die Verfolgung durch die Fußgängerzone konnte vom MEK nicht aufgenommen werden, ohne aufzufallen. Einen Zugriff während Paul im Fahrzeug saß, haben wir wegen seiner berüchtigten Fahraktionen im Vorhinein ausgeschlossen. Aber Sekunden nach der gemeldeten Abfahrt nahm ein weiteres Observationsfahrzeug am anderen Ende der Fußgängerzone die Verfolgung des Fluchtfahrzeuges auf. Paul raste mit dem Golf Richtung Kurpark. Dort angekommen verminderte er die Geschwindigkeit und parkte den Golf ordnungsgemäß ein. Paul und sein Partner entledigten sich der Overalls und der Sturmhauben. Zusammen mit dem Vorschlaghammer warfen sie die Sachen in den Kofferraum. Dann verließen sie den Golf. Sie trugen lediglich noch Sonnenbrillen. Beide gingen dann in aller Ruhe zielgerichtet in den Kurpark. Sie wurden dort von dem als Pärchen getarnten Observationsteam aufgenommen. Während sein Partner durch den Park direkt in Richtung des abgestellten Mercedes ging, bewegte Paul sich mit dem Plastikbeutel in ein größeres Gebüsch. Sekunden später kam er ohne Beutel heraus und schlenderte auch in Richtung Mercedes. Offensichtlich sollte sein Partner das genaue Versteck der Beute nicht kennen. Paul hatte es vermutlich zuvor vorbereitet. Er schien seinem neuen Partner nicht absolut zu vertrauen. Wir gaben nun die Anweisung, beim Besteigen des Fahrzeugs den Zugriff durchzuführen. Aus der Erfahrung von Steele hatten wir gelernt, Paul nicht die Chance zu lassen, sein Fahrzeug in

Betrieb zu nehmen. Die eingesetzten Kräfte hatte ich in den Einsatzbesprechungen permanent darauf hingewiesen. Wie ich anschließend noch berichten werde, hatte eine Nichtbeachtung dieses Hinweises in einem späteren Fall gravierende Folgen. Der Zugriff erfolgte dann durch vier MEK-Fahrzeuge unmittelbar bei dem Versuch, den Mercedes zu besteigen. Der Mercedes wurde von den Fahrzeugen eingekeilt. Paul und sein Partner wurden widerstandslos festgenommen und Handfesseln angelegt.

Nun fuhren wir vor und übernahmen die Festgenommenen. Paul erkannte uns sofort und meinte: „Scheiße, hätte ich mir doch denken können, dass das die Leute von Dalli sind". Wir organisierten den Transport von Paul durch die örtliche Polizei nach Essen, während unser zweites Team seinen Partner transportierte. Er war die Schwachstelle und sollte schon mal unterwegs vorab, unter dem frischen Schock der Festnahme, befragt werden.

Das Observationspärchen hatte inzwischen den im Gebüsch leicht mit Erde bedeckte Plastikbeutel mit der Beute aufgefunden. Es handelte sich luxuriöse Damenringe, Armbänder und Colliers, die mit Brillanten besetzt waren. Wie sich später herausstellte, lag der Gesamtwert bei über zweihunderttausend Deutsche Mark. Mit der Sicherung des Schaufensters beauftragten wir die örtliche Polizeibehörde. Nachdem wir die Sicherstellung der beiden Fahrzeuge veranlasst hatten, begab ich mich dann mit meinem Partner ebenfalls nach Essen, um dort die weiteren Ermittlungen zu übernehmen.

Vor Ort berichteten die Kollegen, dass Martin, so hieß der neue Partner von Paul, alles andere als ein Profi war. Er hat nach Belehrung im Auto sofort die Flucht nach vorn angetreten und Paul als Haupttäter belastet. Er gab zu, zusammen mit Paul insgesamt fünf Blitzeinbrüche ausgeführt zu haben. In allen Fällen kannte er vorher weder die Objekte, noch war er über den Verbleib der Beute informiert. Paul habe sie versteckt und auch allein abgeholt. Er habe für jeden Einbruch dreitausend Mark von Paul erhalten. Über die Höhe der Beute oder den Erlös konnte er keine Angaben machen. Paul hatte ihn natürlich nicht aufgeklärt und behauptet, dass seine Hehler weniger als zehn Prozent des Schmuckwertes zahlen würden. Die Kollegen führten anschließend in der Dienststelle die schriftliche Vernehmung von Martin durch und ließen sich alle Blitzeinbrüche im Detail beschreiben.

Anschließend holte ich mit Dalli, der in der Dienststelle verblieben war, Paul zu Vernehmung. Unsere Festgenommenen wurden nicht, wie im Kriminalfilm, vorgeführt. Das mussten wir schon selbst erledigen. Es hat auch kriminaltaktische Vorteile. Der gemeinsame Weg durch das Präsidium zu unserer Dienststelle war so etwas wie ein erster sozialer Kontakt. Wir plauderten zunächst kurz über das zurückliegende Verfahren, bei dem Paul die Aussage verweigert hatte. Dann lasen wir ihm einige Auszüge aus der Vernehmung von Martin vor. Paul war wütend darüber, sich mit so einem Anfänger eingelassen zu haben. Er meinte nur: „Da habe ich ihm ständig gepredigt, bei euch Bullen die Schnauze zu halten! Auf die Anwälte zu warten. Und was macht der Idiot?" Letztendlich kam auch er wohl

nach langem Vorgespräch und Beratung mit seinem Anwalt zu der Einsicht, dass ein Abstreiten ihm eh nicht weiterhelfen würde. Wohl oder übel wolle er die fünf Einbrüche zugeben. Daran knüpfte er die Bedingung, dass wir
ihm jeweils die Aussage von Martin vorhalten und dass er
keine Aussage zum Verbleib der Sore machen würde. Natürlich wollte er mit dem Vorhalt der Aussage von Martin
verhindern, dass er den einen oder anderen Einbruch verwechselt. Nach der Vernehmung kamen wir gesprächs-
halber dazu, dass Paul in den letzten Jahren wohl reichlich
Blitzeinbrüche in Deutschland und Nachbarländern ausgeführt hätte. Paul lachte und bestätigte indirekt unsere
Annahme. Er meinte noch, dass ihm nur der Dalli mit seinen Leuten gefährlich werden kann. Am Ende forderte er
uns lachend auf, mal den Gesamtwert des im Lauf der
Jahre erbeuteten Schmucks und der Uhren zu schätzen.
Als ich dann meinte, dass es insgesamt wohl zwei bis drei
Millionen seien, konnte er sich vor Lachen nicht mehr halten. Er meinte, dass allein die zertrümmerten Scheiben
schon die Summe erreichen würden. Von den Hehlern
habe er aber auch nur etwa zehn Prozent des Wertes erhalten. Der Absatz sei eben riskant. Dieses Gespräch fand
natürlich außerhalb des Protokolls statt und hatte keinen
rechtlichen Wert. Aber es machte deutlich, welchem Profi
wir diesmal wieder die Grenzen aufzeigen konnten. Wir
führten anschließend beide Täter dem Haftrichter vor, der
Haftbefehle erließ. Während Martin mit einer Haftstrafe
von drei Jahren davon kam, wurde Paul zu einer Freiheitsstrafe von fünf Jahren verurteilt. Das bedeutete, dass die
Juweliere aufatmen konnten.

Etwa zwei Jahre später meldete sich Fred bei mir und erklärt, dass er Informationen zu Paul und Günter habe: „Also ein alter Bekannter von mir sitzt gerade in Castrop-Rauxel im offenen Vollzug seine Haftstrafe ab. Dort hat er Kontakt zu Günter bekommen. Sie teilen sich seit Monaten eine Zelle. Und du weißt, dass Günter eine Plaudertasche ist. Günter ist im Knast wieder mit seinem alten Kumpel Paul zusammen. Nach einer Teilverbüßung kamen beide jetzt in den offenen Vollzug. Günter hat meinem Kumpel erzählt, dass er viele Jahre lang mit Paul Einbrüche bei Juwelieren gemacht hat. Dann hätten sie sich getrennt und seien nun durch den gemeinsamen Knast wieder zusammengekommen. Günter meinte, dass es nichts Besseres gäbe, als vom Knast aus zu arbeiten. Für die Bullen ist man laut Aktenauskunft im Knast und kommt gar nicht erst in Verdacht. Als mein Kumpel nach den Juweliereinbrüchen gefragt hat, meinte er, dass sie die Branche gewechselt hätten. Sie würden jetzt zu dritt arbeiten und hätten eine super Masche. Der Mithäftling Mirko, mit dem sie arbeiten würden, sei aus der Branche und der Paul hätte sich eine perfekte Tour ausgedacht. Der Günter ist aber gegenüber meinem Kumpel nicht konkret geworden. Jedenfalls sind die drei aus dem Knast heraus aktiv. Der Mirko studiert angeblich an der Uni Bochum. Paul und Günter lassen sich zum Schein in der Firma eines Bekannten als Stapelfahrer ausbilden. Die drei können jeden Morgen den Knast verlassen und müssen erst abends zurück sein. Mir fallen jetzt noch ein paar Details ein. Der Paul hat das erforderliche Werkzeug in einem Banksafe sicher aufbewahrt und Mirko fährt angeblich so gut Motorrad, wie Paul Auto. Die drei sollen ständig zusammen unterwegs sein. Sie benutzten das Auto von Paul, das er immer in der Nähe vom Knast parkt. Was die genau machen, konnte mein Kumpel nicht erfahren, aber vielleicht kannst du ja mit meinen Infos was anfangen. Aber die sind wohl gut im Geschäft und machen jetzt gemeinsam das, was Mirko früher gemacht hat."

„Okay Fred, Paul ist schon eine Hausnummer. Der gibt sich nicht mit Peanuts ab. Ich werde mal schauen, was wir machen können. Halt mal Kontakt zu deinem Kumpel, sollte er noch was Konkreteres erfahren, melde dich."

Wir haben intern zunächst beraten, welcher Art von Straftaten die drei aus dem offenen Vollzug heraus ausführen könnten. Kamen zunächst auf keinen gemeinsamen Nenner. Zusammen mit meinem Ermittlungspartner suchte ich den Leiter der JVA auf. Er bestätigte, dass Paul und Günter wegen einer Berufsausbildung Freigänger seien. Mirko konnten von ihm unschwer identifiziert werden. Er saß wegen einiger Banküberfälle ein. Das war dann wohl die von Fred erwähnte Branche. Da uns die Bewegungsfreiheit der Häftlinge erschreckend erschien, zeigte uns der Leiter der JVA seine weiteren Probleme mit dem offenen Vollzug auf. Er führte uns zu einem Loch im Drahtzaun. Die Rasenfläche dorthin war stark ausgetreten. Dazu bemerkte er, dass seine Häftlinge durchaus auch nachts auf diesem Weg die JVA verlassen könnten und es auch täten. Er wies darauf hin, dass in der Nachtschicht nur wenige Justizbeamte für die rund eintausend-fünfhundert Häftlinge zuständig seien. Diese Personal-stärke mache nicht einmal eine echte Überwachung mög-lich. An ein Eingreifen der Justizbeamten sei überhaupt nicht zu denken. Scherzhaft meinte er, dass die Beamten schon allein wegen ihrer eigenen Sicherheit nicht einmal eingreifen könnten, wenn sie beispielsweise auf größere Mengen Rauschgift in den Räumen stoßen würden. Die einzige Alternative wäre, die Polizei hinzuzuziehen. Um die Situation zu verdeutlichen führte er noch den Fall ei-nes einsitzenden Clanchefs an, der sich täglich von sei-nem Fahrer in Livree mit einem Maybach abholen und auch das Abendessen bringen lässt. Nach diesen und ähn-lichen anderen Erfahrungen war eines klar. Zukünftig soll-ten wir nie mehr einen Täter ausschließen, nur weil er sich nach offiziellen Angaben in Haft befindet. Zu dieser Schil-derung passt eine krasse Aussage, die später der Leiter einer JVA in Frankfurt mir gegenüber machte, als wir ge-gen die Jugo-Mafia ermittelten: „Ich habe in meiner JVA nichts zu sagen. Die Jugos bestimmen hier die Abläufe. Sie legen fest, wer welche Aufgaben zugewiesen be-kommt, wie zum Beispiel Essenausgabe, Bücherei- oder Werkstattarbeit. Über diese Leute läuft dann die ganze Kommunikation und Befehlsstruktur."

Freds Hinweis hinsichtlich der Kradfahrkunst von Mirko und der seiner Branche brachte uns dann zu einer Ver-mutung. In den letzten Monaten hatte es in NRW mehrere Banküberfälle gegeben, die sich durch eine besondere Ar-beitsweise auszeichneten. Zwei Täter fuhren mit einem gestohlenen Motorrad bei einer Bank vor. Mit Sturmhauben maskiert und Overalls bekleidet betraten sie die Bank. Einer der Täter hielt mit einer abgesägten Langwaffe Personal und Kunden in Schach, während der zweite Mann mit einem Revolver bewaffnet über die Theke sprang und sich hinter die Kasse begab. Er forderte den Kassierer oder die Kassiererin auf, einen mitgebrachten Beutel mit Banknoten zu füllen. Nach der Tatausführung, die maximal zwei Minuten dauerte, flüchteten beide Täter mit dem Motorrad. Das für die Tatausführung benutzte gestohlene Krad wurde regelmäßig unweit vom Tatort in einem in der Nähe befindlichen Park aufgefunden. Es zeigten sich gewisse Parallelen zu den Juweliereinbrüchen. Wieder spielten Parks eine Rolle. Die beiden Täter benutzten mit dem Krad offensichtlich für Pkw durch Poller oder Pfosten gesperrte Wege, um eine Verfolgung durch die Polizei auszuschließen. Nachdem wir uns von einem Banküberfall das Video angeschaut hatten, schlossen wir Paul als Kradfahrer oder Begleiter aus. Das passte auch nicht zu ihm. Paul könnte vom Pkw aus unbemerkt die Tatausführung beobachten, vor den beiden Tätern losfahren und sie an der anderen Parkseite aufnehmen. Niemand würde das Fahrzeug mit dem Banküberfall in Verbindung bringen. Paul wusste von den Juweliereinbrüchen her schon, wie man eine sogenannte Ringfahndung der Polizei überwindet. Ringfahndung bedeutet, dass unmittelbar nach einer schwerwiegenden Straftat im Umkreis von mehreren Kilometern um das Objekt herum die Straßenkreuzungen durch Streifenwagen besetzt werden, um eventuell das Fluchtfahrzeug aufnehmen zu können. Wie in diesen Fällen ein mit zwei Personen besetztes Krad. Pauls Partner stiegen vermutlich jedoch nach kurzer Flucht noch innerhalb des Ringes in ein anderes Fahrzeug um. Das könnte die neue Masche von Paul und seinem Trio sein. Wir mussten nun alle sechs Banküberfälle mit dieser Arbeitsweise intensiv überprüfen. Die Auswertung aller Videoaufzeichnungen aus den Banken ließ nach Statur und Körpergröße den Schluss zu, dass es sich bei dem bedrohenden Täter mit dem abgesägten Gewehr um Günter handeln könnte. Der Täter, der über die Theke sprang und die Kassierer bedrohte, konnte der etwas jüngere Mirko sein. Ein Fall in Wesel schien unseren Verdacht weiter zu erhärten. Unmittelbar nach der Tat hatte eine Zeugin an einer Parkanlage, wo später das Tatmotorrad gefunden wurde, beobachtet, dass zwei Männer in Overalls aus der Anlage kamen, um dann in einen mit laufendem Motor wartenden schwarzen Golf einzusteigen. Das Fahrzeug habe sich mit hoher Geschwindigkeit entfernt. Das war unseres Erachtens eine Bestätigung der These, dass Paul der Fahrer gewesen sein könnte. Bis zu diesem Zeitpunkt wurden die Banküberfälle unabhängig voneinander von den jeweils örtlich zuständigen Kommissariaten bearbeitet und nicht miteinander abgeglichen. Ein Mangel, der auf die bis heute noch bestehende Kleinstaaterei bei der polizeilichen Zuständigkeit in NRW zurückzuführen ist. Für uns war klar, es handelte sich um die gleichen Täter und mit hoher Wahrscheinlichkeit um unser Trio. Wir hatten einen vielversprechenden Ansatz. Aber der konkrete Tatverdacht war noch nicht zu begründen. Die

Hausbank von Paul, die wir aus früheren Verfahren kannten, bestätigte, dass Paul dort ein großräumiges Schließfach angemietet hatte. Per richterlichem Beschluss konnten wir bei der Bank Einzahlungen von größeren Geldbeträgen auf ein Geschäftskonto, welches er zusätzlich eingerichtet hatte, feststellen. Die Einzahlungen erfolgten jeweils wenige Tage nach den Banküberfällen. Die Summen passten natürlich nicht zu seiner aktuellen Situation. Eine Anfrage beim zuständigen Straßenverkehrsamt in Essen zu dem Mercedes von Paul lieferte uns das letzte fehlenden Indiz. Es gab eine Anfrage zu seinem Pkw wegen Überschreitung der Parkzeit an einer Parkuhr in einer Stadt am Niederrhein. Dort wurde genau einen Tag darauf einer der sechs Banküberfälle ausgeführt. Die Parkuhr befand sich in unmittelbarer Nähe der betroffenen Bank. Paul hatte das Knöllchen natürlich korrekt bezahlt.

Diese Fakten reichten, um eine Telefonüberwachung bei Pauls Wohnungsanschluss zu beantragen und richterlich genehmigen zu lassen. Über die damals mit der Telefonüberwachung verbundenen Aufwände habe ich schon an anderer Stelle berichtet. Ferner setzten wir ein MEK zur Observation ein, um ein Bewegungsbild zu erhalten. Die ersten Observationen ergaben, dass die drei zu unterschiedlichen Zeiten morgens die JVA verließen. Die Observation konzentrierte sich auf den Haupttäter Paul. Er war offensichtlich wieder der Planer. Paul bewegte sich am zweiten Tag längere Zeit in der Umgebung einer Sparkasse in Essen-Dellwig. Am späten Nachmittag telefonierte er mit Mirko und erklärte ihm, dass er ein gut geeignetes Objekt gefunden hätte und sie sich das am Folgetag gemeinsam ansehen sollten. Am nächsten Morgen verließen alle drei gemeinsam die JVA und fuhren mit dem Pkw von Paul zu der betreffenden Sparkasse. Sie beobachteten die Abläufe und begingen die Umgebung, insbesondere einen für Kraftfahrzeuge abgesperrten Fußweg. Uns war klar, dass diese Sparkasse Ziel des nächsten Überfalls sein dürfte. In Absprache mit der Leitung der Essener Sparkasse besetzten wir die Sparkassenfiliale mit vier als Bankangestellte getarnten Beamten des Sondereinsatzkommandos für einen eventuellen Zugriff. Sie sollten sich dort wie Mitarbeiter bewegen und die Tür zur Bank schließen, sobald sich die Täter mit dem Krad darauf zubewegen würden. Am Folgetag beobachtete Paul erneut intensiv die Sparkasse. Unmittelbar danach telefonierte er mit Mirko. Ihm erklärte er: "Du das wird nichts mit Dellwig. Ich muss etwas anderes suchen. Da sind neuerdings zu viele junge Männer tätig. Bei mehreren Männern kann man nicht ausschließen, dass sie Gegenwehr leisten. Männer neigen dazu, den Helden zu spielen. Das Risiko schießen zu müssen steigt und dazu bin ich nicht bereit. Das gibt zu viel Wirbel bei den Bullen. Ich habe noch einen super Tipp aus unserem Knast auf ein anderes Objekt in Düsseldorf, um das ich mich in den nächsten Tagen kümmern werde. Da kann man richtig zuschlagen. Da geht es nicht um Taschengeld wie bisher. Da erwartet uns eine richtig fette Summe. Alles Nähere werde ich dir und Benno heute Abend erklären."

Glücklicherweise war nochmals abends einer von uns nach Düsseldorf zum LKA gefahren und hatte das Gespräch abgehört. So konnten wir uns mit der Observation darauf einstellen. Am folgenden Morgen fuhren alle drei gemeinsam nach Düsseldorf. Im Stadtteil Garath stellten sie den Pkw ab und begaben sich zu einer Bankfiliale in einer Fußgängerzone, in unmittelbarer Nähe eines Karstadtkaufhauses. Sie beobachteten die Bank, aber auch die gesamte Umgebung. Paul schien sich besser vor Ort auszukennen und gab den beiden anderen offensichtlich Anweisungen. Die Observation musste sehr vorsichtig durchgeführt werden. Die Observationskräfte meldeten immer wieder, dass Paul unverhofft an nicht erwarteten Positionen auftauchte und sich umschaute. Dann meldeten die Kollegen etwas Unerwartetes. Paul traf auf einen Mann, den er offensichtlich kannte. Dieser Mann hatte sich auch schon einige Zeit in der Umgebung der Bank aufgehalten. Er war etwa vierzig Jahre alt, groß und kräftig. Auffällig an ihm war eine deutlich sichtbare Tätowierung am Hals. Es kam zu einem Wortgefecht zwischen diesem Mann und Paul. Sie bewegten sich schimpfend, aufgeregt in der Fußgängerzone Richtung Karstadt Kaufhaus. Ich gab die Anweisung, die Observationskräfte vom Objekt zurückzuziehen und lediglich die Rückfahrt abzudecken. Das Risiko entdeckt zu werden, wurde wegen der ständigen Bewegung zu groß. Für das merkwürdige Aufeinandertreffen hatten wir keinerlei Erklärung. Auf dem Rückweg fuhren die drei nicht direkt zur JVA, sondern suchten im Essener Stadtteil Holsterhausen einen Hinterhof auf. Hier befanden sich mehrere Garagen. Paul schloss eine davon auf und alle drei betraten die Garage. Die Observanten hatten von ihrer Position zwar keinen direkten Einblick in die Garage, konnten jedoch hören, dass für kurze Zeit ein Pkw und dann ein Krad gestartet wurden. Offensichtlich testeten sie ihre Tatfahrzeuge auf Einsatzfähigkeit. Die Garage wurde wieder verschlossen. Die drei fuhren von dort in die Innenstadt von Bochum, wo sie ein Café aufsuchten. Hier trafen sie einen hageren grauhaarigen Mann Ende fünfzig. Sie saßen zu viert am Tisch. Nach dem Augenschein der Observationskräfte gingen alle drei verbal auf den Mann los. Allem Anschein nach versuchte er die drei zu beruhigen. Der Mann verließ dann allein das Café. Anschließend trennten sich alle drei. Während Paul in Richtung seiner Wohnung fuhr, wurde die Observation abgebrochen.

Am folgenden Morgen konnten wir einen Anruf bei Paul aufnehmen, der etwa zwei Stunden nach dem Treffen im Café einging. Anrufer war offensichtlich der Mann, mit dem sie im Café diskutiert hatten. Der Anrufer: „Paul, du musst mir glauben, ich habe den Tipp für Düsseldorf nicht zweimal verkauft. Nur du hast das Recht auf die Bank. Der Typ, den du in Garath getroffen hast, hat dort nichts zu suchen. Absolut nichts. Das habe ich ihm vorhin klargemacht. Ich habe ihm den Tipp auf die Bank vor zwei Wochen angeboten. Aber der Typ hat abgelehnt, weil er so ein Ding nicht allein durchziehen kann. Daraufhin habe ich dir den Tipp verkauft. Der hat gemeint, dass er sich nur noch mal vor Ort ein Bild machen wollte. Ganz klar der ist raus. Das ist dein Ding!" Paul: „Mach dem Typen klar, dass er dort nichts mehr zu suchen hat. Sollte er dort nochmals auftauchen, machen ihn meine Leute platt!" Der Anrufer versicherte Paul, dass der Mann ihm nicht mehr in die Quere kommt. Paul beschwerte sich noch bei dem Anrufer, dass man nun einen Mitwisser habe. Der Anrufer versicherte ihm, das sei kein Risiko, der habe genug Dreck am stecken und müsse die Schnauze halten.

Für uns war jetzt klar, dass der Mann mit der Tätowierung es ebenfalls auf die Bank abgesehen hatte. Daher die Aufregung vor Ort. Eine solch bizarre Situation hatten wir bis dato nie erlebt und uns eigentlich auch nicht im Entferntesten vorstellen können. Zwei Täter wollen zur gleichen Zeit die gleiche Bank überfallen. Das gibt es eigentlich nur im schlechten Film. Deutlich wurde jedoch auch, dass es mit der Bank etwas Besonderes auf sich hatte, denn für einen normalen Banküberfall braucht ein Mann wie Paul keinen Tipp. Dazu passte seine frühere Aussage zu der größeren Summe. Wir stellten mehrere Thesen auf. So sehr wir auch alle miteinander abwägten, fanden wir keine eindeutige Erklärung. Wir mussten einfach die weitere Entwicklung abwarten. Waren wir doch wieder einmal in der komfortablen Position zu wissen, wo die Tatfahrzeuge standen. Möglicherweise erfuhren wir ja auch über die Telefonüberwachung den Zeitpunkt der Tatausführung im Voraus.

Wir mussten aber schon jetzt den Einsatz planen. Es gab zwei Alternativen. Zum einen konnten wir zum gegebenen Zeitpunkt das Personal in der Bank durch Zugriffskräfte ersetzen und den Überfall in der Bank beenden. Wir hatten aber auch die Möglichkeit, die Tat beim Versuch zu beenden, indem wir die Tür zur Bank von innen schließen, wenn die Täter auf sie zugehen und die Täter dann festnehmen. Unser Staatsanwalt lehnte eine Festnahme während der Tatausführung ab, weil ein Risiko für Bankkunden nicht auszuschließen war. Dem Argument konnten wir uns nicht verschließen. Das bewaffnete Zugehen auf die Bank reiche ihm für eine Anklage wegen versuchten schweren Raubes. Unser Argument, dass später die Anwälte erfolgreich auf Straffreiheit wegen „freiwilligen Rücktritts" plädieren könnten, ließ er nicht gelten. Wenn wir den Zutritt verhindern würden, sei ein freiwilliger Rücktritt ausgeschlossen. Die rechtliche Vorgabe war also, Tatausführung verhindern und Festnahme unmittelbar vor der Bank. In der Zwischenzeit hatte ein Team von uns die Garage in Holsterhausen ohne Beschädigung geöffnet und nach Besichtigung wieder verschlossen. Sie fanden ein gestohlenes Motorrad und den obligatorischen geklauten Golf GTI vor. In dem unverschlossenen Golf lagen im Kofferraum drei Overalls und Sturmhauben. Jetzt war es nur noch eine Frage des Zeitpunkts. Observationskräfte eines MEK und die Zugriffskräfte eines SEK standen in Bereitschaft.

Am Ende der Woche führte Paul ein Telefonat mit Mirko: „Günter habe ich schon informiert. Kommenden Montag ist der perfekte Tag. Es ist nicht nur nach einem Wochenende, sondern auch das erste Wochenende des Monats. Die Leute haben Geld bekommen. Da ist dann bestimmt richtig Kohle zusammengekommen. Alles Weitere besprechen wir am Wochenende, wenn wir eh nicht raus können."

Klar war, dass der Überfall am Montag stattfinden sollte. Das war für uns schon mal eine planbare Situation. Aber für den Grund hatten wir immer noch keine eindeutige Erklärung. Am besagten Montag führte ich den Einsatz von unserer Dienststelle aus. Ich war über Funk mit den Einsatzkräften verbunden. Wir informierten die Einsatzleitstelle des Polizeipräsidiums Düsseldorf über einen möglichen bevorstehenden Sondereinsatz in Düsseldorf-Garath und erklärten, dass nähere Anweisungen bedarfsgerecht erfolgen. Es wurden sowohl die JVA, die Hausbank von Paul und die Garage mit den Tatfahrzeugen in Observation genommen. Gleichzeitig warteten die Zugriffskräfte des SEK verdeckt in der Nähe der Bank in Düsseldorf-Garath. Ein Team befand sich in der Bank und hatte den Auftrag, wenn die Zugriffskräfte melden, dass sich die Täter auf die Bank zubewegen, die Eingangstür von innen zu verschließen. Von der JVA wurde gemeldet, dass die drei Täter den Pkw des Paul bestiegen haben und sich in Richtung Essen bewegten. Sie hielten an der Hausbank von Paul. Paul suchte die Bank auf und kam wenige Minuten später mit einer flachen Sporttasche heraus. Offensichtlich hatte er die Waffen aus dem Bankfach geholt. In Holsterhausen suchten sie die Garage auf. Mirko fuhr das Krad und Günter den Golf aus der Garage. Sie folgten nun dem Mercedes von Paul in Richtung Düsseldorf. Jetzt begann die heiße Phase. Etwa eineinhalb Kilometer von der beobachteten Bank entfernt stellte Paul den Mercedes ab. Dann übernahm er das Steuer des Golfs und fuhr in Richtung Fußgängerzone. In diesem Moment informierten wir die Einsatzleitstelle in Düsseldorf über den bevorstehenden Banküberfall auf die Bankfiliale in Garath unter unserer Kontrolle mit MEK- und SEK-Einsatz. Ferner forderten wir den Dienstgruppenleiter auf, Fahrzeuge und Beamten der Polizei Düsseldorf zu warnen und anzuordnen, dass sie sich auf keinen Fall dem möglichen Tatort nähern. Mirko und Günter folgten dem Golf mit dem Krad. Paul stellte den Pkw ca. 300 m von der Bank entfernt ab. Hier gab es keinen Park. Der gesamte Ablauf unterschied sich von den vorherigen Tatausführungen. Die beiden mit dem Motorrad warteten in Sichtweite beim Golf, als Paul sich zu Fuß in Richtung Bank bewegte. Paul hielt sich längere Zeit nahe der Bank auf, sodass er den Eingang beobachten konnte. Offensichtlich wartete er auf jemanden oder eine Gelegenheit. Die Situation blieb dann fast eine halbe Stunde unverändert und die Einsatzkräfte wurden unruhig. Waren sie etwa entdeckt worden? Wir hatten keine konkreten Informationen, worauf Paul wartete. Die Observationskräfte meldeten, dass ein Mann mit einer Tasche, die mit einer Kette an seinem Handgelenk befestigt war, die Bank betrat. Unmittelbar danach bewegte Paul sich wieder in Richtung des Golfs. Beim Einsteigen machte er ein Handzeichen zu seinen Mittätern auf dem Krad. Es war offensichtlich das eindeutige Zeichen zum Überfall. Die Zugriffskräfte wiesen die Kollegen in der Bank an, die Eingangstür von innen zu verschließen, denn mit dem Krad war die kurze Strecke in Sekunden zurückgelegt.

Mirko und Günter fuhren nun allerdings erst um einen Büroblock herum und von der anderen Seite durch die Fußgängerzone auf die Bank zu. Offensichtlich wollten sie verhindern, dass Zeugen sie mit dem Fluchtfahrzeug in Verbindung bringen. In dem Augenblick als sie sich unmittelbar vor der Bank befanden, war dort ausgerechnet eine Kundin vor der Tür erschienen und versuchte verzweifelt, die Tür zu öffnen. Sie forderte die Angestellten der Bank gestikulierend auf, sie einzulassen. Diese Situation blieb der beiden Krad Tätern natürlich nicht verborgen. Für sie war klar, sie konnten ebenfalls die Bank nicht betreten. Da konnte was nicht stimmen. Paul hatte den Golf verlassen und gestikulierte wild. Sie nickten sich zu und brachen spontan die Tatausführung ab. Sie fuhren mit dem Krad direkt auf Paul mit dem Golf zu. Stellten das Krad ab und bestiegen eiligst den Pkw. In der gleichen Sekunde fuhren zwei gepanzerte Limousinen des SEK vor. Sie keilten den Golf mit den drei Tätern von vorn und hinten so ein, dass ein Rangieren unmöglich schien. Weitere Zugriffskräfte mit Schutzwesten und Helmen sprangen aus einem vorfahrenden Kleintransporter und stürmten mit vorgehaltenen Maschinenpistolen auf das Fluchtfahrzeug zu. Sie forderten die noch maskierten Täter auf, auszusteigen und sich zu ergeben. Zu diesem Zeitpunkt waren Günter und Mirko mit einem Revolver und einem abgesägten Gewehr bewaffnet. Paul entschied wohl, dass die Einsatzkräfte der Polizei nicht von der Schusswaffe Gebrauch machen würden. Er startete den Motor. Auf seine Aufforderung hin verriegelten die drei von innen die

Türen des Golfs. Die SEK-Leute hatten nun keinen unmittelbaren Zugriff auf die Täter. Paul fuhr nun mit dem Golf vor- und rückwärts. Er war im Begriff die beiden einkeilenden Limousinen, so weit auseinanderzuschieben, dass er herausfahren konnte. Leider waren die Fahrer der Einsatzfahrzeuge ausgestiegen, um bei der Festnahme zu unterstützen. So konnte niemand mit den Fahrzeugen gegen das Rangiermanöver von Paul halten. In diesem Moment sprang ein uniformierter Polizeibeamter hinzu, der nicht zu den Einsatzkräften gehörte. Nach den Dienstgradabzeichen handelte es sich um einen verhältnismäßig jungen Beamten des höheren Dienstes. Dieser zog seine Dienstpistole und schoss mehrfach auf die Reifen des rangierenden Golfs. Animiert durch diesen Beamten machten nun auch SEK-Beamte von ihren Schusswaffen Gebrauch und schossen auf die Reifen. Durch den Fremdeingriff kam es zu einer ungeplanten Schießerei. Hierbei wurden einige Geschosse von den Felgen abgelenkt und schwirrten unkontrolliert durch die Gegend. Paul gelang es, trotz zweier zerschossener Reifen, den Pkw hinaus zu bugsieren. Er raste davon. Die SEK-Beamten sprangen in die beiden Limousinen und nahmen die Verfolgung auf. Nach mehreren Hundert Metern kam das Fluchtfahrzeug ins Schleudern und prallte gegen ein am Fahrbahnrand abgestelltes Taxi. Die verfolgenden SEK-Beamten zertrümmerten mit ihren Waffen die Seitenscheiben des Golfs und konnten die drei Täter widerstandslos festnehmen.

Die erste Bestandsaufnahme des Kommandoführers des SEK war erschreckend. Insgesamt wurden etwa vierzig Schuss auf die Reifen abgefeuert. Ein abgeprallltes Geschoss durchschlug einen Kinderwagen, den eine auf dem anderen Gehweg passierende Frau schob. Zum Glück wurde das Kind nicht getroffen. Ein Geschoß zertrümmert die Fensterscheibe eines benachbarten Büros. Auch hier wurde kein Außenstehender verletzt. Durch Abpraller erlitten Paul einen Oberschenkeldurchschuss und Mirko einen Schultersteckschuss. Die abgelenkten Geschosse verursachten offensichtlich jedoch keine lebensbedrohenden Schusswunden. Die Festgenommenen wurden auf unsere Anordnung unter strengster Bewachung zur Erstversorgung ins Krankenhaus gebracht. Bei dem Polizeirat, der sich unberechtigt in den Einsatz eingemischt und mit seinen Schüssen wohl den Exzess ausgelöst hatte, handelte es sich um den zuständigen Schutzbereichsleiter. Er hatte die Anordnung seiner Leitstelle missachtet und sich aus reiner Neugier zum Tatort begeben. Angeblich hatte er für seinen Bereich verantwortlich gefühlt.

Aufgrund der unübersichtlichen Lage und der Erforderlichkeit von weiteren Maßnahmen vor Ort entschlossen wir uns, die Einsatzleitung in Tatortnähe zu verlegen. Mit zwei Teams fuhren wir umgehend nach Düsseldorf. Unsere Dienststelle unterrichtete die Einsatzleitstelle in Düsseldorf darüber, dass wir die Einsatzleitung vor Ort verlegen. Kurz vor dem Eintreffen in Düsseldorf teilte uns die Leitstelle mit, dass der Leiter der Kripo Düsseldorf entschieden habe, die Einsatzleitung zu übernehmen. Gleichzeitig wurde uns untersagt, das Gebiet des Polizeipräsidiums zu betreten. Das war für mich eine vollkommen sachfremde Entscheidung, weil nur wir Sach- und Täterkenntnis hatten. Dennoch mussten wir uns dieser Anordnung beugen und die Rückfahrt antreten. Dalli versuchte, in der Folgezeit mehrfach vergeblich mit dem Leiter der Kripo Düsseldorf Kontakt aufzunehmen, um ihn umzustimmen oder mindestens unsere Unterstützung anzubieten. Er wurde schon im Vorfeld von Mitarbeitern abgeblockt. Das Einzige, was wir in der Folge mitbekamen, war eine Pressekonferenz der Polizei Düsseldorf zur Festnahme der Bankräuber. Auffällig war, dass wir aus Düsseldorf keinerlei Anfragen zu unseren Vorermittlungen und den Ermittlungsergebnissen erhielten.

Am folgenden Morgen bekamen wir den Anruf eines Sachbearbeiters des Raubkommissariats Düsseldorf mit dem Hinweis, dass die zwei Täter noch in Düsseldorf unter Bewachung im Krankenhaus lägen und einer im Polizeigewahrsam einsitzen würde. Wir müssten uns um die richterliche Vorführung und den Erlass von Haftbefehlen kümmern. Ein Tatortbericht des Kommissariats für Tötungsdelikte hätte er auf dem Schreibtisch. Die hätten den Fall nach der Tatortaufnahme an ihn abgegeben. Die weitere Sachbearbeitung sei nun nicht mehr Aufgabe der Kripo Düsseldorf. Wir waren absolut wütend über diese Vorgehensweise, denn man hatte uns am gesamten Vortag an der notwendigen Arbeit gehindert. Nun waren wir erheblich unter Zeitdruck. Während sich zwei Teams in Düsseldorf um die Täter und die Spurenlage kümmerten, stellte ich den Vorführbericht für den Haftrichter in Essen zusammen. Der unverletzte Günter wurde aus dem Polizeigewahrsam in Düsseldorf abgeholt. Bei dieser Gelegenheit machten Gewahrsamsbeamte unsere Kollegen darauf aufmerksam, dass seine Tatbekleidung im Gewahrsam auf einem verstaubten Spind lag. Mit Faserspuren war nun nichts mehr anzufangen. Keiner der Beschuldigten war bisher vernommen worden. Es lagen auch keine Vernehmungen der Zeugen in und um die Bank herum vor. Man kann sagen, dass am Tattag bis auf die Tatortaufnahme nichts erledigt wurde und die Spurenlage mehr als unprofessionell war. Das alles, obwohl der damalige Chef vor Ort als der sogenannte „Spurenpapst" galt. Ich habe ihm in einem, zugegeben sehr emotionalen Telefongespräch, massive Versäumnisse vorgeworfen. Das Gespräch war heftig und von kurzer Dauer. Nachdem ich unserem Staatsanwalt und dem Haftrichter die Situation geschildert hatte, erklärten sich beide zu einer Vorführung am späten Abend bereit. Eine Vorführung muss aus rechtlichen Gründen vor Ablauf des folgenden Tages nach der vorläufigen Festnahme erfolgen. Unser Richter setzte sich mit dem Haftrichter in Düsseldorf in Verbindung, der für den Nachmittag eine richterliche Anhörung der beiden Täter in der Klinik zusagte. Unsere Kollegen vernahmen die beiden kurz im Krankenhaus. Sie verweigerten erwartungsgemäß zunächst die Aussage. Was unsere Arbeit beschleunigte. Um Günter konnten wir uns nach seiner Einlieferung in Essen intensiver kümmern. Gemeinsam mit Dalli führte ich seine Vernehmung durch. Günter hatte ein schlichtes Gemüt. Wir waren alte Bekannte. Im aktuellen Fall waren die drei auf frischer Tat beim Versuch eines Banküberfalls betroffen worden. Eine

Tatausführung wurde nur durch unser Eingreifen verhindert. Wir machten ihm auch deutlich, dass wir zu mindestens ihm und Mirko auch die anderen Banküberfälle anhand von Videos und anthropologischen Gutachten zu Körperstruktur und Bewegungsabläufen nachweisen werden. Erschwerend kam hinzu, dass sie die Überfälle aus der Haftverbüßung heraus begangen hatten. Wir wiesen auf die Möglichkeit hin, dass das Landgericht vermutlich prüfen wird, ob über eine erhebliche Freiheitsstrafe hinaus auch Sicherheitsverwahrung verhängt werden soll. Hierbei würde auch das Gesamtverhalten von einem psychologischen Gutachter bewertet. Wir konnten Günter davon überzeugen, dass es für ihn von Vorteil wäre, sämtliche zur Last gelegten Banküberfälle zuzugeben. Er räumte nach Rücksprache mit seinem Anwalt alle uns schon bekannten Straftaten ein und bezeichnete Paul als Kopf der Bande. Interessant waren für uns aber die Hintergründe der Tat in Garath und der gekaufte Hinweis. Günter schilderte: „Paul hat den Tipp für diesen Überfall von einem ihm unbekannten Mann erhalten, den ich selbst nur einmal im Café in Bochum getroffen habe. Bei dem Treffen haben wir uns bei ihm beschwert, weil ein anderer Typ ausgerechnet auf die gleiche Bank einen Überfall plante. Der Hinweis auf die Bank bestand darin, dass jeden Montag gegen elf Uhr ein Angestellter des benachbarten Kaufhauses Karstadt die Einnahme vom Wochenende dem Tresor entnimmt und sie in der Bankfiliale nebenan auf ein Konto einzahlt. Es sollte sich dann regelmäßig um eine sechsstellige Summe handeln. Wenn man also die Bank unmittelbar danach überfällt, befindet sich in dem Kassenschalter natürlich eine wesentlich größere Bargeldsumme als üblich. Diesen Vorgang hat Paul dann in der Woche zuvor überprüft. An diesem Montag hat er auch vor der Bank abgewartet, bis der Geldüberbringer von Karstadt die Bank betreten hatte und uns dann das Startzeichen gegeben." Nun hatten wir unsere Erklärung für das Aufeinandertreffen vor der Bank. Damals wurden die Einkäufe noch überwiegend bar bezahlt. Am späten Abend erfolgte die Vorführung von Günter. Der Haftrichter erließ erwartungsgemäß gegen alle drei Täter Haftbefehl. In den Folgetagen wurden die Ermittlungen nachgeholt. Paul ließ sich von Deutschlands bekanntestem und teuerstem Rechtsanwalt vertreten. Dessen größte Sorge bestand allerdings darin, eine Freigabe für die beschlagnahmten Wertgegenstände, wie Mercedes, Motorrad und Motorboot, zu erhalten. Offensichtlich sollten die Teile für die Prozesskosten zu Geld gemacht werden. Bis zur Gerichtsverhandlung legten weder Paul noch Mirko ein Geständnis ab. Die eingeholten anthropologischen Gutachten auf Basis der Videoaufzeichnungen belasteten Günter und Mirko erheblich. Der Gutachter identifizierte beide aufgrund von Statur und Bewegung als Täter. In einem der sichergestellten Tatfahrzeuge konnten Faserspuren des bei Paul sichergestellten Overalls nachgewiesen werden. Die DNA-Analyse war zu diesem Zeitpunkt leider noch nicht ausgereift. Letztlich reichten Beweislage und das umfassende Geständnis von Günter für eine Verurteilung der drei Bankräuber zu Freiheitsstrafen von sieben bis elf Jahren. Günter wurde sein Geständnis hoch angerechnet. Darüber hinaus wurde für Paul und Mirko Sicherheitsverwahrung angeordnet. Sie hatten keine Chance, vor dem Rentenalter wieder auf freien Fuß zu kommen.

Ob gegen den Schutzbereichsleiter aus Düsseldorf wegen seines unerlaubten Eingriffs in den Einsatz ein Disziplinarverfahren eingeleitet wurde, ist mir nicht bekannt. Hat mich aber auch ehrlich gesagt nicht interessiert. Er hat sich aus unserer Sicht selbst disqualifiziert. Hinsichtlich der Tatsache, dass uns vom Polizeipräsidium Düsseldorf die weitere Einsatzleitung und Sachbearbeitung verwehrt wurde, habe ich einen detaillierten Bericht an das Innenministerium verfasst. Ziel war es, das IM zu veranlassen, zukünftig für solche orts- und behördenübergreifende Lagen eine verbindliche Regelung zu erlassen. Fachlich war es unvermeidlich, dass die Einsatzleitung, die von Beginn an den Einsatz führt, auch bei einem Ortswechsel die Führung beibehält. Da es sich um einen äußerst komplexen Sachverhalt handelte, zog sich die Prüfung durch das IM über einige Monate hin. Ausgerechnet in dieser Zeit kam es zu dem Geiseldrama in Gladbeck. Die Täter bewegten sich bekanntermaßen mit den Geiseln durch mehrere Bundesländer und sogar bis in die Niederlande hinein. Wegen der örtlichen Zuständigkeiten wechselten ständig die Einsatzleitungen und Einsatzkräfte. Das traurige Ergebnis kennen Sie leider alle. Ich möchte hier nicht ins Detail gehen aber ich war über die Abläufe von Gladbeck bestens informiert. Mit dem Kommandoführer des SEK, welches in Gladbeck eingesetzt war, war ich befreundet und wir trainierten gemeinsam. Da sollen von der Führung schlimme, gravierende Fehler gemacht worden sein, die jedoch nie an die Öffentlichkeit kamen. Mich hat das nicht gewundert, denn den verantwortlichen Einsatzleiter kannte ich aus seiner Vorzeit in unserer Behörde. Viele Kollegen hielten ihn für inkompetent. Ich werde mich da aber raushalten, denn ich kenne die Abläufe nur vom Hörensagen. Für mich steht jedoch zweifelsfrei fest, dass die chaotische Einsatzlage von Gladbeck hätte vermieden werden können, wenn das IM rechtzeitig auf meinen Bericht reagiert hätte.

Über den erwähnten Kommandoführer habe ich dann später auch erfahren, dass das IM nach den Erfahrungen von Gladbeck nun endlich eine Arbeitsgruppe eingerichtet hatte, die eine von mir geforderte Regelung herbeiführen sollte. Er wurde wegen seiner Erfahrungen in Gladbeck und bei ähnlichen Lagen in die Arbeitsgruppe berufen und wollte mich ebenfalls dafür vorschlagen. Ich habe abgelehnt, weil ich keine Lust auf ständige Auseinandersetzungen mit den „Ministerialhengsten" hatte. Wir haben uns dann darauf verständigt, dass wir uns während der Arbeitsgruppentätigkeit regelmäßig austauschen und er so auch Ideen von mir einbringen könnte. Das Ergebnis dieser Arbeitsgruppe aus dem Jahr 1988 war dann für mich überraschend eindeutig und positiv. Ich persönlich halte den Erlass für einen Meilenstein der Polizeiarbeit. Ab sofort musste für jeden Sondereinsatz von SEK oder MEK eine besondere Aufbauorganisation, sprich BAO, eingerichtet werden. Die Leitung dieser BAO sollten jeweils einsatzerfahrene leitende Polizeibeamte bzw. Polizeibeam-

tinnen übernehmen. Sie waren ab sofort allein verantwortlich für die Lage. Die BAO ist der Gegensatz zur all-
täglichen Führungsform durch die Allgemeine Aufbauorganisation, genannt AAO. Bei Sondereinsätzen war nun
der Behördenleiter der AAO nicht mehr der Leitung der
BAO gegenüber weisungsbefugt. Bisher hatte der höchste
Dienstgrad die Entscheidungsbefugnis in solchen Lagen.
Nun lag sie bei der Leitung der BAO. Jedes Kompetenzge-
rangel wurde damit ausgeschaltet. Ferner wurde geregelt, dass die BAO auch beim Ortswechsel der Einsatzlage
sowie über einen längeren Zeitraum führend bleibt. Von
diesem Zeitpunkt an habe ich eine hohe Anzahl von BAO
eingerichtet und geführt. Für jeden erforderlichen Funkti-
onsbereich hatten wir die entsprechenden Fachleute, sei
es Ermittlungen, Tatortarbeit, Observation, Zugriff, Tele-
kommunikations- oder Videoüberwachung pp. Erstaunlich
schnell wurde das zunächst in eigenen Reihen kritisch be-
äugte Instrument BAO zum polizeilichen Standard. Die
vorgeschriebene Nachbereitung der Einsätze führte
zwangsläufig zu mehr Professionalität. Auch in einer solchen Struktur sind Fehler unvermeidlich. Es handelt sich
dann in der Regel aber ausschließlich um individuelle Fehler, die leichter aufgefangen und korrigiert werden können.

Mit unserem Stammkunden Paul haben wir dank der
Sicherheitsverwahrung in der Folge nichts mehr zu tun.
Dennoch tauchte er noch einmal mit einer typischen Ak-
tion in einem Polizeibericht aus dem Raum Bielefeld auf.
Nachdem es ihm gelungen war, aus dem Strafvollzug zu

flüchten, versuchte ein SEK ihn mit seinem Fluchtfahrzeug auf der A 2 auszubremsen und festzunehmen. Er konnte jedoch zunächst entkommen, weil er mit dem Pkw über die Böschung die Autobahn verließ und einen Zaun durchbrach. Wir haben uns gewundert, dass die Einsatzverantwortlichen aus all unseren Berichten, die seiner Kriminalakte zu entnehmen waren, offensichtlich nichts gelernt hatten.

Autoverleih nach Osten

„Hallo Merten, ich habe von einer neuen Masche gehört und wollte dich mal fragen, ob die bei euch bekannt ist. Wie viele meiner Bekannten in der Szene wurde ich angesprochen, ob ich eine schnelle Mark machen wolle. Ich müsste nur einen Mercedes Diesel anmieten und diesen dann am Folgetag gestohlen melden. Dafür würde ich eintausendfünfhundert Märker auf die Kralle bekommen. Schlüssel wird vor der Autoübergabe kopiert, damit man das Original vorlegen kann. Eine Bescheinigung über die Anzeige ausstellen lassen und der Verleihfirma vorlegen. Ich kenne einige Leute, die sich schon an der Masche beteiligt haben. Hast du Interesse?"

„Fred, eigentlich wollte ich mich nicht an kriminellen Aktivitäten beteiligen. Scherz beiseite, ich müsste zunächst klären, ob sich derartige Fälle insbesondere von Mercedes Diesel gehäuft haben. Sollte das der Fall sein, würden wir natürlich in die Geschichte einsteigen. Kennst du die Hintermänner, hast du Infos zu denen und kannst du was zum Verbleib der Autos sagen?"

„Der Boss der Leute soll ein Pole sein, der hier in Essen lebt. Die Diesel sollen alle in den Ostblock gehen und wegen des Eisernen Vorhangs nie wieder auftauchen. Jetzt frag mich nicht, wie die Autos da rüberkommen. Eigentlich kommt da keine Maus durch oder?"

Ich bat Fred einen Moment zu warten, um von einer Telefonzelle mit meiner Dienststelle telefonieren zu können. Dann erklärte ich Fred: „Also an deiner Geschichte scheint was dran zu sein. Die Kollegen sind bei einer Abfrage beim LKA fündig geworden. In Nordrhein-Westfalen wurden innerhalb der letzten Jahre jede Menge Mercedes, vornehmlich Diesel aber auch Luxuskarossen von Mercedes, bei Autoverleihern angemietet und am nächsten Tag gestohlen gemeldet. Werner hat vor Jahren ein ähnliches Verfahren bearbeitet, da schleusten die Täter die Leihwagen über Algeciras in Spanien per Fähre nach Ceuta und von dort nach Marokko. Ein Mercedes ging sogar an ein Mitglied der Königsfamilie. Aber diese Bande ist zerschlagen. Die Fallzahlen sind wieder auffällig hoch und steigen an. Das kann nur Organisierte Kriminalität sein, denn es gehört einiges an Organisationsgrad dazu, Autos in den Ostblock zu bringen. Habe zunächst keine Ahnung, wie das funktioniert. Zudem muss man dort die entsprechenden Abnehmer haben. Der Normalbürger in den Ostblockstaaten kann sich ein solches Auto nicht leisten. Eigentlich nur Parteikader. Kannst du uns Leihwagenmieter nennen, ohne dass es auf dich zurückfällt? Siehst du die Chance an den Polen heranzukommen, um Näheres zu erfahren? Am Ende sollte dann auch eine Anmietung durch dich anstehen. Das Fahrzeug würden wir präparieren und mit einem Sender ausstatten, um es dann so weit möglich zu observieren. Kurz vor der Einreise in den Osten würden wir dann den Zugriff machen."

„Ich kenne da einen Autoverleiher aus Herne. Er hat einen kleinen Verleih mit einigen Autos. Er gehört nicht zu diesen internationalen Unternehmen. Er selbst ist fanatischer Zocker und ständig in Geldnot. Beim Zock ist er an diesen Polen geraten. Mit dem hat er dann in mehreren

Fällen, wenn er mal wieder richtig klamm war, so einen Deal gemacht. Er hat ihm einen Leihwagen überlassen und am Folgetage Anzeige erstattet, dass der Wagen von seinem Firmengelände geklaut wurde. Der Typ heiß Hoffmann, Autoverleih Hoffmann in Herne. Den könnt ihr ja schon mal checken und später angehen. Ich lasse mich von einem anderen Kumpel, den ich euch nicht nennen werde, mit dem Polen zusammenbringen. Der Typ soll Wodka saufen wie ein Loch, auf Nutten stehen und total pervers sein. Ich kann ihm ja mal die ein oder andere Tussi vermitteln und so näheren Kontakt zu ihm bekommen. Da brauche ich aber ein paar Wochen. Übrigens, wenn das klappt, ich habe da noch eine Reststrafe. Sind nur sechs Monate, wäre schön, wenn euer Staatsanwalt dafür sorgen könnte, dass sie zur Bewährung ausgesetzt wird. Wie du weißt, bin ich ja inzwischen absolut clean, mache kein Krummes mehr."

„Fred, steig da ein. Ich werde mal mit der Staatsanwaltschaft reden und sehen, was sich machen lässt. Aber selbst wenn das nicht klappen sollte, gehe ich bei dem Sachverhalt davon aus, dass wir was Finanzielles über den Dachverband der Sachversicherer regeln können. Sammle so viel Informationen, wie du kannst, aber vorsichtig, der Typ muss ein Profi und bestens vernetzt sein. Es hat keine Eile. Sicherheit geht vor. Am Ende werden wir dann entscheiden, ob du ein Auto anmietest oder wie wir weiter verfahren."

„Mertens, machen wir so. Ich werde an den Start gehen und mit dem Polen zocken, saufen und Mädels aufreißen."

An dieser Stelle muss ich kurz auf die Zeit und die damaligen politischen Gegebenheiten hinweisen. Es war Anfang der 80er-Jahre, die Zeit des Kalten Krieges. Die Grenzen zum Osten wurden nicht umsonst „Eiserner Vorhang" genannt. Echten Grenzverkehr gab es damals kaum. Gestohlene Autos in Polen zu ermitteln oder gar zurückzubekommen war schier unmöglich. Im Verlauf des Verfahrens entwickelten sich erste vorsichtige Kontakte zu der staatlichen polnischen Versicherungsgesellschaft Warta Warzawa in Warschau. Nachdem ich einen Eingangsvermerk für ein Ermittlungsverfahren und eine Vertraulichkeitszusage erstellt hatte, waren etliche vorbereitende Ermittlungen erforderlich, die ich mit meinem Partner durchführte. Wieder nutzten wir die Computer des LKA. Wir ließen uns vom LKA NRW sämtliche Daten aller in den letzten zwei Jahren gestohlen gemeldeten Leihwagen übermitteln. Wir erstellten eine Arbeitsliste für die Mercedesfahrzeuge, darunter befanden sich auch einige Kleintransporter. Insgesamt waren es mehrere Hundert Fahrzeuge. Eine erste grobe Durchsicht ergab, dass einige Mieter in größeren Zeitabständen in mehreren Städten die Diebstähle von Leihwagen verschiedener Autoverleiher gemeldet hatten. Es gab bei einzelnen Personen bis zu fünf Treffer. Das machte deutlich, dass hier fehlender Datenabgleich bei der Polizei und auch bei den Versicherungen den Tätern in die Hände spielte. Übrigens gibt es diesen Abgleich unter den Sachversicherern trotz Digitalisierung auch heute noch nicht. Ich habe es aktuell beim Gesamtverband Deutscher Versicherung abgecheckt. Der

Datenschutz untersagt derartige Datenabgleiche. Die Indizien waren eindeutig. Die Verdächtigen hatten teilweise in ihrem Leben nie zuvor Leihwagen gemietet. Dann aber in verschiedenen Städten und bei unterschiedlichen Unternehmen. Ausgerechnet werden alle angemieteten Fahrzeuge in der Folgenacht gestohlen. Eigentlich hätten wir diese Leute gleich wegen Verdachts der Vortäuschung einer Straftat und Beihilfe zum Diebstahl festnehmen können. Aber wären wir auf diesem Wege an die Hintermänner gelangt? Vermutlich eher nicht, weil sie von ihrem Aussageverweigerungsrecht Gebrauch gemacht hätten. Da uns das Risiko zu groß erschien, musste diese Maßnahme bis zum Zugriff zurückgestellt werden. Wir ließen uns die Daten über die von dem Autoverleih Hoffmann gestohlen gemeldeten Fahrzeuge zukommen. Diese Strafanzeigen forderten wir von der zuständigen Staatsanwaltschaft in Bochum an. Wir vermieden bewusst die Kontaktaufnahme mit der Kripo in Herne, um hier nicht unnötig Staub aufzuwirbeln. Es bestand immer das Risiko, dass ein Kollege gezielt oder auch unbedarft Kontakt zu Hoffmann aufnahm. Es war im Zusammenhang mit den vertraulichen Angaben von Fred klar, dass die Diebstähle offensichtlich vorgetäuscht waren. Auch in diesem Fall mussten aus gleichen Erwägungen alle Maßnahmen warten. Die Info von Fred bestätigte sich in vollem Umfang. Die Masche war innerhalb der Polizei jedoch niemanden aufgefallen. Wir besorgten uns Durchsuchungsbeschlüsse für alle bisher ermittelten Tatverdächtigen. Nun galt es erst mal abzuwarten, was Fred erreichen würde.

Nach zwei Wochen erhielten wir von ihm telefonisch folgende Informationen: „Hallo Merten, es läuft ganz gut. Bin eng an Leopold dem Polen dran. Haben gemeinsam gezockt, waren im Bordell und haben auch kräftig gesoffen. Bei der Sauferei mit ihm musste ich vorsichtig sein, denn er verträgt locker eine Flasche Wodka, ohne dass man ihm etwas anmerkt. Ich habe ihm meine Fingernägel gezeigt und ihm die Story mit den Einbrüchen bei den Luden und deren Rache erzählt. Das hat ihn mächtig beeindruckt. Er fand das super. Den Nachnamen kenne ich nicht, aber der Typ ist Mitte fünfzig und wohnt in der Vogelheimer Str. 36a, habe ihn mal dort abgesetzt. Er lebt allein und hat mal in Aachen gewohnt. Der ist total abgewixt, immer ungepflegt und wirkt unscheinbar. Aber mit dem Profi lagst du absolut richtig. Er hat mir erzählt, dass er früher beim polnischen Geheimdienst war. Dann hat er wohl gleichzeitig auch für die Russen und Albaner gearbeitet. Er ist angeblich aufgekippt und von den Polen auch auf der Flucht angeschossen worden. Die haben ihm in den Arsch geschossen. Weil er damals angeblich noch mit der Tochter des polnischen Ministerpräsidenten verheiratet war, hat man ihn nicht in den Knast gesperrt, sondern in den Westen abgeschoben. Er gibt damit an, dass er heute noch beste Kontakte zu höchsten Kreisen in Polen und Russland hat. Er hat lachend gemeint, ich solle mal im Fernsehen aufpassen, welches Auto der russische Präsident fährt. Er meinte nur lachend, er würde seinen Daimler 300 Diesel kennen. Ich gehe davon aus, dass die Geheimdienste und politische Kreise in Polen und Russland seine Abnehmer sind. Der Typ fühlt sich absolut sicher. Er kann sich angeblich wegen seiner Kontakte in beiden Staaten frei bewegen. Er behauptet er sei der Einzige im Westen, der ein Dauervisum für Albanien hat. Da kommt doch niemand aus dem Westen rein. Wenn ihm mal hier das Pflaster zu heiß würde, könnte er sofort wieder in den Osten und wäre auf der sicheren Seite. Schließlich könnte er ja auch über die auspacken. Bisher habe ich mit Hinweis auf meine Vorstrafen und Bewährung eine Anmietung abgelehnt. Ich habe ihm auch gesagt, dass die anderthalb Mille Peanuts für mich seien. Hat er geschluckt. Solltest du in der Richtung Klarheit haben, kann ich ja eine kurzfristige Ebbe durch den Zock vortäuschen. Bis dahin bleib ich an ihm dran."

Wenn diese Informationen stimmten, hatten wir es hier tatsächlich mit einem Profi zu tun. Noch problematischer wurde die ganze Angelegenheit dadurch, dass Kontakte zu polnischen oder russischen Behörden damals eigentlich nicht bestanden. In diesem Fall waren sie jedoch absolut ausgeschlossen. Über die Adresse, die Fred genannt hatte, konnten wir schnell die Person ermitteln. Es handelte sich um Leopold P. Die Kripo Aachen führte eine Kriminalakte über ihn. Weil er in Essen noch nicht kriminalpolizeilich in Erscheinung getreten war, wurde diese noch nicht dem neuen Wohnort übersandt. Das geschieht nicht automatisch mit der Ummeldung. Bedeutet, es zieht ein Hochkrimineller in eine andere Stadt und die Polizei weiß von nichts. Der angeforderten Kriminalakte war zu entnehmen, dass er in Aachen mehrfach unter Verdacht des Pkw-Diebstahls gestanden hatte. Er betrieb dort eine kleine Autowerkstatt. In einem Einzelfall wurde er wegen Kfz-Hehlerei verurteilt. Zu seiner Person führten die Kollegen aus, dass er angeblich Mitarbeiter des polnischen Geheimdienstes gewesen sei und als „unerwünscht" nach Deutschland abgeschoben wurde. Hier wurde er eingebürgert, weil er deutschstämmige Vorfahren nachweisen konnte. Wir ließen Leopold in den nächsten drei Tagen observieren, um uns ein Bewegungsbild zu verschaffen. Die Kollegen des MEK stellten fest, dass er in der Nähe seiner Wohnung eine kleine Schrauberwerkstatt unterhielt. Darin beschäftigte er zwei polnische Schwarzarbeiter. Während der Observation fuhren mehrere bekannte Leute aus dem Rotlicht- und Zockermilieu die Werkstatt an. Er selbst fuhr einen alten vergammelten Opel Kapitän. Wir hatten jetzt genug Informationen zusammen, um nun aktiv zu werden. Nach rechtlicher Prüfung stimmte unser Staatsanwalt zu, dass ein Kollege von uns als Mieter eines Leihwagens auftritt und das Fahrzeug dem Leopold überlässt, wir alles observieren und kurz vor der Grenzüberschreitung den Zugriff machen. Fred wollte ich möglichst raushalten. Ich erstellte einen entsprechenden Bericht mit dem Antrag auf Einsatz eines MEK. Der Leitende Kriminaldirektor lehnte diesen Antrag jedoch mit der Begründung ab, dass das Fahrzeug bei der Observation außer Kontrolle geraten und dann in den Ostblock verschwinden könnte. Diesen Schaden müsse dann die Behörde tragen. Die Entscheidungsfreudigkeit unserer Führungskräfte habe ich ja schon ausreichend beleuchtet. Uns waren die Hände gebunden. Die einzige Chance, die wir hatten, wäre eine Dauerobservation gewesen, um eventuell eine Fahrzeugübernahme festzustellen. Doch der Aufwand hierzu wäre über einen längeren Zeitraum viel zu hoch gewesen und hätte zusätzlich das Risiko beinhaltet, dass die Überwachung auf Dauer auffällt. Dann wären wir möglicherweise ganz raus gewesen. Leopold wäre gewarnt. In der Zwischenzeit hatte mein Partner einen Essener Autoverleiher kontaktiert, dem auf diese Weise inzwischen vier Fahrzeuge abhandengekommen waren. Eins der Fahrzeuge war ein teurer Kleinlaster. Das Ärgerliche für ihn war, dass die Versicherung schon nach dem dritten Schaden die Prämien so hoch gesetzt hatte, dass er kaum noch konkurrenzfähig war. Nun rechnete er mit der nächsten Prämienerhöhung. Er war absolut verzweifelt und wütend. Er erklärte meinem Kollegen, dass er alles tun würde, um uns bei den Ermittlungen zu unterstützen. Wir könnten ihn jederzeit ansprechen. Gemeinsam beschlossen wir, seine Bereitschaft zu testen. In einem vertraulichen Gespräch erklärten wir ihm, dass wir den Drahtzieher kennen und ihm einen angemieteten Pkw mit Sender unterschieben wollten, um diesen dann vor der Grenze abzufangen. Diesen Plan habe unsere Leitung wegen des Verlustrisikos abgelehnt. Er erklärte spontan, dass er bereit sei, das Risiko zu tragen. Da er selbst ja schlecht als Mieter bei seiner eigenen Firma auftreten könne, könnte das ein guter Freund von ihm machen. Wir setzten umgehend schriftlich eine entsprechende Vereinbarung auf, die jeglichen Regressanspruch an die Polizei ausschloss. Nun hatte unsere Leitung keinen Grund zur Ablehnung unseres Antrages und musste nur noch der

Observation zustimmen. Ich kontaktierte Fred und forderte ihn auf, dem Leopold den Freund des Autoverleihers als Interessenten anzubieten.

„Das ist kein Problem Merten. Ich werde sagen, dass es sich um einen mir bekannten Zocker handelt, der gerade etwas klamm ist. Das ist ja gut, dann bin ich eigentlich auch raus. Ich weiß jetzt, dass Leopold den Mietern der Leihwagen Termine vorgibt, weil er ja immer gleich mehrere Fahrzeuge in Kolonne verschiebt. Ich brauche von eurem Mieter nur eine Beschreibung, Vornamen und eine Telefonnummer, wo Leopold ihn erreichen kann. Wahrscheinlich wird er ein oder zwei Tage zuvor instruiert. Dann bin ich wohl ganz raus und warte ab."

Fred erhielt die Informationen und den Hinweis, sich ab sofort möglichst zurückzuhalten. Nachdem wir alles vorbereitet hatten, erhielt der Freund des Autoverleihers zwei Wochen später den Anruf von Leopold. Er wurde aufgefordert, am folgenden Morgen einen Mercedes Diesel der Mittelklasse anzumieten. Den Wagen solle er dann auf dem Metroparkplatz in Essen-Vogelheim übergeben. Er solle dort um zehn Uhr in der hintersten Reihe parken und im Wagen sitzen bleiben. Er würde dann mit seinem Vornamen angesprochen. Bei Fahrzeugübergabe würde er sein Geld in bar erhalten und etwa eine halbe Stunde später den Originalfahrzeugschlüssel zurückbekommen, denn den müsse er ja bei der Anzeigenerstattung und beim Verleiher vorlegen können. Weitere Anweisungen würden vor Ort erfolgen. Unser Scheinmieter informierte uns über seinen Freund. Dieser hatte schon ein entsprechendes Fahrzeug aus seiner Zweitfiliale geholt. Der Techniker des MEK hatte nun genügend Zeit, den Pkw mit einem Peilsender auszustatten. Der Leiter der MEK-Gruppe wurde von uns instruiert. Den Metroparkplatz hielt Leopold wohl für sehr geeignet, weil er stark frequentiert ist. Die Metro stellte uns ein Büro zur Standobservation zur Verfügung. Die Örtlichkeit war auch für unsere Zwecke optimal. Unsere Verfolgungsfahrzeuge würden dort nicht auffallen. Am nächsten Morgen war es soweit. Unser Mieter fuhr mit dem Leihwagen zum Metroparkplatz. Nach wenigen Minuten Wartezeit fuhren Leopold und ein Beifahrer mit dem Opel Kapitän auf den Parkplatz und stellten das Fahrzeug ab. Leopold schlenderte allein durch die letzte Parkreihe. Er steuerte gezielt auf den Leihwagen zu und sprach unseren Mann an. Er übergab ihm einen Briefumschlag. Dieser stieg aus und übergab Leopold den Autoschlüssel. Leopold ging zu seinem Auto. Sein Beifahrer war schon ausgestiegen und übernahm den Fahrzeugschlüssel. Er bestieg den Leihwagen und fuhr davon. Leopold folgte ihm mit seinem Kapitän. Mehrere Fahrzeuge des MEK folgten Leopold und stellten fest, dass beide Fahrzeuge die bekannte Werkstatt ansteuerten. Beide Männer machten sich wenige Minuten in der Werkstatt zu schaffen. Offensichtlich wurden hier die Nachschlüssel gefertigt. Nach etwa einer halben Stunde fuhr der Helfer von Leopold erneut mit dem Leihwagen an der Metro vor. Er übergab unserem Scheinmieter nach einem kurzen Gespräch die Originalfahrzeugschlüssel und fuhr davon. Nun wurde er von mehreren MEK-Fahrzeugen in die Observation genommen. Das MEK konnte wegen des Funksignals problemlos in größerem Abstand folgen. Die Fahrt ging nach Düsseldorf. Inzwischen war unser Mieter des Leihwagens bei uns in der Dienststelle erschienen und teilte mit, dass er aufgefordert worden sei am folgenden Morgen eine Anzeige wegen Diebstahls des Pkw zu erstatten. Er sei über Nacht in der Nähe seiner Wohnung gestohlen worden. Wir führten eine Zeugenvernehmung durch, die die Abläufe beschrieb und Leopold mitsamt seinem Helfer belastete. Während dessen fuhr Leopolds Helfer in der Düsseldorfer Innenstadt in ein Parkhaus, stellte das Fahrzeug ab und begab sich zu einem Café in der Nähe. Dort traf er zwei weitere Männer, die offensichtlich auf ihn warteten. Man kannte sich. Leopold kam nun ebenfalls hinzu, bestellte noch eine Runde Schnaps und gab offensichtlich Anweisungen. Plötzlich standen alle vier Männer auf und begaben sich zum Parkhaus. Eine Observantin folgte zu Fuß und meldete, dass alle vier jetzt je ein Fahrzeug bestiegen. Es handelte sich ausschließlich um Mercedes. Nacheinander verließen die vier Fahrzeuge das Parkhaus. Wegen des Risikos im Stadtbereich und der Kolonnenfahrt verzichtete das MEK auf Verfolgung in Sichtweite, sondern folgte dem Funksignal des präparierten Leihwagens. Plötzlich brach das Signal im Stadtbereich ab. Um Sichtkontakt bemüht, versuchten nun alle fünf Observationsfahrzeuge mit erhöhter Geschwindigkeit in Fahrtrichtung Autobahn den Sichtkontakt wieder herzustellen. Entweder konnten sie die Pkw nicht einholen, oder diese hatten die Fahrtrichtung geändert. Das Funksignal, das aus technischen Gründen eine maximale Reichweite von etwa einem Kilometer hatte, konnte nicht mehr aufgenommen werden. Nun war der Stress riesig. Alle Fahrzeuge waren außer Kontrolle geraten. Uns blieb jetzt nur noch die Chance durch auswärtige MEK die Zufahrten zu den wenigen Grenzübergängen zur DDR zu kontrollieren. Entweder konnten sie von Brücken die Fahrzeugkolonne sichten oder eventuell ein Funksignal des Peilsenders aufnehmen. Zu diesem Zweck teilte unser MEK die Funkfrequenz mit. Die Autobahnpolizeidienststellen aller möglichen Fahrstrecken wurden um Mitfahndung gebeten. Der Bundesgrenzschutz wurde informiert und aufgefordert, die Fahrzeugkolonne an einem Grenzübertritt zu hindern und Festnahmen durchzuführen. Es vergingen mehrere unendlich lange Stunden und eigentlich hätte die Kolonne schon längst an einem Grenzkontrollpunkt ankommen müssen. Dann kam nach Mitternacht die erlösende Meldung vom MEK Niedersachsen. Sie hatten von einer Autobahnbrücke das Funksignal aufnehmen und dann auch die Kolonne in die Observation nehmen können. Nach Stunden der Ungewissheit und Zweifel brach in der Dienststelle große Erleichterung aus. Wahrscheinlich kann sich jeder vorstellen, welche Probleme bei einem Fehlschlag auf uns zugekommen wären. Nun hatten wir das Heft wieder in der Hand. Wir forderten Fahrzeuge der Autobahnpolizei als Unterstützung an, die sich hinter die Observationsfahrzeuge setzten. Als die Kolonne sich kurz vor dem Grenzübergang Helmstedt/Marienborn befand, ordnete ich den Zugriff auf der Autobahn an. Die vier Pkw konnten gestoppt und alle Beteiligten festgenommen werden. Die Kolonne war von Leopold mit seinem Fahrzeug angeführt worden. Die Fahrzeuge wurden vor Ort sichergestellt. Wir setzten vier Fahrzeuge zum getrennten Transport der Festgenommenen in Richtung Festnahmeort in Bewegung. Diese konnten die vier Tatverdächtigen dann übernehmen und später in Essen in das Polizeigewahrsam einliefern. Die zu diesem Zeitpunkt für uns unerklärliche Verzögerung der Fahrt hatte nun den Vorteil, dass wir Zeit für die Vorführungen beim Haftrichter gewonnen hatten. Die muss erst vor Ablauf des Folgetages erfolgen. Wenn wir durcharbeiten, das war nun der Plan, hatten wir zwei Ermittlungstage zur Verfügung.

Nach einem kurzen Nickerchen auf den Tischen und Stühlen der Dienststelle ging es nun an die Arbeit. Ziel war es, für die Vorführung beim Richter den Tätern möglichst viele Fälle nachzuweisen. Wir wollten den Vorwurf der Gewerbsmäßigkeit und Bandentätigkeit belegen. Um die Vernehmungen kümmerte ich mit meinem Partner. Werner übernahm, wie immer die Aktenführung. Mit zwei Teams suchten wir zunächst den Autoverleih Hoffmann auf. Im Vorfeld hatten wir schon einen Durchsuchungsbeschluss besorgt. Im Büro trafen wir Hoffmann und eine Angestellte an. Den Tatvorwurf konnte Hoffmann aus dem vorgelegten Beschluss entnehmen. Hoffmann war ca. 50 Jahre und gab zunächst den coolen Geschäftsmann. Bei Durchsicht der Versicherungsunterlagen stießen wir natürlich auf die Diebstahlsmeldungen. In seinem persönlichen Telefonverzeichnis fanden wir den Namen Leopold mit dessen Telefonnummer aus der Werkstatt. Ein Volltreffer. Wir erklärten Hoffmann nun, dass er festgenommen ist. Wir verbrachten ihn zur Dienststelle. Die Kollegen setzten die Durchsuchung fort. Während der Fahrt zur Dienststelle erklärte Hoffmann plötzlich, dass er nichts mehr sehen könne. Der Mann wirkte absolut panisch. Er habe Schatten vor den Augen bekommen und plötzlich sei sein Sehvermögen weg gewesen. Meine Frage, ob er das schon öfter gehabt hätte und ob er krank sei, verneinte er. Ähnliches hatte ich in meiner gesamten Dienstzeit noch nicht erlebt oder gehört. Wir vermuteten zunächst eine Finte, um dem weiteren Prozedere zu entgehen. Sollte er uns jedoch nicht täuschen, mussten wir Hilfe besorgen. Wir ließen die Einsatzleitstelle bei der Augenklinik der Uniklinik Essen anrufen und einen Notfall ankündigen. Der Arzt in Ambulanz erklärte uns nach einer eingehenden Untersuchung, dass der Sehverlust nicht vorgetäuscht sei. Er erläutert, dass es ein seltenes, aber doch bekanntes Phänomen sei, dass jemand durch einen großen Schock einen derartig gravierenden Sehverlust erleidet. Nach einer stationären Behandlung gehe er davon aus, dass das Sehvermögen nach einiger Zeit langsam wieder zurückkehrt. Da die Gesundheit Vorrang hat, verzichteten wir auf Festnahme und Vernehmung und beließen Hoffmann im Krankenhaus. Später hat sich die Diagnose bestätigt. Nach und nach kehrte sein Sehvermögen zurück. Für das Verfahren wäre es gut gewesen, ein Geständnis von ihm zu haben. Die durchsuchenden Kollegen konnten uns aber weiterhelfen. Die Angestellte von Hoffmann kannte zwar nicht die Hintergründe der Diebstähle, kannte jedoch den Namen Leopold aus verschiedenen Anrufen. Sie meinte, dass es sich der Aussprache nach um einen Polen handeln würde. Der wäre auch einmal bei Hoffmann im Büro gewesen. Sie hatte auch Gesprächsfetzen aufgeschnappt, bei denen es um Pkw-Diebstähle ging. Bei einer Lichtbildvorlage identifizierte sie Leopold einwandfrei. Die Beweislage war ausreichend, um die vier vorgetäuschten Pkw-Diebstähle in die Vorführakte zu übernehmen. Im Rahmen der weiteren Ermittlungen nahmen die Kollegen drei Mehrfachmieter fest, die alle nach einigem Leugnen ein Geständnis ablegten und Leopold und seine Helfer als Fahrzeugübernehmer belasteten. Auf diese Weise konnten wir Leopold und seinen drei Helfern schon am Folgetag nahezu zwanzig vorgetäuschte Kfz-Diebstähle nachweisen. Die drei Helfer waren daraufhin geständig und gaben zu, für Leopold innerhalb der letzten Jahre mehrere Hundert Pkw in den Ostblock nach Polen und in die Sowjetunion geschafft zu haben. Da war noch der Fall eines prominenten Bodybuilders. Wir stellten fest, dass er einen BMW der Luxusklasse als gestohlen gemeldet hatte. Dieser war nach Vermittlung durch Hoffmann über Leopold in den Osten gegangen. Telefonisch zur Dienststelle vorgeladen, legte er nach einigen Vorhalten bei meinen Kollegen ein Geständnis ab und gab zu, dass er den Diebstahl vorgetäuscht hatte. Er bat darum, nicht die Öffentlichkeit zu informieren, weil das seine Karriere gefährden würde. Eine weitere Beteiligung an den Geschäften stritt er ab. Wenige Tage später stellten wir fest, dass unser Bodybuilder noch ein zweites Fahrzeug gestohlen gemeldet hatte. Seine Lügerei hatte mich doch echt verärgert und ließ den Verdacht zu, dass er auch noch selbst als Vermittler aufgetreten ist. Mit einem Kollegen fuhr ich zu seiner Wohnung, um einen entsprechenden Durchsuchungsbeschluss zu vollstrecken. Als er die Wohnungstür öffnete, blieb mir mit meiner Größe von 173 cm die Luft weg. Der Mann füllte den Türrahmen nahezu komplett aus. Nach der Durchsuchung nahmen wir ihn vorläufig fest, um ihn dann in der Dienststelle erneut zu vernehmen. Nach Vorhalt des konkreten Fahrzeugs begann dieser muskelbepackte Hüne zu flennen, wie ein kleines Kind. Immer wieder betonte er seine Angst, beim Publikum in Ungnade zu fallen. Daher habe er den zweiten Fall verschwiegen. Er betonte immer wieder, dass er aber nicht als Vermittler in weiteren Fällen aufgetreten sei. Den Schaden wollte er per Vertrag mit der Versicherung regulieren, was auch später tatsächlich geschehen ist. Eine weitere Beteiligung konnten wir später ausschließen. In den ersten Tagen der U-Haft in der JVA Bochum streute Leopold eine belastende Information über meinen Ermittlungspartner und mich. Er belastete uns schwer. Nach seinen Aussagen hätten wir ihn erpresst, als wir von seinen Geschäften erfahren hätten. Wir hätten von ihm dreißigtausend Mark gefordert und erhalten. Dafür hätten wir auf Ermittlungen gegen ihn verzichten wollen. Als Zeugen benannte er einen seiner Mitarbeiter. Er zeigte einem Zeugen auch Bankunterlagen über die Abhebung dieser Summe, die er am gleichen Tag uns übergeben hätte. Diese Information gelangte an die Anstaltsleitung. Die wiederum die Staatsanwalt Bochum informierte. In einem ersten Gespräch konnten wir den Staatsanwalt davon überzeugen, dass Leopold wohl einen Racheakt gestartet hatte. Der Staatsanwalt ließ sich den benannten Mittäter von Leopold vorführen. Dieser bestritt den Sachverhalt energisch und gab zu, dass Leopold ihn aufgefordert hatte, diese falsche Beschuldigung zu bestätigen. Mit dieser Aussage suchten wir gemeinsam mit unserem Staatsanwalt Leopold in der JVA Bochum auf. Er hörte sich grinsend die Vorhaltungen an und meinte dann, dass das nur ein Versuchsballon gewesen sei. Er habe die Sache erfunden, um seine Position vor Gericht zu verbessern. Der Staatsanwalt machte ihm klar, dass er damit absolut, dass Gegenteil erreicht hätte. Leopold reagiert nun wieder vollkommen überraschend. Das war übrigens absolut typisch für ihn. Er erklärte, dass er in vollem Umfang Aussagen werde. Er werde alle Straftaten zugeben und alle Mitbeschuldigten belasten. In den folgenden Tagen holten wir ihn regelmäßig zur Vernehmung zur Dienststelle. Leopold berichtete über seine Lebensgeschichte: „Ich war langjähriger Mitarbeiter des polnischen Geheimdienstes und einige Jahre mit der Tochter des polnischen Ministerpräsidenten verheiratet. Später hat es Komplikationen mit dem russischen Geheimdienst gegeben und ich habe aus Polen flüchten müssen. Bei meiner Flucht haben die Russen mir noch ins Bein geschossen. Später hat sich das Verhältnis zu den Russen wieder beruhigt und ich konnte sogar wieder nach Russland einreisen. Ich habe sowohl in Polen als auch in Russland die Geheimdienste und ranghohe Politiker mit den in Deutschland gestohlen gemeldeten Luxusautos versorgt. So ein Mercedes ist im Osten ein echtes Statussymbol und begehrt. Ich werde in vollem Umfang aussagen."

Leopold war tatsächlich umfassend geständig. Die Nachschlüssel fertigte er in seiner Werkstatt, wo er über alle Arten von Rohschlüsseln für Mercedesfahrzeuge und eine entsprechende Maschine verfügte. Die für uns spannendste Frage beantwortete er jedoch nur ansatzweise. Die Einfahrt in die DDR war nur über einen bestochenen Schichtleiter des Kommandos Grenztruppen möglich, den er namentlich jedoch nicht benannte. Die Einreise war nur möglich, wenn dieser Dienst hatte. Er habe sich immer nach seinen Dienstschichten gerichtet und die Ankunft der Fahrzeugkolonne von einer Autobahnraststätte nochmals telefonisch angekündigt. Der Schichtführer stellte dann auch entsprechende Reisepapiere für Polen oder Russland aus. Für das restliche Wachpersonal hatte alles den Anschein einer offiziellen Fahrzeuglieferung aus der BRD. Leopold belastete prominente Politiker in Polen und Russland und benannte konkret die Fahrzeuge, die sie erhalten haben. Die Aussage war aber wegen der damaligen politischen Lage strafrechtlich nicht verwertbar. Am Ende bot er sich mir als Informant für viele aktive Drogenlabore in Polen an. Wenn wir gemeinsam nach Polen fahren würden, könnten wir alle Exstasy-Labor, die ihm bekannt seien, hochgehen lassen. Er kannte diese offensichtlich aus seiner Agententätigkeit.

Jahre später, nach seiner Haftentlassung, zeigte Leopold, dass er es ernst gemeint hat, und nahm, wie versprochen, Kontakt zu mir auf. Er wollte gemeinsam mit mir gegen die Drogenlabore in Polen vorgehen. Eine Mitarbeit mit den anderen Kollegen meiner Dienststelle lehnte er rundweg ab. Da ich zu dieser Zeit inzwischen voll durch die langjährigen Ermittlungen gegen den Zemun Clan gebunden war, habe ich ihn mit seinem Hilfsangebot an das BKA vermittelt. Am Rande habe ich mitbekommen, dass das BKA mit seiner Unterstützung Erfolge erzielt haben soll. Die Ermittlungen habe ich aber nicht weiterverfolgt.

Nachtrag

Eine Vielzahl nicht weniger interessanter Fälle, wie z. B. Bankeinbrüche mit der sogenannten „Sauerstofflanze", organisierter und bewaffneter Kohlenklau mit Millionenschaden bei der Ruhrkohle AG, Einbrüche in Metro-Filialen und Polizeidienststellen sowie betrügende Zocker von Weltformat mit Konnektion nach Las Vegas und seinen prominenten Spielern, konnte ich in dieser Ausgabe leider nicht unterbringen. Eine spannende Fortsetzung folgt.

Im Jahr 1985 endete mein Kontakt zu Fred. Er hatte mich zuvor in einem Gespräch eindringlich gewarnt: „Wie du weißt, bewege ich mich regelmäßig im Zockermilieu. Unsere Jungs sind raus. Die dürfen sich nur noch abzocken lassen. Die Jugos haben hier und angeblich europaweit die illegalen Zocks und Bordelle übernommen. Die scheuen vor nichts zurück. Einbruch, Raub, Drogen, Menschenhandel, Schutzgelderpressung bis hin zu Mord gehören zu deren Geschäft. Serben führen eine weltweite Organisation. Dusko heißt der regionale Boss. Der Typ ist knapp dreißig, Boxer, sehr brutal und wohnt in einer Villa in Essen. Er boxte in der Bundesliga und machte für einen Bordellkönig in Hamm den Bodyguard und Kämpfer. Für Dusko arbeiten hier viele Jugos. Einer seiner Leute hat für Schweinezinsen Geld an blanke Zocker verliehen. Er soll Außenstände von über Hunderttausend gehabt haben. Nun ist er plötzlich verschwunden. Die Szene munkelt, er sei Dusko in die Quere gekommen und gekillt worden. Die Drecksarbeit machen Montenegriner. Dusko schmeißt mit dem Geld nur so um sich. Bei einer jugoslawischen Musikveranstaltung soll er der Sängerin mal eben zwanzigtausend Mark Trinkgeld zusteckt haben. Ich kann euch da nicht mehr weiterhelfen, sonst bin ich tot. Wenn ihr das in den Griff kriegen wollt, müsst ihr euch an andere halten."

Das waren die letzten Informationen von Fred. Er ist völlig abgetaucht. Wenig später hörten wir, dass seine Lebensgefährtin Brigitte nun mit dem Dusko zusammen sein und ein Kind von ihm erwarten soll. Dusko soll Fred unter Androhung seiner Ermordung der Region verwiesen haben. Wir haben nie wieder etwas von Fred gehört.

In einem späteren Buch, mit dem Titel „Clans – Ermittler alleingelassen", werde ich über die Entstehung von Clans, speziell über den Zemun Clan und seine Machenschaften berichten. Gegen diesen Clan habe ich viele Jahre ermittelt, zuletzt mit einer Kommission beim Landeskriminalamt. Der Clan wurde vom serbischen Geheimdienst, UDBA, aufgebaut und unterstützt. Die Kriminellen ermordeten weltweit Regimegegner im Auftrag des Geheimdienstes. Die damaligen serbischen Ministerpräsidenten sorgten für jede staatliche Unterstützung und Freiheit für die kriminellen Machenschaften des Clans. In diesem Kontext werde ich auch die zweifelhaften Positionen der deutschen Politik, Geheimdienste, Justiz und Polizei beleuchten. Dusko erging es übrigens nicht besser, als über zwanzig anderen Bossen des Zemun Clans. Er wurde am 30. Juni 1998 in Belgrad mit sechs Schüssen von unbekannten Tätern quasi hingerichtet.

Zeitfracht Medien GmbH
Ferdinand-Jühlke-Straße 7
99095 Erfurt, Deutschland
produktsicherheit@kolibri360.de